소그룹 양육을 위한

하이델베르크 요리문답

KB208475

For Study Guide
Heidelberg Catechism I

Rev. Byung-Hoon Kim, M.A. Ph.D.
Professor of Systematic Theology
Hapdong Theological Seminary.

Copyright ⓒ 2008 Hapdong Theological Seminary
Published by Hapdong Theological Seminary Press
Kwangkyo Joongang-ro 50, Yeongtong-gu, Suwon, Korea

소그룹 양육을 위한
하이델베르크 요리문답 I

초판 1쇄	2008년 12월 23일	
6쇄	2017년 10월 30일	

지은이	김병훈
발행인	성주진
펴낸곳	합신대학원출판부
주소	경기도 수원시 영통구 광교중앙로 50(원천동)
전화	(031)217-0629
팩스	(031)212-6204
홈페이지	www.hapdong.ac.kr
총판	(주) 기독교출판유통 (031)906-9191
인쇄처	예원프린팅 (031)906-6551
값	12,000원

ISBN 978-89-86191-85-1 93230
*잘못된 책은 교환해 드립니다

이 도서의 국립중앙도서관 출판시도서목록(CIP)은 e-CIP홈페이지(http://www.nl.go.kr/ecip)와
국가자료공동목록시스템(http://www.nl.go.kr/kolisnet)에서 이용하실 수 있습니다.(CIP제어번호: CIP2008003743)

하이델베르크 요리문답 Ⅰ

김병훈 지음

합신대학원출판부

머리말

우리는 교회에서 믿음의 교리를 가르치지 않은 지 꽤 오
래되었습니다. 웨스트민스터 신앙고백서나 대소요리문답을
가르치는 교회를 만나기 어렵습니다. 그것들이 장로교회의
중요한 신앙 유산이건만 교인들은 점점 교리에 대해서 어렵
다는 반응을 보입니다. 설교를 통해서 교리를 가르치는 건
고사하고 강의를 통해서 배우는 것조차도 점차 기피하는 실
정입니다.

이처럼 교회가 탈 교리화의 길로 나아갈 때 어떤 일이 발
생하겠습니까? 교회별로 소견에 따라 신앙 행위를 결정하고
가르치는 주관주의 경향을 짙게 보일 수 있습니다. 지금 그
러한 일이 가속화되고 있습니다. 이런 위급한 상황임에도 불
구하고 교역자들조차 교리를 가르치는 것이 꼭 필요하지도
시급한 것도 아니라고 할뿐더러, 목회와 교회 성장에 부담을
주는 일이라 하여 삼가고 있습니다.

그 결과 교회의 회원인 개개 교인들은 자신이 속한 교회의 신학적 표준이 무엇인지를 알 수 없게 되었습니다. 자신들의 신앙의 여러 양상들과 문제들을 어떻게 판단하고 해결해야 할지 당황스러워 하고 있습니다. 이것이 필요한 교리적 지식을 공급받지 못함으로써 일어나는 문제들입니다.

이러한 현상들은 교회의 세속화 양상과 무관하지 않습니다. 교회 안에서 쉽게 발견되는 기복신앙에 기초한 물량적 성장주의의 추구, 초월적 은사에 치중하는 신비주의 신앙 양태, 감정적 몰입으로 이끌어가는 지나친 주관주의는 세속화의 영향을 그대로 보여주는 것들입니다.

더 나아가 성경의 계시적 권위를 부정하고 그리스도의 구원론적 유일성을 거부하는 종교다원주의의 주장들이 목청을 돋움으로써 우리의 교회들을 압박하고 있는데 반해, 신앙 교리 이해가 바닥을 치고 있다면 한국 교회의 장래는 어찌 되겠습니까? 이 지점에서 우리는 고민하고 애쓰는 노력이 필요하다고 봅니다. 다시 말해 우리의 신앙 전통을 열심히 배우고 깨달아 우리의 정체성을 더 선명히 해야 합니다.

교리란 개개인의 구원뿐 아니라 교회의 참됨을 판별하는데 중요한 지표입니다. 종교개혁 이후 교리는 개신교회에 있어서 신학뿐 아니라 교회의 표준적 정체성을 확립해주는 유일한 기반이 돼왔습니다. 동방정교회나 로마천주교회도 전승에 기초한 나름의 예전을 통하여 교회의 통일성과 표준성을 확립하고 있습니다. 그러나 "오직 성경"을 모토로 하는 개신교회는 성경의 교훈에 합치되는 것으로 고백되는 나름의 신학을 기초로 하여 교회와 신앙의 통일성 및 표준성을 확립해 놓은 바 있습니다.

이제 우리가 배울 하이델베르크 요리문답은 개혁교회의 신앙을 대표하는 주요 문서 중 하나입니다. 하이델베르크라는 이름은 그것이 작성된 도시의 이름에서 따온 것입니다. 팔츠의 선제후 프리드리히 3세는 개신교 개혁신앙으로 개종을 하면서 자신의 영내의 교회들과 학교들에서 사용할 신앙의 기본 진리를 문답으로 만들어 내도록 지시했습니다. 이에 따라 자카리우스 우르시누스(Zacharias Ursinus)와 카스파르 올레비아누스(Caspar Olevianus)가 작성하여 1563년에 이 문서를 출판한 것입니다.

전체 문답은 129개이며, 문답에 번호가 붙여진 것은 1573년 판부터이고, 52주로 나눠 매주 공부를 이어갈 수 있게 하였습니다. 하이델베르크 요리문답은 출판된 이래 개혁교회들이 널리 사용하여 왔고, 화란개혁교회는 1618년 도르트 총회에서 신앙의 표준문서로 공인하여 지금까지 사용하고 있으며, 매주 목사들에게 하이델베르크 요리문답을 가르치도록 하였습니다. 현재 독일과 화란을 비롯한 전 세계 개혁교회들에서 신자들의 기초 신앙 양육을 위해 널리 소중히 사용되고 있습니다.

한국 교회의 영적 형편을 고려할 때 하이델베르크 요리문답을 통한 신앙 양육은 꼭 필요한 일입니다. 몇 종류의 번역

서들이 이미 출판되어 나왔지만, 본서는 하이델베르크 요리문답을 사용하여 신앙을 양육하려는 소그룹 교재용으로 만든 것입니다. 대체로 하이델베르크 요리문답의 52주 구분을 따라가면서 매주 공부할 수 있게 의도하였으나 동일한 문답 내용을 두 주로 확대하여 다루는 특별한 경우도 있습니다. 그러다 보니 본서의 각 과의 순서가 하이델베르크 요리문답의 주일 순서와 일치하지 않는 경우도 있습니다. 교회에서는 이러한 순서의 차이와 상관없이 본서의 순서를 따라서 한 주씩 진행해 나가면 좋을 것이라 생각합니다. 이 기초 양육 교제는 두 권으로 출판할 계획이며 제1권은 26주 분량에 해당하는 사도신경 관련 부분까지 다룹니다.

본서는 매 과마다 '하이델베르크 요리문답', '문답양육풀이', '생각 나누기'로 나누어 구성하였습니다. 먼저 '요리문답'은 의미의 연결을 부드럽게 이으려고 관련 성구들을 덧붙여 풀어 번역을 하였습니다. '문답양육풀이'는 문답을 통해서 알아야 할 요점들을 간명하게 제시하였으므로 교역자 또는 리더가 자신이 이끄는 소그룹과 더불어 읽되 한 단락씩 내용을 설명하는 방식으로 하면 좋을 것 같습니다. '생각 나누기'는 복습을 위한 '되짚는 질문'과 새롭게 배운 것을 다루는 '새로운 질문'으로 나누었습니다. 이 질문들은 문답양육풀이를 읽으면 자연스럽게 해결될 수 있습니다. 말하자면 소그룹이 요리문답과 양육풀이의 내용을 확실히 이해하였는지 점검하고자 한 것입니다. 이 책에 어떤 유익이 있다면 교회에서 널리 사용되는 게 필자의 간곡한 마음입니다.

본서의 출판을 격려하고 도움을 주신 합동신학대학원대학교 오덕교 총장님께 감사를 드립니다. 신앙고백의 중요성을 일깨워 주신 김영재 교수님께 감사를 드립니다. 늘 사랑으로 감싸시고 기도로 품어주시는 화평교회 안만수 목사님께 감사를 드립니다. 출판을 위한 실제적 모든 사무를 성심껏 감당하신 편집실장 조주석 목사님과 북 디자이너 김혜림 님에게 감사를 드립니다. 그리고 사랑하는 아내 서미영, 딸 은진, 아들 은찬이에게 이 책을 전합니다.

끝으로, 오직 하나님께 영광을 돌립니다. 솔리 데오 글로리아!

2008년 11월

김 병 훈

...차례

믿음의
근거

1. 성경과 믿음 (1)

이 글을 읽는 여러분께 우리 주 예수 그리스도의 은혜와 평강이 함께 하시기를 기원합니다. 여기에 담은 글을 통해서 여러분과 함께 우리가 믿는 신앙의 도리들을 차근차근 정리하고자 합니다.

오늘 나누고자 하는 주제는 "성경"입니다. 어느 종교나 다 나름대로 믿는 바를 교훈하는 경전이 있기 마련입니다. 우리 기독교의 경전은 신약과 구약, 두 부분으로 되어 있는 성경입니다. 성경은 하나님께서 우리들로 하여금 하나님을 알 수 있도록 하시기 위하여 주신 계시의 책이라고 고백합니다. 따라서 성경을 믿으므로 하나님을 믿으며, 하나님을 믿으므로 성경을 믿습니다.

성경을 읽지 않으면 하나님을 알 수는 없는 것일까요? 성경 이외에도 하나님에 대해서 알려주는 다른 것들이 있기는 합니다. 예를 들어서, 자연계를 살펴보면 그 속에서 창조의 권능과 지혜를 알 수 있습니다. 그리고 역사를 살펴보면 선하신 지혜 가운데 역사를 다스리시는 하나님의 손길, 곧 하나님의 섭리를 알 수 있습니다. 하나님을 믿는 사람이든지 그렇지 않든지 자연계와 역사를 통해 하나님의 선하심과 지혜 그리고 능력 등에 대해서 부인할 수는 없습니다. 왜냐하면 하나님을 믿지 않는 어떤 사람이 인정하기를 거부하더라도 하나님께서는 자신을 자연계와 역사 등을 통하여 나타내 보이고 계시기 때문입니다.

그러면 왜 성경이 또한 필요한 것일까요? 그 까닭은 성경에는 자연계와 역사 등에서는 알 수 없는 진리가 담겨 있기 때문입니다. 그것은 다름 아닌 구원에 관련한 하나님의 뜻입니다. 다시 말하면 자연과 역사를 통해서 알려지는 하나님에 대한 지식은 구원에 필요한 지식들을 제공해 주지 않습니다. 하나님께서는 구원에 필요한 지식들을 과거 여러 시대에 여러 모양으로 하나님의 교회에 계시하여 주셨습니다. 그리고 그 후에는 이 계시된 진리를 기록하게 하시고 오고 오는 모든 교회로 하여금 신앙의 표준으로서 교훈을 받도록 하셨습니다. 이 기록된 책이 바로 성경입니다. 성경이 기록됨으로 인하여 교회는 진리를 잘 보존하여, 전파하며, 또 진리를 훼방하는 모든 세력에 대항함으로써, 교회에 주시는 구원의 위로를 누릴 수 있는 것입니다. 성경이 기록이 된 이후로는 옛날에 주셨던 것처럼 하나님께서 자신의 뜻을 교회에 알리기 위하여 계시하여 주시는 일은 더 이상 없습니다. 오늘날에도 혹 어떤 이들이 주장하기를 자신들이 사도들처럼 하나님의 말씀을 계시로 받았으므로, 교회는 자신들이 선포하는 말을 들어야 한다고 하는데, 이것은 완전히 잘못된 주장들이므로 절대로 따라가지 말아야 할 거짓된 교훈입니다.

독자 여러분도 잘 알고 있듯이, 성경은 단 한 권의 책이 아닙니다. 성경은 구약 39권과 신약 27권으로 모두 합하여 66권으로 이루어져 있습니다. 이 66권의 성경을 특별히 정경이라고 일컫습니다. 구약은 하나님께서 모세를 통하여 이스라엘 백성과 맺은 옛 언약을 대표로 가리키는 말이며, 신약은 주 예수 그리스도께서 맺으신 새 언약을 가리키는 말입니다. 물론 구약에는 모세와의 언약 이외에도 크게 아브라함과의 언약, 다윗과의 언약 등 여러 언약이 기록되어 있습니다. 이 모든 것들은 예수 그리스도로 말미암아 성취되어질 구원의 약속들입니다. 따라서 기록된 때와 장소는 각기 다르지만 모두 예수 그리스도로 말미암는 구원의 복음을 가리키는 점에서 연속성을 가지고 있습니다.

그런데 여러분 가운데 혹시 개신교회에서 사용하는 성경에는 없는 책들이 천주교인들이 쓰는 성경에 있는 것을 보신 적이 있을지 모르겠습니다. 그 책들은 외경이라고 하는 것들입니다. 천주교회는 개신교회와 달리 구약과 신약의 66권 이외에 외경이라 하는 책들을 성경에 포함시키고 있습니다. 외경이라는 것은 본래 히브리어로 기록된 성경에는 포함되어 있지 않은 것입니다. 기원전 587년에 예루살렘이 바벨론에 의하여 멸망한 이후에 각지로 흩어져 살던 유대인들을 위하여 약 기원전 3세기경에 히브리어 성경을 당시의 국제적 중심 언어이었던 그리스어로 번역하여 소위 '70인역'이라고 알려진 번역본을 만들었습니다. 이 번역본에 본래 히브리어 성경에는 없는 몇 권의 책들이 추가로 번역되어 첨가되었는데, 이것들과 함께 다른 책들을 천주교회는 자신들의 성경에 포함시켜 사용하고 있습니다. 그러나 개신교회에서는 하나님께서 영감으로 주신 신구약 66권만을 정경으로 인정하며, 신앙과 생활의 법칙으로 인정합니다.

사도들의 때로부터 시작하여 초대교회에서 널리 읽히던 책들 가운데서 어느 것이 교회가 표준으로 따라야 하는 하나님의 말씀인가를 결정하는 일은 매우 중요한 일이었습니다. 먼저 구약의 경우에 있어서는, BC 3세기경의 그리스어 성경인 70인역에 들어있는 정경과 유대인 랍비들이 예루살렘 멸망 이후 AD 90년에 확정한 결과에 따라서 히브리어 39권만 정경으로 인정되었습니다. 신약의 경우에 있어서는, AD 397년 카르타고 공의회에서 신약 27권을 신약의 정경으로 확인하였습니다.

교회가 회의를 통하여 정경을 결정하였다는 사실은 얼핏 생각하면 의아하게 여겨집니다. 사람이 임의로 하나님의 말씀이 어떤 것인지를 결정한 듯이 보이기 때문입니다. 그러나 실은 사람들이 하나님의 말씀을 결정한 것이 아니라, 교회를 통하여 사람들이 하나님의 말씀으로 받은 것들을 확증하여 공포한 것입니다. 그러니까 교회가 한 역할이란 이미 사람들이 읽으면서 "아, 이 책은 하나님의 말씀이 틀림없구나!"라고 성령님에 의하여 감동받은 것을 교회의 회의를 통하여 확인한 것뿐입니다. 다시 말해서 성경의 저자인 성령님께서 자신이 쓴 책을 읽고 그것이 하나님의 말씀인 줄을 깨닫도록 읽은 사람의 마음에 감동을 주어 그들의 공통된 인식을 통하여 그 책이 하나님의 말씀인 줄을 알도록 역사하신 것입니다.

예를 들어, 도마복음이란 것이 있습니다. 이것은 콥트어 5세기 사본으로 1945년 이집트에서 발견되었는데, AD 140년 경 헬라어로 원본이 기록된 것으로 추정하고 있습니다. 예수님의 행적에 대한 기록은 없이 114개의 어록이 들어있는데, 그 내용 가운데 이런 것이 있습니다. "마리아에게 우리 곁을 떠나게 하라. 여자는 생명의 가치가 없기 때문이다." "그러므로 내가 그녀를 인도하여 남자로 만들어 줄 것이다. 그러면 그녀도 너희 남자들처럼 살아 있는 영이 될 것이다. 왜냐하면 남자로 되는 모든 여자마다 하나님 나라에 들어갈 수 있기 때문이다." 이러한 도마복음이 과연 정경이 될 수 있었을까요? 당연히 아니었습니다. 정경을 결정하는 기준에서 너무나 벗어나 있기 때문입니다.

그렇다면 교회는 정경을 결정할 때 교회가 받은 성령님의 감동을 분별하기 위하여 어떠한 기준을 사용하였을까요? 대체로 신약성경을 확정할 때에 교회가 사용한 기준은 이렇습니다. 첫째, 사도성과 관련한 것으로 사도들 또는 그들과 가까운 관계에 있는 사람들이 기록한 책인가? 둘째, 신약 시대의 여러 교회들이 일반적으로 받아들이고 있는 책인가? 셋째, 그 책의 내용이 성경 전체의 내용과 일치 또는 조화를 이루고 있는가? 넷째, 성령님에 의해 영감된 책이라는 영적 감동이 있는가?

구약의 경우에도 내용에만 약간의 차이가 있을 뿐 거의 비슷한 기준이 적용되었습니다. 먼저 신학의 통일성과 관련하여 첫째, 여호와 하나님만이 유일한 하나님이심을 말하고 있는지, 둘째, 그 책이 하나님의 말씀임을 스스로 증거하는 구절들이 있는지, 셋째, 무엇보다도 예수님과 사도들이 그 책을 하나님의 말씀으로 인정을 하였는지, 넷째, 성령님께서 영감하신 책이라는 영적 감동이 있는지 등을 살핌으로써, 교회는 어느 책이 참된 하나님의 말씀인지를 분별하여 확인하고 이를 공포하였습니다.

정경화의 과정을 살피면서 알 수 있듯이 교회가 어느 책이 참된 하나님의 말씀인줄을 분별하여 공포할 수 있었던 것은 성경 자체의 특별한 성격 때문이었습니다. 즉 성경은 하나님의 뜻을 알리는 계시의 말씀이므로 성경을 쓰신 저자가 다름 아닌 하나님 자신이시라는 특별한 사실에서 성경은 스스로 특별한 성격을 가지고 있었던 것입니다. 하지만 여기서 잊지 말아야 하는 것은 하나님께서 사람을 통하여 기록하셨기 때문에 성경을 기록한 사람으로서의 저자들이 있다는 사실입니다. 저자가 누구인지 확정되지 않은 책들까지 포함하여 성경을 기록한 저자들의 수는 40명 이상으로 여겨집니다. 대부분의 저자들은 유대인이며, 이들 가운데는 누가와 같은 이방인, 솔로몬 같은 왕, 목동이었던 예레미야와 어부이었던 베드로와 같은 평민, 바울과 같이 학식이 있는 자와 또 마태와 같은 세리 등 다양한 계층의 사람들이 있습니다.

성경은 이처럼 다양한 사람의 저자들을 사용하여 기록되었을 뿐만 아니라, 또한 각각으로 하여금 성경의 각 책들을 기록케 하신 기간이 무려 1600여년에 걸쳐서 이루어졌습니다. 구약은 BC 1500년경에 쓰인 모세오경으로부터 BC 400년경에 쓰인 말라기까지에 이르러 약 1100년에 걸쳐서 기록이 되었습니다. 신약은 대체로 AD 30년 전후에 시작하여 약

60여년에 걸쳐서 기록이 되었습니다. 1600여년에 걸친 기간 동안에 40여명의 저자들을 통하여 기록하게 하셨음에도 불구하고, 한 저자가 쓴 것처럼 그 교훈의 통일성이 뚜렷하며, 아울러 성경의 각 책마다 가지고 있는 서로 다른 특성들이 다양하게 어울려 통일된 교훈을 더욱 분명하게 드러내어 준다는 사실에서 우리는 성경이 참으로 놀라운 하나님의 말씀이라는 사실을 다시 확인하게 됩니다.

성경이 40여명이라는 다양한 저자들에 의하여 이처럼 1600여년이라는 오랜 기간에 걸쳐서 기록된 까닭에 성경의 각 책들의 원본은 분실되었거나 파손되어 현재 남아 있지 않으며, 단지 그것들의 사본만 남아 있습니다. 그렇다면 우리가 지금 읽고 있는 성경이 원본과 일치하는지를 어떻게 알 수 있을까요? 혹시 우리는 원본과는 다른 성경을 읽으면서 성경이 하나님의 말씀이라고 하는 것은 아닐까요? 이러한 질문에 대한 답은 우리가 읽고 있는 성경은 원본의 내용과 일치한다는 것입니다. 어떻게 그럴 수가 있을까요? 그 까닭은 사본의 수가 매우 많기 때문입니다. 신약성경의 경우 그리스어 사본은 무려 5,500개가 넘으며, 라틴어 번역인 불가타 사본만도 6,000개 이상이나 되며 그 외의 번역 사본이 1,000개가 넘습니다. 이뿐 아니라 고대 교부들의 글 여기저기에 인용된 구절들이 대단히 많으므로, 원본의 내용을 파악하는 데에 아무런 어려움이 없습니다.

이 사실은 고대의 다른 문헌들과 비교하여 보면 금방 확인이 가능합니다. 예를 들어 호머의 일리어드는 사본 수가 불과 600여개인 반면에 신약성경은 40배가 넘는 25,000여개에 달하며, 최초의 사본이 기록된 원본과의 시간의 간격도 일리어드는 BC 900년과 BC 400년 사이의 500여년인 반면에 신약성경은 불과 30년을 넘지 않습니다. 타키투스의 '로마제국의 역사' 는 AD 116년 후에 쓰인 것이지만 사본은 단 하나밖에 없으며 그나마도 700년이 지난 850년경에 복사한 것에 불과합니다. 말하자면 이러한 고대문헌들과 비교하여 보면 뚜렷이 확인되는 것처럼, 신약성경은 엄청나게 많은 사본을 통하여 원본의 내용이 안전하게 보존되어 있습니다. 이것은 마치 시험을 치른 이후에 문제지가 없어도 학생들의 기억만을 통하여 문제지를 완벽하게 재생하여 낼 수 있는 것과도 같은 이치입니다. 이때 학생들의 기억에 의한 문제지의 수가 많으면 많을수록, 그리고 시험을 치른 시간에서 가까우면 가까울수록 원래의 문제지와 일치하는 문제지를 재생하여 낼 수가 있습니다. 기억에 의한 것도 그러하거늘 정확성에 최선을 다하며 기록한 사본의 경우에는 더욱 그러합니다. 그리고 탈무디스트라는 유대인 필사 전문 집단에 의하여 정확하게 보존해온 구약성경의 경우는 더욱 더 그러합니다. 결론적으로 세계 고대 문헌 중에서 그 어느 것도 신약성경과 비교할 만큼 본문에 대한 증거를 풍부하게 확보한 책은 없으며, 성경 원본의 내용은 정확하게 보존이 되어 우리의 손에 있습니다. 샬롬!

··· 생각 나누기

1_ 우리 기독교인들은 성경을 어떠한 책이라고 고백합니까?

2_ 성경을 읽지 않고도 하나님을 알 수 있는 방법은 없습니까?

3_ 성경을 읽지 않고도 하나님을 알 수 있는 길이 있다면, 성경이 꼭 필요하다고 말할 수 있겠습니까?

4_ 교회가 순종하여야 할 하나님의 계시가 오늘날에도 주어집니까?

5_ 구약성경과 신약성경은 하나의 통일된 성경이라고 할 수 있습니까?

6_ 정경은 모두 몇 권이며, 외경과 어떻게 구분이 됩니까?

7_ 정경은 교회 회의를 통해 결정되었습니다. 이러한 사실은 어떤 책이 과연 하나님의 말씀이 성경인 줄을 사람이 임의로 결정하였음을 뜻하는 것입니까?

8_ 교회가 정경을 결정할 때 사용한 기준을 각각 구약성경과
신약성경의 경우 어떠한 지를 말씀해보시기 바랍니다.

9_ 교회가 하나님의 참된 말씀인 정경을 분별하여 낼 수 있었
던 까닭은 성경 자체의 특별한 성격 때문입니다. 그것들이
무엇인지 말씀해 보시기를 바랍니다.

10_ 지금은 처음에 기록된 성경 원본이 남아 있지 않습니다. 그
렇다면 우리가 보는 성경이 원본과 일치하는 지를 어떻게
알 수 있겠습니까?

11_ 오늘 공부를 통하여 여러분이 어떠한 신앙의 유익을 얻었
는지를 나누어 보십시오.

1. 성경과 믿음 (2)

성경이 어떤 책인지에 대해서 좀 더 생각을 나누어 보도록 하겠습니다.

우리는 지난번에 하나님께서 성경을 주신 이유는 자연과 역사를 통해서는 알 수 없는 구원의 진리를 알려주시기 위한 것임을 확인하였습니다. 자연과 역사를 통해서도 하나님의 선하심과 지혜와 능력 등을 알 수는 있지만, 죄인을 용서하시고 하나님의 자녀로 부르시는 예수 그리스도의 복음의 지식은 오직 성경을 통해서만 알 수 있습니다. 이 귀한 진리가 훼손되지 않고 잘 보존되어 오고 오는 모든 교회에서 교훈이 잘 전해질 수 있도록 하시기 위하여 하나님께서는 자신의 말씀을 기록하여 성경을 우리에게 주신 것입니다.

그런데 하나님께서 자신의 말씀을 기록하실 때에 하늘에서 불이나 광선을 내려 기록하신 것이 아니고 사람을 통하여 기록하셨습니다. 즉 성경의 저자는 하나님이시면서 또한 사람이기도 한 것입니다. 사람을 통하여 성경을 기록하게 하셨다는 사실은 그렇다면 성경이 하나님의 말씀인 줄을 어떻게 알 수 있는가 하는 질문과 연결이 됩니다. 이 질문에 대한 가장 우선적인 대답은 성경이 스스로 하나님의 말씀임을 증거한다는 것입니다. 예를 들어 디모데후서 3:16에 "모든 성경은 하나님의 감동으로 된 것으로 교훈과 책망과 바르게 함과 의로 교육하기에 유익하니 "라고 기록되어 있으며, 또 베드로후서 1:21에 "예언은 언제든지 사람의 뜻으로 낸 것이 아니요 오직 성령의 감동하심을 입은 사람들이 하나님께 받아 말한 것임이니라"고 증거하고 있습니다. 구약에서도 "여호와께서 이르시기를"이라는 표현 등을 사용하여, 성경에 기록된 말씀이 사람에게서 비롯된 것이 아님을 분명하게 밝히고 있습니다.

그런데 성경이 스스로 성경이 하나님의 말씀임을 증거한다면, 만일 어떤 누군가가 자기 임의대로 무엇인가를 기록해 놓고서 이것은 하나님께서 기록하게 하신 것이라고 말하는 것과 무엇이 다를까요? 우리가 그러한 증거를 받을 수 있겠습니까? 당연히 그렇지 않습니다. 그렇다면 성경이 스스로 하나님의 말씀이라고 말하는 증거를 어떻게 받아들여야 하겠습니까? 이 질문에 대해서는 성경에는 성경이 하나님의 말씀이라는 자기 증거가 참임을 밝혀주는 또 다른 증거들을 확인함으로 대답이 주어집니다. 우선 고고학적인 연구의 결과는 성경에 기록되어 있는 역사에 대한 서술이 진실된 것임을 지지해줍니다. 예를 들어 이사야 20:1에는 앗수르 왕 사르곤이 아스돗을 쳐서 취하였다는 기록이 나옵니다. 그런데 다른 근동의 역사서에서 사르곤 왕의 이름을 찾지 못하자 성경이 잘못되었다고 주장하는 고고학자들이 있게 되었습니다. 그러나 최근에 이라크의 코르사밧(Khorsabad)이라는 곳에서 사르곤 왕의 궁전 일부가 발굴되었으며 그 궁전 벽에 아스돗을 함락한 사실이 새겨져 있음을 확인하게 되었습니다. 또 다니엘서를 보면 바벨론의 마지막 왕 벨사살의 이야기가 나오는데, 근동의 다른 역사 문서에 나보니더스가 바벨론의 마지막 왕이라고 기록하고 있어 성경이 잘못되었다는 주장이 있었습니다. 하지만 19세기 중엽에 발견된 한 토판에서 벨사살이 나보니더스의 아들로서 바벨론을 함께 통치하였다는 기록이 발견되었습니다. 성경의 역사 기록이 참이라는 사실이 고고학적으로 확증을 받습니다.

뿐만 아니라 성경은 숱한 예언들과 그 예언들의 성취를 기록하고 있습니다. 특별히 그리스도에 대해 다윗 계보를 따라서, 베들레헴에서, 그리고 동정녀에게서 출생하여 이 땅에 오실 분이심을 구약은 예언하였습니다. 그리고 그 예언은 그리스도께서 예언한 바대로 오심으로써 성취되었습니다. 그리스도의 죽으심이 이사야 53장에 그의 부활이 시편 16편에 예언되어 있었으며, 사도행전에서 보듯이 사도들에 의하여 예언의 성취가 증거되고 있습니다.

그런데 이 예언의 성취는 바로 숱한 기적을 통해서 이루어졌습니다. 예수님의 부활이 가장 대표적인 기적입니다. 성경에는 죽은 자를 살리신 기적뿐 아니라 병든 자, 귀신 들린 자들을 고치신 사례가 숱합니다. 예수님이 기다리던 메시아임을 묻는 세례 요한에게 답하시기를 "너희가 가서 보고 들은 것을 요한에게 고하되 소경이 보며 앉은뱅이가 걸으며 문둥이가 깨끗함을 받으며 귀머거리가 들으며 죽은 자가 살아나며 가난한 자에게 복음이 전파된다 하라"고 하심으로써 기적의 사역을 행하시고 이를 증거로 삼아 자신이 메시아이심을 말씀하셨습니다.

뿐만 아니라 성경에 담겨 있는 영적 진리의 탁월성과 구조가 성경이 하나님 말씀임을 확증해 줍니다. 성경의 첫 책인 창세기는 창조의 역사를 말합니다. 그리고 인간의 타락과 이어서 인간을 구원하시는 하나님의 언약을 말합니다. 그리고 그 언약의 성취가 예수 그리스도 안에서 이루어졌음을 말하며, 마지막 책인 요한계시록에서 하나님 나라의 회복을 말합니다. 창세기에서 잃었던 영원한 생명의 은혜가 요한계시록에서 회복되는 것을 보이면서, 그 모든 중심에 창조주이시며 구속주이신 어린 양 예수 그리스도가 계시며, 구원을 받은 모든 백성이 성부, 성자, 성령 삼위일체 하나님께 영광의 찬송을 드리는 모습에 대한 계시는 성경이 하나님의 말씀임을 증거합니다. 앞에서 말씀드렸듯이 성경은 신구약 66권으로 1600여년에 걸쳐서 40여명의 저자들이 기록하였음에도 불구하고, 성경에는 이러한 영적 진리를 더욱 깊이 드러냄에 있어서 마치 한 저자가 모든 사실의 귀결을 알고 예언과 기적의 방편을 따라 써내려 간 듯한 장엄한 서사적 진술이 가득 차 있습니다.

성경이 하나님 말씀인 줄로 아는 또 다른 논증은 예수 그리스도께서 하신 말씀에서도 확인됩니다. 예를 들어 마태복음 5:17~18에서 예수님은 "내가 율법이나 선지자를 폐하러 온 줄로 생각하지 말라 폐하러 온 것이 아니요 완전하게 하려 함이 진실로 너희에게 이르노니 천지가 없어지기 전에는 율법의 일점 일획도 결코 없어지지 아니하고 다 이루리라"고 말씀하셨습니다. 이것은 구약성경의 중요성에 대한 분명한 언급이며 그 신적 권위를 인정하신 말씀입니다. 논리적으로도 예수님과 성경의 신적 권위는 떼어놓을 수 없습니다. 이러한 논증을 한 번 생각해 보시기 바랍니다. (1) 성경은 기본적으로 신뢰할 만하며 믿을 만한 기록물이다. (2) 이처럼 신뢰할 만한 기록물에 근거할 때, 우리는 예수 그리스도가 하나님의 아들이라는 사실을 확신이 있게 믿을만한 충분한 증거를 가지고 있는 셈이다. (3) 하나님의 아들이신 예수 그리스도께서는 오류를 범치 않으시는 권위를 가지고 계신 분이다. (4) 예수 그리스도께서 성경은 일반적으로 신뢰할 만한 것보다 더욱 신뢰할 만하다고 말씀하셨다. 왜냐하면 그것이 하나님의 말씀이기 때문이다. (5) 성경은 하나님에게서 나온 말씀이라는 점을 생각할 때에, 하나님이 전적으로 신뢰할 만한 분이시므로 그 말씀 또한 신뢰할 만하다. (6) 그러므로 예수 그리스도의 무오한 권위에 근거할 때, 교회는 성경이 전적으로 믿을 만한, 무오한 하나님의 말씀임을 믿을 수 있다. 이상의 논증은 예수님의 신적 권위와 성경의 신적 권위가 서로 하나로 연결되어 있음을 보여줍니다.

예수님과 하나님의 말씀인 성경과의 밀접한 상호 연결성은 부활하신 예수님이 부활을 믿지 못하는 제자들에게 이르신 말씀에서도 확인됩니다. 누가복음 24:25~27에서 "이르시되 미련하고 선지자들이 말한 모든 것을 마음에 더디 믿는 자들이여 그리스도가 이런 고난을 받고 자기의 영광에 들어가야 할 것이 아니냐 하시고 이에 모세와 모든 선지자의 글로 시작하여 모든 성경에 쓴 바 자기에 관한 것을 자세히 설명하시니라"고 말씀하셨습니다. 성경은 예수님을 증거합니다. 성경이 증거하는 예수님은 하나님의 아들이시며 우리를 위하여 고난을 받으시고 부활하신 구세주이십니다. 그런데 예수님께서는 그 성경을 통해서 자신이 하나님의 아들이심을 믿으라고 요구하십니다. 이것은 성경이 하나님의 영감으로 된 하나님의 말씀이기 때문입니다.

마태복음 22장에 따르면 예수님이 바리새인들에 물으신 질문이 나옵니다. "너희는 그리스도에 대하여 어떻게 생각하느냐 누구의 자손이냐 대답하되 다윗의 자손이니이다 이르시되 그러면 다윗이 성령에 감동하여 어찌 그리스도를 주라 칭하여 말하되 주께서 내 주께 이르시되 내가 네 원수를 네 발 아래에 둘 때까지 내 우편에 앉아 있으라 하셨도다 하였느냐 다윗이 그리스도를 주라 칭하였은즉 어찌 그의 자손이 되겠느냐 하시니"라는 말씀이 있습니다. 여기서 예수님은 자신이 하나님이심을 증거하시면서 시편 110편을 인용하고 계십니다. 시편 110편에서 다윗이 예언한 다윗의 후손인 그리스도는 다윗의 후손이므로 사람이겠지만 단순한 사람이 아니라 하나님이시라고 말씀합니다. 왜냐하면 다윗이 자신의 후손인 그리스도를 예언하면서 그를 내 주, 곧 나의 하나님이라 부르며 신적 권위로 대하고 있기 때문입니다. 어떻게 다윗이 이 놀라운 사실을 알았겠습니까? 사도행전 2장에서 베드로는 다윗이 선지자라 미리 보는 고로 그리스도의 부활하심을 말하였다고 설교하였습니다. 결국 하나님께서 감동을 주어 다윗으로 하여금 기록케 하였다는 말씀입니다. 곧 다윗은 하나님의 계시를 받아 그리스도가 하나님이심을 노래하였고, 예수님은 다윗의 시편을 인용하여 자신이 하나님이심을 증거하였던 것입니다. 성경이 하나님의 말씀이 아니면 예수님은 하나님이 아니신 것이며, 예수님이 하나님이 아니시면 성경은 잘못된 내용을 전달하는 것이 됩니다. 그러나 성경은 창세기로부터 요한계시록에 이르기까지 예수님이 하나님의 아들이심을 여러 예언과 성취의 맥락에서 증언하고 있으며, 이 증언을 통하여 기독교의 모든 믿는 바를 드러내 주고 있는 하나님의 말씀입니다.

어떤 사람은 성경이 하나님의 말씀임을 자신에게 증명하면 믿겠노라고 말하기도 합니다. 이 말에 어떻게 대응하시겠습니까? 제가 권해 드리는 한 가지 방법은 그 분에게 도리어 되묻는 것입니다. 어떻게 증명하여 주면 믿겠는가라고 말입니다. 만일 성경이 하나님의 말씀임을 증명해주는 다른 어떤 책이 있다고 합시다. 그러면 당장 이어지는 질문은 무엇이겠습니까? 그것 자체는 무슨 권위로 그러한 증명을 할 수 있는가라는 질문으로 이어질 수 있습니다. 하나님의 말씀이 하나님의 말씀임을 증거하거나 증명하여줄 권위는 하나님 자신 이외에는 아무도 없습니다. 따라서 오직 예수님의 말씀과 그의 말씀을 믿은 사도와 제자들만이 유일한 증거의 말씀을 줄 수 있는 자들입니다.

따라서 성경은 결국 읽어 그 의미를 헤아려 깨닫는 은혜가 있을 때에라야 그 성경이 하나님의 말씀임을 믿을 수가 있게 됩니다. 성경에 기록된 많은 기적들을 못 믿겠다고 말하는 사람은 이미 기적을 부정하는 자신의 철학에 따라서 성경을 판단하는 자들입니다. 그들은 성경이 말하는 창조를 믿지 못합니다. 하나님의 존재조차도 믿지 못합니다. 따라서 성경을 읽어도 하나님의 말씀을 만나지 못합니다. 이성과 경험에 의해서만 진리를 판별하는 계몽주의 이후에 많은 자들이 하나님과 성경과 예수 그리스도의 속죄의 은혜 등을 부정합니다. 성경을 믿는 우리들도 그와 같았습니다. 그러나 우리 마음의 어두움을 성령님께서 은혜로 밝히시므로 우리는 성경을 통하여 예수 그리스도를 믿는 자가 되었으며, 성경에 담겨진 하나님의 말씀을 통해서 영원한 생명을 주시고 또 진리를 분별하고 순종하는 영적 복을 누리는 자들이 되었습니다. 성경이 하나님의 말씀이라는 믿음을 굳게 하시고 영적으로 혼탁한 이 시대에 등이요 빛인 주의 말씀을 넉넉히 깨달아 누리시기를 빕니다. 샬롬!

...생각 나누기

1_ 앞 장에서 배웠던 것을 기억하여 나누도록 합시다. 하나님
께서 성경을 주신 이유는 무엇입니까?

2_ 성경의 각 책들은 사람에 의하여 기록되었습니다. 그러면
성경이 어떻게 사람의 생각을 담은 책이 아니라 하나님의
말씀이라고 할 수 있겠습니까?

새로운 질문

3_ 성경은 그것이 하나님의 말씀이라는 사실을 어떻게 증거합
니까?

4_ 성경이 스스로 하나님의 말씀이라고 증거하는 것이 참임을
어떻게 확인할 수 있습니까?

5_ 성경의 66권이나 되는 책들이 영적 진리에 있어서 통일성
을 보이고 있는 사실을 어떻게 설명할 수 있겠습니까?

6_ 예수님의 말씀이 어떻게 성경이 하나님의 말씀이라는 사실
을 확인하여 줍니까?

7_ 예수님이 하나님의 아들이라는 고백과 성경이 하나님의 말씀이라는 사실은 서로 어떠한 연관성을 갖습니까?

8_ 성경이 하나님의 말씀임을 증명하면 믿겠다고 하는 사람에게 무엇이라고 답을 해주면 좋겠습니까?

9_ 성경을 다 같이 읽어도 그 의미를 깨달아 믿음을 고백하는 사람이 있는 반면에 그렇지 못한 사람도 있는 차이를 어떻게 설명할 수 있습니까?

10_ 오늘 공부를 통하여 여러분이 어떠한 신앙의 유익을 얻었는지 나누어 보십시오.

믿음의
내용

1. 우리의 행복과 예수님

질문 1 우리가 이 땅에서 사는 동안에 그리고 죽을 때에
우리에게 위로를 주는 단 하나의 사실은 무엇입니까?

답 그것은 나의 몸과 영혼이,
이 땅에서 사는 동안에도 그리고 죽을 때에도(롬 14:7, 8),
내가 소유하고 있는 나의 것이 아니라(고전 6:19)
나의 신실하신 예수 그리스도께서 소유한 주님의 것이라는 사실
입니다(고전 3:23).

예수님께서는 자신의 고귀한 피를 흘려
나의 모든 죗값을 완전히 치러 주셨으며(벧전 1:18, 19; 요일 1:7; 2:2, 12),
사단의 모든 권세에서 나를 구하여 주셨습니다(히 2:14; 요일 3:8;
요 8:34, 35, 36).

그리고 하늘에 계신 나의 아버지의 뜻이 아니라면
단 하나의 머리카락이라도 떨어지지 않도록(마 10:29, 30, 31; 눅 21:18)
나를 지켜 주십니다(요 6:39; 10:28; 살후 3:3; 벧전 1:5).
진실로 내게 있는 모든 일들은

다 나를 구원하기 위하여 일어나는 일입니다(롬 8:28).

그리하여, 그리스도께서는 성령 하나님을 통하여
우리에게 영원한 생명을 확신시켜 주시며(고후 1:20, 21, 22; 고후 5:5;
  엡 1:13, 14; 롬 8:16),
내게 진실한 마음으로 기꺼이 주님의 뜻대로 살고자 하는 마음을
  주십니다(롬 8:14; 요일 3:3).

질문 2 이 위로가 주는 기쁨을 누리며
행복한 삶을 살다가 행복한 죽음을 맞이하기 위하여
당신이 알아야만 하는 사실들은 어떠한 것들이 있습니까?

답 세 가지 사실들을 알아야만 합니다(마 11:28, 29, 30; 눅 24:46, 47, 48;
  고전 6:11; 딛 3:3, 4, 5, 6, 7).

첫째는 나의 죄들이 얼마나 크며,
그 죄들로 인하여 내가 얼마나 비참한 상태에 있는지를 알아야만
  합니다(요 9:41; 15:22).

둘째는 나의 이 모든 죄들과 비참한 상태에서
어떻게 구원을 받는지를 알아야만 합니다(요 17:3; 행 4:12, 10:43).

셋째는 그러한 구원을 주신 하나님께 감사를
어떻게 드려야 하는지를 알아야만 합니다(엡 5:8, 9, 11; 벧전 2:9, 10;
  롬 6:1,2, 12, 13).

━━ 　예수님을 믿으면 무엇이 좋습니까? 이미 알고 있듯이, 기독교는 예수님을 죄인의 구주로 말합니다. 이와 동시에 또한 아버지 하나님, 성령 하나님과 더불어 삼위일체이신 아들 하나님이심을 고백합니다. 예수님이 진실로 사람이시면서 또한 진실로 하나님이시라는 기독교의 믿음은 왜 예수님을 구주로 믿어야 하며 그를 믿으면 복을 누리는가에 대한 답변의 기초를 제공합니다.

　무엇보다도, "예수님을 믿으면 참 좋습니다.""예수님을 믿으면 정말 행복합니다." 왜 예수님을 믿으면 참 좋으며, 정말 행복할까요? 그 까닭은 예수님은 살아있을 때나 죽을 때에나 우리에게 꼭 필요한 위로와 위안을 주시기 때문입니다. 예수님을 믿는 사람은 예수님을 믿은 그 순간부터 더 이상 홀로 존재하는 자가 아닙니다. 예수님을 믿는 사람은 예수님께 속한 자가 되며, 그가 살아 있을 때에나, 죽어서나 그의 몸과 영혼은 모두 자신의 것이 아니라, 예수 그리스도의 것이 됩니다. 따라서 자기 스스로는 인생을 살면서 상처받은 고통과 눈물과 슬픔과 억울한 한을 감당할 수 없어서 넘어지고 쓰러지지만, 예수님을 믿는 사람은 이겨낼 힘을 얻습니다. 왜냐하면 그는 더 이상 홀로 있는 자가 아니요, 예수님께 속한 예수님의 사람이기 때문입니다.

　예수님께서 예수님을 믿는 자에게 주시는 것이 있는데, 그것은 다름 아닌 "위로"입니다. 여러분은 혹시 되물으실지 모르겠습니다. "아니 '위로'라고 말씀하셨습니까?" 저의 대답은, "예, 여러분은 위로가 필요합니다. 왜냐하면 여러분은 모두가 슬프며, 고통이 있고, 눈물이 있고, 아픔이 있기 때문입니다"라는 것입니다. 다시 말해서 혹시 여러분 가운데 어떤 분들은 슬픔과 고통을 모든 것들을 느끼지 못하고 있다고 하더라도, 무엇보다도 여러분들은 '죄'를 짓고 있으며, 그 죄로 인하여 나타나는 슬픔과 고통의 비참한 상태에 놓여 있기 때문입니다.

저는 지금 중요한 두 단어를 말씀드렸습니다. '죄'라는 말과 '죄로 인한 비참한 상태'라는 말입니다. 이러한 인간은 누구나 죄로 인하여 비참한 상태에 있으므로 눈물과 고통과 슬픔과 환란 가운데 살고 있다는 말씀을 제가 지금 드리고 있는데, 제 말이 사실일까요? 죄와 그로 인한 비참한 인간의 슬픔에 대해 제가 드린 말씀은 성경에서 증거하고 있는 진리의 말씀입니다. 신약성경 로마서 1:18 이하에서는 인간이 빠져 있는 죄의 비참함에 대해서 이렇게 설명합니다. 하나님께서는 세상을 창조한 때로부터 하나님의 영원하신 능력과 신성을 그가 만드신 만물과 역사 가운데 분명하게 나타내 보이고 계십니다. 하지만 죄인들은 하나님을 영화롭게 하지 않고 감사치도 아니하며, 허망한 생각과 미련함 마음을 따라서 자신들을 스스로 지혜롭다 여기며 썩어지지 아니하는 하나님의 영광을 썩어질 사람과 금수와 버러지 형상의 우상으로 바꾸었습니다. 그 결과 비참한 인생의 모습이 나타나게 되었는데, 하나님께서 인간들로 하여금 자신의 정욕에 따라 더러움 속에서 서로의 몸을 욕되게 하며 살도록 내버려 두셨습니다. 우리가 이 세상에서 보는 더러운 음욕들과 동성애의 욕정도 이러한 비참한 죄인들의 모습 가운데 하나라고 지적합니다. 그 외에도 우리가 일상생활 가운데 보는 숱한 행위들이 죄의 비참함의 양상입니다.

성경은 말씀하기를 "또한 그들을 마음에 하나님 두기를 싫어하매 하나님께서 그들을 그 상실한 마음대로 내버려 두사 합당하지 못한 일을 하게 하셨으니 곧 모든 불의, 추악, 탐욕, 악의가 가득한 자요 시기, 살인, 분쟁, 사기 ,악독이 가득한 자요 수군수군하는 자요 비방하는 자요 하나님께서 미워하시는 자요 능욕하는 자요 교만한 자요 자랑하는 자요 악을 도모하는 자요 부모를 거역하는 자요 우매한 자요 배약하는 자요 무정한 자요 무자비한 자라"고 하였습니다. 이러한 사람들은 죄의 감각이 무디어져서, 이 같은 일을 행하는 자는 사형에 해당하다고 하나님께서 정하신 줄을 알면서도 자기들만 행할 뿐 아니라 또한 그 일을 행하는 자를 옳다 합니다. 이것이 죄로 인한 비참함이며, 이러한 일이 나타나지 않는 사람은 이 세상 가운데 아무도 없습니다. 그러므로 오직 예수님만이 우리 죄인의 인생길에 유일한 위로가 됩니다.

그러면 왜 예수님만이 이러한 죄의 비참함에서 유일한 위로가 될까요? 그것은 예수 그리스도께서 자신의 피로써 예수님을 믿는 모든 사람의 모든 죗값을 완전히 갚아 주셨기 때문입니다. 요한일서 1:7에 "그가 빛 가운데 계신 것같이 우리도 빛 가운데 행하면 우리가 서로 사귐이 있고 그 아들 예수의 피가 우리를 모든 죄에서 깨끗하게 하실 것이요"라고 기록하고 있습니다. 예수님께서 십자가에서 죽으심으로 우리의 죗값을 다 치러 주신 것입니다. 이 사실은 바로 예수 그리스도께서 예수님을 믿는 모든 자들을 마귀의 모든 권세에서 해방하여 주셨음을 의미합니다. 히브리서 2:14~15 말씀에 이르기를 "자녀들은 혈과 육에 속하였으매 그도 또한 같은 모양으로 혈과 육을 함께 지니심은 죽음을 통하여 죽음의 세력을 잡은 자 곧 마귀를 멸하시며 또 죽기를 무서워하므로 한평생 매여 종노릇하는 모든 자들을 놓아주려 하심이라"고 하셨습니다. 예수님이 본래 하나님이시지만 사람이 되신 것은 예수님을 믿는 자들을 마귀의 권세에서 해방을 시키어 사망의 멸망에서 구하여 내시고 죄와 그로 인한 비참한 인생살이에서 구하여 내시기 위함이라고 말씀하고 있는 것입니다.

인간이 겪는 인생살이의 모든 슬픔과 고통, 그리고 죽음은 인간이 범하는 죄에 대해서 하나님이 심판하시는 결과입니다. 물론 이는 각각이 어려움을 당하면 그것이 여러분 한 분 한 분이 어떤 특정한 죄를 범하였기 때문에 하나님께서 일일이 심판하시어 그 어려움을 당하고 있다는 뜻으로 말씀 드리는 것이 아닙니다. 바르게 이해하셔야 할 것은 우리들 각각이 당하는 어려움이 반드시 죄 때문에 다가오는 것은 아니라는 점입니다. 예를 들어 어떤 이가 병을 얻은 것은 하나님께서 그 사람의 죄를 심판하셨기 때문이라고 반드시 말할 수는 없습니다. 어떤 경우에는 그런 경우도 있을 수 있지만, 그렇지 않은 경우가 더욱 많을 수도 있습니다. 많은 경우에는 우리가 다 이해할 수 없는 하나님의 섭리 가운데 나타난 일입니다. 우리가 아는 한 가지는 이러한 어려움이 있을 때에 우리 존재의 미약함과 하나님의 은총만이 우리의 위로가 되는 것임을 더욱 깨닫는 것입니다. 동시에 이처럼 특정한 죄의 행동과 관계가 없음에도 불구하고 우리가 겪어야 하는 슬픔과 고통은 근본적으로 우리가 사는 이 세상이 하나님의 심판 아래에 있음을 말해줄 따름입니다. 예수님을 믿는 사람들도 병을 앓기도 하며 뜻하지 않은 사고를 당하기도 합니다. 자신의 잘못과 아무런 상관이 없이 찾아오기도 하는 이러한 슬픔과 고통은 바로 이 세상이 죄로 인한 심판의 상태 아래에 놓여 있다는 사실을 말해주는 것입니다. 하물며, 스스로 죄를 범하여 악행을 습관적으로 하는 사람이 이 땅에서 받는 고통에 대해서는 두말해 무엇 하겠습니까? 그러한 사람들이 받는 고통은 스스로 자초한 죄로 인해 이 땅에서 받는 심판일 뿐입니다.

그렇다면 결국 우리의 인생살이의 슬픔과 고통이 죄로 인하여 나타난 비참함의 결과라는 것은 무슨 뜻입니까? 그것은 하나님의 말씀에 불순종하여 타락해버린 인간은 죄를 짓기 좋아하는 성향을 마음에 타고났으며, 그것에 따라서 죄를 범하는 삶을 일삼으며 사는데, 그 결과 죄로 인한 심판을 이 땅에서 받을 뿐 아니라 하나님 앞에서 영원한 심판을 피할 수 없다는 사실을 말합니다. 하나님의 심판은 이 땅에서 얼마간 나타나기도 하지만, 결국에는 영원한 형벌로 영원한 사망으로 나타나게 됩니다. 이 땅에서 인생들이 겪는 슬픔과 고통은 죄로 인하여 장차 받게 될 영원한 형벌을 미리 맛보는 것과 같습니다.

그런데 예수 그리스도께서는 이 사망의 영원한 형벌에서 예수님을 믿는 자들을 구원하십니다. 그래서 예수님을 믿는 자들은 영원한 사망의 형벌을 받지 않게 되었습니다. 뿐만 아니라, 이 땅에서도 죄를 미워하고 죄와 싸워가며 살아가기 때문에, 죄를 범함으로써 받게 될 고통을 받지 않을 수 있습니다. 그리고 무엇보다도 영원한 사망의 형벌에서 구원을 받은 기쁨을 누리며, 죄와 그 비참함으로 얼룩진 이 세상에서 죄와 싸워가며 살면서 죄와 그로 인한 비참함이 없는 새 하늘과 새 땅을 소망하며 살아갑니다. 그러한 소망 안에서 예수님을 믿는 하나님의 백성들이 이 세상에서 겪는 인생살이의 슬픔과 고난은 죄인들과는 달리 영원한 형벌을 미리 맛보는 것이 결코 아닙니다. 오히려 그것은 장래의 누릴 영광을 바라보며 그것을 견고히 하기 위하여 구주 예수님만을 더욱 의지하도록 우리를 낮추시며 연단하시며 거룩함으로 이끌어 가시는 하나님의 선한 섭리의 방편입니다. 그래서 예수님을 믿는 사람들은 비록 인생의 질고를 겪는 일이 있더라도 참으로 복된 삶을 살며, 생명의 기쁨과 위로를 노래합니다.

덧붙여 여러분들에게 꼭 말씀을 드리고 싶은 바는 예수님을 구주로 믿고 회개하는 사람은 하나님의 자녀가 되는 복을 누린다는 사실입니다. 예수님의 피로 인하여 구원을 받아 하나님의 자녀가 된 사람은 하나님 아버지의 특별한 사랑을 받습니다. 하나님 아버지께서는 자신의 뜻이 아니면 그들의 머리털 하나라도 땅에 떨어지지 않도록 그들을 보호하십니다. 그리고 그들이 모든 인생의 일들을, 그것들이 슬픈 일이건, 기쁜 일이건 모든 것들이 다 그들의 구원을 위하여 유익하게 사용되도록 하십니다. 따라서 하나님의 자녀들은 자신들의 삶 안에 드리워지는 하나님의 인도하심을 보고 그리스도의 모습을 닮아가며 자신들을 향한 하나님의 선하심을 높이 기쁨으로 찬양하게 됩니다.

이 모든 일들이 어떻게 우리들에게 나타나겠습니까? 성령 하나님께서 예수를 구주로 믿고 회개하도록 이끌어 주시며 또한 그 믿음으로 인하여 주시는 영원한 생명을 확신하도록 하심으로 이 모든 일들, 곧 예수 그리스도 안에서 누리는 행복이 우리들에게 나타납니다. 이 행복을 누리는 사람들, 곧 예수님을 구주로 믿고 그가 베푸시는 죄의 용서와 영원한 생명의 약속을 믿는 사람들은 성령 하나님의 은혜로 말미암아 하나님의 선하심과 사랑을 노래하며 그의 말씀에 순종하여 살고자 하는 열망과 소원을 갖게 됩니다. 그러한 열망을 좇아 하나님의 말씀에 순종함으로써 하나님의 자녀가 되었다는 기쁨과 행복을 누리게 됩니다.

이 모든 일은 예수님을 믿을 때에 우리에게 이루어집니다. 그리고 예수님 안에서 인생의 참된 위로를 맛보며 행복한 삶을 살아갑니다. 살아서나 죽어서나 나의 유일한 위로는 나는 나의 것이 아니요 나의 몸도 영혼도 오직 나의 신실한 구주 예수 그리스도의 것이라는 고백을 하며, 우리 구주 예수 안에서 삼위일체 하나님께서 베푸시는 영원한 위로를 충만히 누립니다. 그래서 "예수님을 믿으면 참 좋습니다.""예수님을 믿으면 정말 행복합니다." 이 행복을, 이 기쁨을 이 글을 읽으시는 여러분 한 분 한 분이 충만히 누리시기를 그리스도의 이름으로 축복합니다.

...생각 나누기

1_ 기독교는 예수님을 구주로 믿습니다. 예수님이 어떤 분이
   시기에 그러한 믿음을 가져야만 하는 것입니까?

2_ 예수님을 구주로 믿으면 정말 좋으며, 참으로 행복한 까닭
   이 무엇입니까?

3_ 예수님이 주시는 진정한 복의 성격은 무엇이라고 표현할
   수 있습니까?

4_ 예수님이 주시는 진정한 복을 알기 위하여 먼저 깨달아야
   할 죄인의 상태에 대한 성경의 교훈은 어떠하며, 그 말씀에
   비추어 볼 때 여러분의 삶의 상태는 어떠합니까?

5_ 예수님만이 죄의 비참한 상태에서 우리의 유일한 위로가
   되는 까닭은 무엇입니까? 그 까닭을 성경을 근거로 설명하
   여 보시기 바랍니다.

6_ 우리의 인생살이의 모든 슬픔과 고통은 죄로 인하여 나타
   난 비참한 결과이며 이것이 하나님의 심판이라는 사실을
   설명해보시기 바랍니다.

7_ 우리들 각각이 당하는 모든 환난과 고통은 자신이 범한 죄 때문에 받는 형벌이라는 주장에 대해서 어떠한 판단을 하여야 하겠습니까?

8_ 이 세상에서 겪는 모든 인생의 슬픔과 고통은 죄인이 받게 될 영원한 형벌과 관련하여 어떤 의미를 갖습니까?

9_ 예수님을 믿는 사람들이 겪는 인생의 슬픔과 고통도 또한 영원한 형벌을 미리 맛보는 것이라고 말할 수 있습니까?

10_ 예수님을 구주로 믿고 회개하는 사람이 하나님의 자녀로서 인생을 살아가며 겪는 모든 일들 가운데 누리는 복은 무엇입니까?

11_ 예수님을 구주로 믿는 하나님의 자녀들은 그들에게 약속된 행복을 어떠한 방식으로 누리게 됩니까?

12_ 오늘 공부를 통하여 어떠한 신앙의 유익을 얻었는지를 나누어 보십시오.

제 **1** 부

사람의 비참함에 대하여

하이델베르크 구 시가 ㅣ 이 도시는 팔츠령의 수도이며 하이델베르크 요리문답이 작성된 곳이다. 1517년 종교개혁 이래 독일 내에서 로마 가톨릭과 루터파 사이에는 큰 갈등과 마찰이 있었다. 그러나 이러한 갈등도 1555년 아우구스부르크 평화협정에 따라 정치적 으로 다소 해소되어 독일 내에서 양자는 신앙의 자유를 누릴 수 있었지만 칼빈파나 재세 례파는 제외되었다. 일반 백성은 통치자의 종교를 따라야 한다는 협정 때문에 자신들의 신앙을 자유롭게 선택할 수 없었다. 프리드리히 3세가 다스리는 팔츠령도 예외는 아니 었으며 로마 가톨릭, 구 루터파, 칼빈파 신앙이 혼재된 상태로 갈등을 빚고 있었다.

2. 율법과 죄와 비참함

질문 3 당신은 자신이 비참한 상태에 있다는 사실을 어떻게 알 수 있게 됩니까?

답 하나님의 율법을 통해서 압니다(롬 3:20).

질문 4 하나님의 율법이 우리에게 명하는 것은 무엇입니까?

답 마태복음 22:37~40에서 보듯이, 이에 대하여
그리스도께서 다음과 같이 간단히 요약하여 가르쳐 주셨습니다.

"네 마음을 다하고 목숨을 다하고 뜻을 다하여
주 너의 하나님을 사랑하라 하셨으니
이것이 크고 첫째 되는 계명이요
둘째도 그와 같으니
네 이웃을 네 자신 같이 사랑하라 하셨으니
이 두 계명이 온 율법과 선지자의 강령이니라"(신 6:5; 레 19:18;
막 12:30; 눅 10:27).

질문 5　당신은 이 모든 계명을 완전하게 지킬 수 있습니까?

답　전혀 그럴 수가 없습니다(롬 3:10, 20, 23: 요일 1:8, 10).
본성적으로 하나님과 내 이웃을 미워하는
성향을 가지고 있기 때문입니다(창 6:5, 8:21; 렘 17:9; 롬 7:23, 8:7;
엡 2:3; 딛 3:3).

── "예수님을 믿으면 정말 행복합니다." 그래서 "예수
님을 믿으면 정말 좋습니다." 그 까닭은 앞에서 다룬 내용에
서 말씀드린 바와 같이 예수님께서 우리에게 절실히 필요한
위로를 주시기 때문입니다. 그런데 많은 사람들은 예수님이
주시는 위로에 대해서 잘 알지를 못합니다. 그 까닭은 우리
가 무엇 때문에 위로를 필요로 하는지에 대한 이유를 모르기
때문입니다. 예수님이 주시는 위로는 어떠한 것입니까? 그
것은 죄로 인하여 사망의 비참한 상태에 놓여 있는 우리의
인생을 구원하시는 위로입니다. 사람들이 우리의 인생이 예
수님의 위로를 필요로 한다는 것을 잘 알지 못하는 까닭은
우리의 인생이 죄로 인하여 영원한 사망이라는 비참한 상태
에 놓여 있다는 것을 깨닫지 못하고 있기 때문입니다. 다시
말해서 인생의 길목 길목마다 드리워져 있는 고통과 눈물과
슬픔과 억울한 한으로 인하여 몸서리를 치면서도 이 모든 인
생의 곤고함이 죄로 인한 것이라는 것을 깨닫지 못하고 있기
때문입니다. 그래서 사람들은 예수님을 믿는 자마다 죄와 사
망의 비참함에서 구원하시는 예수님의 위로의 필요를 깨달

지 못할 뿐더러, 예수님의 위로를 거절하는 것입니다.

그런데 도대체 우리가 죄와 비참함에 빠져 있다는 말이 사실입니까? 우리가 살아가는 형편들이 슬픔과 고통으로 가득 차 있다는 것은 인정한다 하더라도, 그것이 우리 인간들이 죄를 범한 까닭이라니, 무슨 말을 하는 것입니까? 아마도 여러분 가운데 이렇게 반문하는 분들도 있을 것입니다. 그리스도의 은혜를 모르는 사람들에게 있어서 이러한 질문들은 어쩌면 당연한 것들입니다. 몇 주에 걸쳐서 우리는 이러한 질문들에 대한 대답을 알아보면서 예수 그리스도의 복음이 주는 위로를 누릴 수 있기 바랍니다.

먼저 우리가 죄 가운데 있으며 그로 인한 비참함 가운데 있다는 것을 무엇으로부터 알 수 있겠습니까? 답은 하나이니, 오직 하나님의 율법으로부터 압니다. 사람들은 자신들이 생각하는 기준에 따라서 죄인지 아닌지를 판단합니다. 그런데 사람들의 생각은 서로 다르기 때문에 무엇이 죄인지 아닌지 판단하는 일이 서로 다를 수 있습니다. 그러나 죄의 여부를 결정하는 기준은 사람이 정하는 것이 아닙니다. 인간은 단지 피조물에 불과하기 때문입니다. 우리가 꼭 기억하여야 할 바는 오직 창조주이신 하나님의 말씀인 성경만이 모든 사람들이 순종해야 하는 절대적인 기준을 말씀한다는 사실입니다. 그 기준을 가리켜 하나님의 율법이라고 합니다. 하나님의 율법에 비추어 볼 때, 우리는 죄인인 줄을 알며, 또 죄로 인하여 비참한 상태에 있는 자인 줄 알게 됩니다.

그러면 하나님의 율법은 구체적으로 무엇을 교훈하기에 우리가 그것에 비추어 죄인으로 나타나는 것일까요? 하나님의 율법에 대한 가장 쉬운 이해는 잘 알려진 십계명에서 찾을 수 있습니다. 십계명이 무엇입니까? "하나님 이외에 다른 신들을 섬기지 말 것이며, 우상으로 새기어 하나님으로 섬기지 말 것이며, 하나님의 이름을 망령되이 일컫지 말 것이며, 안식일을 기억하여 지킬 것이라. 그리고 부모를 공경하고, 살인하지 말 것이며, 간음하지 말 것이며, 도둑질 하지 말 것이며, 네 이웃에 대해 거짓 증거 하지 말 것이며, 네 이웃의 소유를 탐내지 말 것이라." 하나님을 어떻게 예배하고 섬기어야 하며, 피조물인 인간들이 마땅히 살아야하는 하나님의 뜻이 무엇인지를 밝혀주는 것이 하나님의 율법이라 하겠습니다.

이러한 하나님의 율법에 대하여 예수님께서 마태복음 22장에서 요약하여 가르쳐 주셨습니다. "네 마음을 다하고 목숨을 다하고 뜻을 다하여 주 너의 하나님을 사랑하라 하셨으니 이것이 크고 첫째 되는 계명이요 둘째도 그와 같으니 네 이웃을 네 자신 같이 사랑하라 하셨으니 이 두 계명이 온 율법과 선지자의 강령이니라." 예수님께서 요약하여 주신 율법의 교훈은 이미 구약성경 신명기에도 나오는 말씀입니다. 이 교훈은 한편으로는 하나님을 향하여, 다른 한편으로는 사람을 향하여 사랑할 것을 요구합니다. 그리고 그 사랑의 수준은 "마음과 목숨과 뜻을 다하여" 사랑하는 것이며, 또한 "자신의 몸처럼 이웃을 사랑하는" 것입니다.

그런데 이 명령은 모든 만물을 창조하신 창조주의 권위로써 명하는 것이므로 반드시 순종하여야 할 절대적인 명령입니다. 말하자면 하나님의 명령은 피조물인 인간들이 요구 수

준이 너무 높으니 순종할 수 없다고 반발하거나 거부할 수 있는 그러한 명령이 아닙니다. 피조물들인 인간들이 서로 합의하고 동의하여 결정하여야 하는 그런 것이 아닙니다. 피조물이 죄인인지 또는 의인인지를 판정하는 기준은 하나님께서 주시는 교훈이요, 피조물이 변명하거나 피할 수 없는 창조주 하나님의 통치 권위에 근거하고 있는 절대적인 명령입니다.

이 율법이 우리가 죄인인지 아닌지를 판별하는 기준이 된다고 할 때, 여러분들은 죄인이겠습니까? 아니면 의인이겠습니까? 사람들이 이 명령을 온전하게 지킬 수 있을까요? 여러분 생각은 어떻습니까? 혹시 여러분 가운데 생각하기를 "내가 유별나게 부모에게 불순종한 적이 없으며, 더더구나 살인이나 간음을 저지른 적은 없다. 내 탐욕을 위하여 남에게 거짓을 말하거나 해를 끼친 적도 없다. 완전하다고야 말하기 어렵겠지만, 그렇다고 죄인이라고까지 말할 이유가 있겠는가?"라고 내심 결론을 내릴지 모르겠습니다. 하지만 분명하고도 확실하게 알아야 할 것은, 죄인들끼리 서로 비교하여 상대적으로 괜찮은 편이라는 판단은 아무런 의미가 없습니다.

하나님의 율법은 우리가 "온전히" "완전하게" 순종해야 하는 것입니다. 그 까닭은 명령을 주신 하나님이 어떤 분이신가를 생각해보면 금방 이해될 수 있습니다. 거룩한 하나님, 천지 만물을 지으신 창조주 하나님, 만물을 다스리시는 대주재이신 왕이신 하나님, 그 하나님께서 그가 만드신 만물이 마땅히 되어야 할 원리를 정하시고, 특별히 자유의지를 가진 인간에게 순종의 도리를 명하셨습니다. 따라서 그 명령은 하나님의 지혜에 따른 것이며, 하나님의 사랑과 선하심에 따른 것입니다. 그리고 그 명령은 피조물의 행복을 위한 것이기도 합니다. 피조물은 이 명령에 대해 온전히 순종하는 것이 마땅합니다. 그런데 피조물 스스로 적당한 기준을 세워 서로 비교하며 상대적으로 더 낫다는 판단으로 의인과 죄인을 구별하는 것은 처음부터 하나님과 율법에 대해서 크게 오해하고 있는 것입니다. 하나님의 율법은 우리가 온전히 완전하게 순종해야 하는 것입니다.

다시 한 번 질문을 드리겠습니다. 여러분은 하나님의 율법을 온전히 순종하십니까? 그렇지 못할 것입니다. 그렇다면 여러분이 하나님의 율법을 온전히 순종하지 못한다는 사실을 감히 단언하며 말하는 저는 무슨 근거로 그렇게 말하는 것일까요? 그것은 여러분이 결코 온전히 하나님의 율법을 순종하지 못한다는 것을 이미 하나님의 말씀인 성경이 증거하고 있기 때문입니다. 로마서 3장에 이런 말씀들이 기록되어 있습니다. "의인은 없나니 하나도 없으며 그러므로 율법의 행위로 그의 앞에 의롭다 하심을 얻을 육체가 없나니 율법으로는 죄를 깨달음이니라 모든 사람이 죄를 범하였으매 하나님의 영광에 이르지 못하더니." 사람들은 하나님의 율법을 온전히 지키기는 고사하고 그 율법 앞에서 자신들이 죄인이라고 정죄를 받을 뿐이며, 겨우 자신의 죄가 무엇인지를 깨달을 따름입니다. 또 요한일서 1장에 이르기를 "만일 우리가 죄가 없다고 말하면 스스로 속이고 또 진리가 우리 속에 있지 아니할 것이요 만일 우리가 범죄하지 아니하였다 하면 하나님을 거짓말하는 이로 만드는 것이니 또한 그의 말씀이 우리 속에 있지 아니하니라." 어떤 사람이 결코 나는 그렇지 않다. 나는 죄인이 아니다. 나는 하나님께 죄인으로 정죄를 받고 죄로 인하여 비참한 죄의 형벌을 받을만한 죄를 범한 자가 아니라고 항변을 할지 모릅니다. 방금 살펴보았던 성경은 말하기를 그러한 항변은 억지이며 하나님을 오히려 거짓말하는 자로 만드는 것이니 그 자체가 또한 죄일 따름이며 그가 죄인임을 말해주는 또 하나의 결정적인 증거일 따름이라고 깨우쳐 줍니다.

왜 인간이 하나님의 율법 앞에서 죄인일 수밖에 없는지 그 까닭을 아십니까? 그것은, 성경이 증거하고 있듯이, 사람은 본성적으로 하나님과 이웃을 미워하는 성향을 가지고 있기 때문입니다. 하나님께서는 저 오래 전 노아라는 사람이 살던 때에 "사람의 죄악이 세상에 가득함과 그의 마음으로 생각하는 모든 계획이 항상 악할 뿐임"(창 6:5)을 보셨습니다. 그리하여 돌이킬 수 없이 부패한 인간들을 새롭게 하시기 위하여 노아와 그 가족들을 제외하고 죄악에 물든 인간들을 향해 홍수로 심판하셨습니다. 그러나 그 후에도 인간의 본성은 여전히 악에 물들어 있습니다. 예레미야 선지자는 탄식하기를 "만물보다 심히 부패한 것은 마음이라"(렘 17:9)고 하였습니다. 하나님께서는 구스인이 그 피부를, 표범이 그 반점을 바꿀 수 있겠는가? 만일 그런 일이 있을 수 있다면 악에 익숙한 너희도 선을 행할 수 있으리라고 개탄하며 부패한 인간의 죄악을 지적하셨습니다(렘 13:23). 인간은 죄의 정욕에 따라 생각하고 말하며 본질상 하나님의 진노를 일으키는 자들일 뿐이라고 사도 바울을 통하여 단호히 지적하셨습니다(엡 2:3).

우리는 자신이 스스로 기준을 정하여 죄가 없다고 우긴다고 해서 죄가 없는 것이 아닙니다. 죄를 판정하는 기준은 하나님의 율법입니다. 그런데 인간은 본성적으로 하나님과 이웃을 미워하는 성향을 가지고 있습니다. 그래서 인간은 누구나 예외 없이 하나님의 율법에 순종치 않고 자신의 부패한 정욕에 이끌려 죄를 범하며 삽니다. 그 결과 죄 아래서 비참한 사망의 고통을 맛보며 신음하며 살아갑니다. 이것이 우리가 아는 이 세상의 슬픔이요 고통이요 눈물이요 환난입니다. 예수님은 죄로 인한 비참한 사망에서 우리를 건져주시기 위하여 십자가에서 죽으시고 부활하시어 하늘에 오르셨습니다. 죄를 용서하시는 예수님의 십자가의 공로를 의지하고 예수님을 믿으면 구원을 받습니다. 그 구원은 놀랍게도 은혜로 주십니다. 본성상 죄인인 우리에게 구원의 조건으로 선한 것을 요구하지 않으시고, 예수님께서 십자가에 죽으심으로 우리의 죄를 갚아 주셨기 때문입니다. 그래서 예수님을 믿으면 죄와 그로 인한 비참함에서 건짐을 받습니다. 하나님의 자녀가 되는 것입니다. 그래서 예수님을 믿으면 정말 행복합니다. 예수님만이 살아서나 죽어서나 우리의 유일한 위로가 됩니다. 이 위로를 여러분 모두가 흡족히 누리시기를 진실히 바랍니다. 샬롬!

... 생각 나누기

● ● 되짚는 질문 ● ●

1_ 예수님이 주시는 위로가 왜 우리에게 절실히 필요합니까?

2_ 사람들이 왜 예수님이 주시는 위로가 필요하다는 것을 깨닫지 못합니까?

● ● 새로운 질문 ● ●

3_ 우리가 죄 가운데 있으며 그로 인한 비참함 가운데 있다는 것을 무엇으로부터 알 수 있겠습니까?

4_ 하나님의 율법이 교훈하는 바가 무엇이기에 그것에 비추어 보았을 때에 우리가 죄인으로 나타나는 것일까요?

5_ 하나님의 율법에 비추어 볼 때 우리 가운데 의인이라 인정될 수 있는 사람이 있습니까? 만일 없다면 그 이유는 무엇입니까?

6_ 자신은 죄인으로 정죄와 형벌을 받을만한 죄를 범한 자가 아니라고 항변을 하는 사람에 대하여 성경이 교훈하는 바는 무엇입니까?

7_ 인간이 하나님의 율법을 지키지 못하여 죄인이 될 수밖에 없는 본질적인 이유는 무엇입니까?

8_ 인간의 내면적, 영적 부패성에 대하여 성경이 교훈하는 바는 무엇입니까?

9_ 인간의 내면적, 영적 부패성에 대하여 성경이 교훈하는 바에 동의를 하십니까? 그 까닭은 무엇입니까?

10_ 만일 어떤 사람이 스스로 기준을 내세우면서 자신은 죄인이 아니라고 주장한다면, 무엇이라 답을 하시겠습니까?

11_ 예수님을 믿으면 정말 행복하며 위로가 되는 까닭을 설명해 보시기 바랍니다.

12_ 오늘 공부를 통하여 어떠한 신앙의 유익을 얻었는지를 나누어 보십시오.

3. 타락한 본성

질문 6 **그렇게 본성이 악하여 하나님의 계명을 온전하게 지키지 못하는 것은 하나님께서 사람을 사악하고 비뚤어진 상태로 창조하셨기 때문입니까?**

답 결코 그렇지 않습니다.

하나님께서는 사람을 선한 상태로(창 1:31),

자신의 형상을 따라(창 1:26-27),

참된 의와 거룩함으로 창조하셨습니다(골 3:9, 10: 엡 4:23).

그리하여 사람으로 하여금 창조주 하나님을 올바르게 알아,

하나님을 마음을 다해 사랑하며 영원한 행복을 누리며

하나님을 영화롭게 하고 찬미하며 살도록 하셨습니다(시 8:4-9:

고후 3:18: 계 4:11).

질문 7 **그렇다면 사람이 이처럼 부패한 본성을 갖게 된 까닭이 무엇입니까?**

답 그것은 사람의 첫 조상인 아담과 하와가 낙원에 있을 때

타락하여 불순종하였기 때문입니다(창 3:1~24; 롬 5:12, 18, 19).
그 결과로 우리의 본성이 실로 부패하여짐으로써
우리 모두가 잉태될 때부터 본성이 부패한 죄인으로 태어나게
되었습니다(시 51:5; 창 5:3; 요 3:6).

질문 8 **그렇다면 우리는 어떠한 선도 전혀 행할 수가 없으며 온갖
사악한 일들만을 행하는 데로 이끌려 갈 정도로 그렇게 부패
해 있습니까?**

답 정말로 그렇습니다(창 8:21; 요 3:6; 창 6:5; 욥 14:4, 15:14, 16, 35; 사 53:6).
우리가 하나님의 영으로 새롭게 태어나지 않는다면, 참으로
그렇습니다(요 3:3, 5; 고전 12:3; 고후 3:5).

━ 인간은 본성상 하나님과 이웃을 미워하는 성향을
가지고 있습니다. 인간은 나면서부터 본성상 죄의 정욕에 이
끌려 살다가 하나님의 심판 아래 영원한 사망의 형벌을 받는
비참한 인생으로 살아갑니다. 사람들은 나름대로 선과 악의
기준을 정하고 의인과 죄인의 기준을 정하여 스스로 옳다하
며 살아갑니다. 하지만 사람들이 스스로 정한 기준에 따라
자신들을 아무리 옳은 자이며 선한 자이며 의로운 자라고 말
하여도 부질없는 짓입니다. 왜냐하면 선과 악, 의인과 죄인
을 판별하는 기준은 하나님의 율법이기 때문입니다. 왜 그렇
습니까? 인간은 피조물이기 때문입니다. 피조물인 인간이
자신을 스스로 주장하지 못하고, 오직 인간을 창조하신 하나

님께서 인간을 주장하시기 때문입니다. 인간은 피조물인지라 자기가 하고 싶은 바를 따라 마음대로 살아도 되는 존재들이 아닙니다. 우리는 누구도 예외 없이 우리를 만드신 하나님의 교훈, 곧 하나님의 율법에 따라서 살아야 합니다. 또 마침내 이 율법에 따라서 의인과 죄인의 판정을 받게 됩니다.

그런데 우리 인간들은 다윗이 시편 51편에서 참회하였듯이 죄악 중에 출생하며, 우리의 모친은 죄 중에 있는 자로 우리를 잉태합니다. 그래서 우리 인간들은 하나님의 율법을 범하며, 그 율법의 기준에 따라서 죄인임이 드러나며, 그 죄에 대한 심판을 받습니다. 요컨대 우리 인간들은 본질상 하나님의 심판을 피할 수 없는 진노의 자식들인 것입니다.

그러면 여러분들 가운데 이런 의문이 드는 분들이 계실 것입니다. "아니 우리가 모두 본성상 부패한 자들이라면, 하나님께서는 왜 사람을 그렇게 악하고 패역한 상태로 창조하셨는가? 우리의 부패한 본성은 하나님 탓이 아닌가?" 그런데 사랑하는 독자 여러분, 하나님께서는 본래 인간을 그렇게 악하고 패역한 상태로 창조하지 않으셨습니다. 오히려 그와는 정반대입니다. 성경의 첫 책인 창세기에 따르면 하나님께서는 사람을 창조하신 후에 "지으신 모든 것을 보시고 심히 좋다"(창 1:31)고 말씀하셨습니다. 지극히 거룩하시며 선하신 하나님께서 보시기에 심히 좋은 상태로 인간은 지음을 받았습니다. 이 사실은 인간이 거룩한 상태로 창조함을 받았다는 뜻입니다.

인간이 거룩한 상태로 창조함을 받았음을 말해주는 또 다른 결정적인 증거가 있습니다. 창세기에 보면 하나님께서 "하나님의 형상대로" 사람을 창조하셨다는 기록이 나옵니다.

"하나님이 이르시되 우리의 형상을 따라 우리의 모양대로 우리가 사람을 만들고 그들로 바다의 물고기와 하늘의 새와 가축과 온 땅과 땅에 기는 모든 것을 다스리게 하자 하시고 하나님이 자기 형상 곧 하나님의 형상대로 사람을 창조하시되 남자와 여자를 창조하시고" 창세기 1:26~27의 말씀입니다.

이 말씀은 인간이 어떠한 존재인가라는 것과 관련하여 크게 두 가지를 교훈합니다. 하나는 인간은 하나님의 형상으로 지음을 받은 존재이므로 다른 만물들을 다스리는 통치의 권세를 받았다는 점입니다. 마치 하나님께서 온 우주를 창조하시고 다스리시는 주재이시며 왕이신 것처럼, 하나님의 형상으로 지음을 받은 인간이 우주 만물을 다스리는 권세와 책임을 하나님께로부터 받은 존재임을 말해 줍니다. 여기서 이러한 권세와 책임을 받고 있다는 사실이 말해주는 중요한 사실은 인간이 다른 피조물과는 달리 이 권세를 행사할 만한 특별한 것을 가지고 있다는 점입니다. 그것이 무엇일까요? 그것은 다스리는 권세를 행사하기 위한 조건인데, 바로 생각하고 느끼며 결정하는 능력과 자유의지입니다. 인간은 사고하는 지성을 가지고 있으며, 또 기쁨과 슬픔, 좋은 것과 싫은 것 등을 아는 정서를 가지고 있으며, 아울러 생각하고 좋아하는 것을 행하고자 결정도 할 수 있는 의지를 가지고 있습니다. 그리고 이 모든 것을 자신의 자발적이며 자유로운 선택에 따라서 행할 수 있는 자유의지를 가지고 있습니다. 이 모든 것들은 결국 인간이 인격적 존재임을 말하는 것입니다. 만물을 다스리도록 인간이 하나님의 형상으로 지음을 받았다는 사실은, 마치 하나님이 인격적 하나님이시듯, 인간도 인격적 존재임을 뜻하는 것입니다.

하나님의 형상과 관련한 다른 교훈 하나는 인간의 상태에 관한 것입니다. 마치 하나님이 거룩하시고, 의로우시고, 참된 진리이시듯, 인간은 그가 가진 지식이 참되며 또한 거룩하고 의로운 존재로 지음을 받았다는 사실을 말해 줍니다. 신약성경 에베소서는 4:24을 보면 "하나님을 따라 의와 진리의 거룩함으로 지으심을 받은 새사람을 입으라"고 권면합니다. 또 골로새서 3:10에서는 "새 사람을 입었으니 이는 자기를 창조하신 이의 형상을 따라 지식에까지 새롭게 하심을 입은 자니라"고 말씀합니다. 이 말씀들은 예수 그리스도의 은혜로 말미암아 구원 받은 사람은 이제 새 사람인즉 그는 마땅히 잃어버린 하나님의 형상, 곧 의와 진리와 거룩함을 이제 다시 새롭게 입어 회복하라는 권면입니다.

그런데 이 권면은 오직 예수 그리스도를 믿어 그와 연합한 신자들에게만 적용이 되는 교훈입니다. 왜 그럴까요? 그것은 우리 주 예수 그리스도를 통하여서만 의와 진리와 거룩함이라는 하나님의 형상을 볼 수 있으며, 그리스도 자신이 하나님의 형상이기 때문입니다(고후 4:4). 본래 하나님이신 예수님, 곧 성자 하나님이신 예수님은 하나님 자신으로서 원형이시지만, 예수님은 또한 사람으로 오셨기 때문에 그의 인성에 따라서 하나님의 형상의 온전함을 나타내 주십니다. 따라서 사도 바울은 자신의 목회를 가리켜 "나의 자녀들아 너희 속에 그리스도의 형상을 이루기까지 다시 너희를 위하여 해산하는 수고"(갈 4:19)라고 말하기도 하였습니다.

하나님께서 우리 인간을 하나님의 형상에 따라서 창조하

시되, 만물을 다스리는 권세를 주시고 이러한 권세를 누릴 인격적 존재로 만드셨으며, 참된 의와 지식과 거룩함으로 빚으신 것은 인간의 존재 목적에 대해 소중한 이해를 밝혀줍니다. 그것은 사람이란 본래부터 자신을 지으신 창조주 하나님을 바르게 알고, 마음을 다하여 그를 사랑하며, 하나님이 주시는 영원한 복락을 누리며 그와 더불어 살면서, 오직 하나님께만 영광과 존귀의 찬양을 돌려드리기 위해 존재한다는 사실입니다. 요한계시록 4장을 보면, 이러한 창조의 목적에 일치하는 사람들의 찬양이 그려져 있습니다. "우리 주 하나님이여 영광과 존귀와 능력을 받으시는 것이 합당하오니 주께서 만물을 지으신지라 만물이 주의 뜻대로 있었고 또 지으심을 받았나이다 하더라." 아울러 요한계시록 5장을 보면 "내가 또 보고 들으매 보좌와 생물들과 장로들을 둘러선 많은 천사의 음성이 있으니 그 수가 만만이요 천천이라 큰 음성으로 이르되 죽임을 당하신 어린 양은 능력과 부와 지혜와 힘과 존귀와 영광과 찬송을 받으시기에 합당하도다 하더라 내가 또 들으니 하늘 위에와 땅 위에와 땅 아래와 바다 위에와 또 그 가운데 모든 피조물이 이르되 보좌에 앉으신 이와 어린 양에게 찬송과 존귀와 영광과 권능을 세세토록 돌릴찌어다 하니"(11~13)라고 지극히 아름답게 묘사합니다.

이처럼 하나님의 형상이 인격성과 거룩함을 뜻한다는 것은 결국 인간의 권세는 인간이 스스로 취하는 권세가 아니라 하나님께서 부여하신 위임받은 권세일 뿐임을 말해줍니다. 또한 그 권세의 사용은 마땅히 권세를 위임한 하나님의 뜻에 따라서 행사되어야 함을 말합니다. 이것은 인간이 만물을 다스림에 있어서 또 자신의 생각과 행동을 결정함에 있어서 임의대로 해서는 안 되며 하나님의 교훈에 따라야 한다는 이유입니다. 그럼에도 불구하고 인간이 이러한 도리에서 벗어나 하나님의 교훈에 불순종한다면, 인간은 타락하여 죄를 범하게 됩니다.

이제 우리는 인간의 부패한 성품이 어디에서 왔는지를 답할 위치에 이르렀습니다. 먼저 확인된 사실은 인간이 하나님과 이웃을 본성적으로 미워하는 것은 하나님께서 인간을 악하고 패역한 상태로 창조하였기 때문이 아니라는 점입니다. 왜냐하면 인간은 인격적 존재로 그리고 의와 진리와 거룩한 상태로, 다시 말해 하나님의 형상으로 처음부터 지음을 받았기 때문입니다. 그러면 인간의 타락한 본성은 어디에서 왔습니까? 그것에 대한 대답은 우리의 시조인 아담과 하와가 낙원에서 그만 하나님의 명령을 어기고, 타락하여 불순종하였기 때문입니다.

창세기 3장에 기록되어 있는 바처럼, 아담과 하와는 낙원에 있는 모든 나무의 실과는 임의로 먹되 동산 중앙에 있는 선악을 알게 하는 나무의 실과는 먹지 말라는 하나님의 말씀에 불순종하였습니다. 뱀으로 등장한 사단의 부추김에 미혹을 받아서 하와는 하나님의 명령을 불순종할 만한 명분을 찾았습니다. 만일 명령에 불순종하여 선악을 알게 하는 나무의 열매를 먹으면 죽을 것이라고 하신 하나님의 말씀과는 달리, 사단은 하와에게 먹어도 결코 죽지 않는다고 거짓을 말하고, 덧붙이기를 죽기는커녕 오히려 눈이 하나님처럼 밝아져서 선악을 분별할 줄 알게 될 것이라고 미혹하였습니다.

요컨대 사단은 하나님이 거짓말을 한 것이며, 하나님이 그처럼 거짓을 말한 까닭은 인간이 선악을 알게 하는 나무의 실과를 먹고 하나님처럼 되지 못하게 막으신 것이라고 하와를 미혹한 것입니다. 하와는 하나님보다는 사단이 선하다고 믿은 것이며, 하나님보다는 사단이 진실하다고 믿은 것이며, 결국 창조주 하나님보다는 피조물이 사단을 더욱 신뢰하였던 것입니다. 그리하여 선악을 알게 하는 나무의 실과를 먹고 싶은 욕망이 불같이 일어나 하와는 하나님의 명령을 어기는 불순종을 택하였습니다. 그리고 아담도 같은 죄를 범하였습니다. 아담과 하와에게는 명분이 있었습니다. 그것은 인간이 하나님과 비슷하게 될까봐 선악과를 먹지 못하게 한 하나님은 나쁘신 분이시므로 순종할 까닭이 없다는 판단입니다. 그러나 이것은 매우 잘못된 사악한 죄이었으며, 모든 인류를 사망의 심판에 놓이는 비참함에 이르게 한 죄악이었습니다. 이때부터 사람의 본성은 심피 부패하여졌으며, 모든 사람은 죄악 중에 잉태되고 출생케 되었습니다. 로마서에 이르듯이 "한 사람으로 말미암아 죄가 세상에 들어오고 죄로 말미암아 사망이 들어왔나니 이와 같이 모든 사람이 죄를 지었으므로 사망이 모든 사람에게 이른" 것입니다(5:12).

인간은 본성상 하나님과 이웃을 미워하는 성향을 가지고 죄의 정욕에 이끌려 살다가 하나님의 심판 아래 영원한 사망의 형벌을 받을 수밖에 없는 비참한 인생을 살아갑니다. 그러나 그렇게 된 것은 하나님이 그렇게 악하고 패역한 상태로 창조하였기 때문이 아닙니다. 오히려 하나님께서는 사람을 선하게, 하나님의 형상에 따라서 의와 거룩함으로 창조하셨습니다. 그러나 우리의 시조인 아담과 하와는 낙원에서 하나님의 명령을 어기고 타락하여 불순종한 까닭에 우리는 모두 죄악 중에 잉태되고 출생케 된 것입니다. 이제 인간은 부패하여 하나님을 기쁘시게 할 만한 선을 조금도 행할 수가 없으며 항상 온갖 악만 행하는 성향을 갖게 된 것입니다. 이 부패한 성향은 우리가 성령으로 거듭나지 않는 한 결코 벗을 수 없습니다.

우리의 소망은 어디에 있습니까? 오직 성령으로 예수 그리스도께로 나아가는 데에 있습니다. 예수님만이 죄로 인한 이 비참한 인생에 대한 유일한 위로가 됩니다. 샬롬!

... 생각 나누기

1_ 사람들이 스스로 정한 기준에 따라 자신들을 아무리 옳은
자요 선한 자요 의로운 자라고 말하여도 하나님의 심판 앞
에서 부질없는 까닭이 무엇입니까?

2_ 어찌하여 하나님의 율법만이 선과 악, 의인과 죄인을 판별
하는 기준입니까?

3_ 우리 인간들은 본질상 하나님의 심판을 피할 수 없는 진노
의 자식들이라는 주장에 대해 동의하십니까? 그 까닭을 자
신의 경험에서 확인하실 수 있습니까?

새로운 질문

4_ 우리가 모두 본성상 부패한 자들인 것은 하나님께서 사람
을 그렇게 악하고 패역한 상태로 창조하셨기 때문입니까?

5_ 인간이 하나님의 형상으로 창조함을 받았다는 사실로 인하
여 우리 인간이 누리는 특별한 권세와 책임은 무엇이며, 그
것이 인간과 관련하여 말하여 주는 사실들은 무엇입니까?

6_ 인간이 하나님의 형상으로 창조함을 받았다는 사실이 인간
의 상태와 관련하여 말해주는 교훈은 무엇입니까?

7_ 인간이 타락하여 잃어버린 하나님의 형상을 우리는 어디에
서 다시 볼 수 있습니까?

8_	인간이 하나님의 형상으로 창조되었다는 사실에서 우리가 알 수 있는 인간 존재의 목적은 무엇입니까?

9_	인간이 다른 피조물을 향하여 누리는 권세가 인간 자신에게서 나온 것이 아니라, 하나님에게서 위임받은 것이라는 사실을 생각할 때, 권세의 사용과 관련하여 인간이 알아야 하는 교훈은 무엇입니까?

10_	인간의 본성을 타락케 하는 계기가 되었던 역사적 사건은 무엇입니까?

11_	사단이 하와를 향해 행한 미혹이 하나님과 관련하여 암시하는 내용은 무엇이며, 사단의 말에 넘어간 하와의 행위가 뜻하는 하나님과 관련한 영적 의미는 무엇입니까?

12_	인간이 부패하여 하나님을 기쁘시게 할 만한 선을 조금도 행할 수 없으며 항상 온갖 악만 행하는 성향을 지니고 있다는 성경의 교훈에 동의하십니까? 그렇다면 이러한 인간에게 있어서 유일하며 절대적인 위로는 무엇이라고 생각하십니까?

13_	오늘 공부를 통하여 신앙의 어떤 유익을 얻었는지 나누어 보십시오.

4. 율법과 형벌의 정당성

질문 9 이처럼 사람이 본성상 부패하여 선을 온전히 행하지 못하고 악을 행하고자 하는 성향을 가지고 있다면, 사람으로 하여금 행할 수가 없는 것을 율법을 통해 요구하시는 하나님은 결국 사람에게 불의를 행하시는 것이 아닙니까?

답 전혀 그렇지 않습니다(엡 4:24; 전 7:29).
왜냐하면 하나님께서는 사람을 창조하실 때에
하나님의 율법을 행할 수 있는 능력을
사람에게 주셨기 때문입니다(창 1:27, 2:16, 17).
그런데 사람이
마귀의 꾀임을 받아(창 3:4-6, 13; 요 8:44; 고후 11:3; 딤전 2:13, 14)
마음이 내키는 대로 불순종하여(창 3:6, 13; 롬 5:12; 딤전 2:13, 14)
그와 같은 하나님의 선물들을
자신뿐만 아니라 후손들도 모두 잃게 된 것입니다.

질문 10 하나님께서 그러한 불순종과 반역을 벌하지 않으시고 그대로 허용을 하시겠습니까?

답　결코 그렇지 않습니다.

하나님께서는 우리가 직접 범하는 죄들에 대해서 뿐만 아니라
우리가 태어나면서 지니는 원죄에 대해서도
몹시 불쾌히 여기십니다(창 2:17; 롬 5:12).
공의로운 재판관이신 하나님께서는 이것들에 대해서
지금 이 세상에서 그리고 영원히 벌을 내리십니다(시 5:5, 50:21;
　나 1:2; 출 20:5, 34:7; 롬 1:18; 엡 5:6; 히 9:27).
하나님께서는 "누구든지 율법 책에 기록된 대로 온갖 일을 항상
　행하지 아니하는 자는 저주 아래 있는 자라" 고 선언하셨습
　니다(신 27:26; 갈 3:10).

질문 11　그렇지만 하나님께서는 또한 긍휼의 하나님이시지 않습니까?

답　하나님은 참으로 긍휼이 풍성하신 분이십니다(출 34:6-7, 20:6).
그러나 또한 하나님은 공의로우신 분이십니다(출 20:5, 23:7, 34:7;
　시 5:5-6, 시 7:9-11; 히 10:30-31).
그러기 때문에 하나님의 공의는 지극히 존엄하신 하나님께 대하여
반역을 행한 죄에 대하여 최고의 형벌, 곧 몸과 영혼에 영원한
형벌을 내릴 것을 요구합니다(나 1:2-3; 마 25:45-46; 살후 1:8-9).

—　인간은 성경에 따르면 본성상 악합니다. 인간은 나
면서부터 하나님을 마음에 두기를 싫어하고, 또 이웃을 사랑
하지 않는 성향을 가지고 있습니다. 이러한 성향은 인간이
스스로 끊어낼 수 없는 것입니다. 왜냐하면 그것은 인간의
본성에 깊이 뿌리를 내리고 있기 때문입니다. 이러한 성향을

가진 인간을 가리켜 성경에서는 죄의 정욕에 종노릇하는 비참한 자라고 표현합니다. 그리고 성경은 죄의 정욕에 따라 사는 인간이 이 땅에서 사는 동안만 아니라 인생을 다 살고 난 다음에 하나님 앞에서 영원한 사망의 심판을 받게 될 것이라고 선언합니다.

성경이 말하는 이러한 정죄에 대하여 인간 가운데 그 누구라도 반박을 하며 성경이 틀렸다고 말할 수 있을까요? 만일 인간 가운데 어떤 이가 앞서 나서서 말하기를, "이만하면 사람들이 나를 의인으로 존경할 만하다"고 제 아무리 외쳐도 아무런 소용이 없습니다. 왜 그렇겠습니까? 어떤 사람이 의인인가 아니면 죄인인가를 판단하는 기준은 사람이 정하는 것이 아니라 하나님이 정한 것에 따라야 하기 때문입니다. 다시 말해서 하나님께서 인간에게 정하여 주신 법도, 곧 하나님의 율법에 따라서 판단되어야 하기 때문입니다.

그렇다면 하나님의 율법에 따를 때, 의인의 기준은 무엇일까요? 그것은 예수 그리스도께서 마태복음 22장에서 요약하여 가르쳐 주신 곳에서 확인됩니다. 곧 "네 마음을 다하고 목숨을 다하고 뜻을 다하여 주 너의 하나님을 사랑하는 것이며 또한 네 이웃을 네 자신 같이 사랑하라 하신 것"입니다. 우리는 율법이 지시한 대로 하나님과 이웃을 사랑하지 못합니다. 만일 어떤 사람이 이러한 율법의 기준에 비추어 자신을 돌아볼 때에라도, 자신은 의인이라고 주장을 한다면, 성경은 요한일서 1장에서 그러한 자를 가리켜서 하나님을 거짓말하는 자로 만드는 것이라고 말씀합니다. 무엇을 뜻하는 말씀입니까? 하나님은 결코 거짓을 말씀하는 분이 아니시므로, 그러한 주장은 잘못되었다고 교훈하는 것입니다. 성경이 옳다면 인간은 결코 율법을 온전히 지키지 못하며, 그 결과로 죄의 비참한 상태에 빠져 있으며, 하나님의 영원한 심판의 형벌을 받게 되어 있습니다. 누구도 여기서 예외되지 않습니다.

이상의 설명을 들으면, 사람들은 흔히들 즉각적으로 이렇게 반응합니다. "아니, 우리 인간 가운데 그 누구도 율법을 지킬 수 없다면, 그런 율법을 인간에게 주신 하나님은 도대체 어떤 분이시란 말인가?" 요컨대 이 질문은 하나님이 부당하신 분이라는 항변입니다. 이러한 저항의 몸짓은 두 가지 내용을 그 속에 담고 있습니다. 하나는 지킬 수 없는 율법을 왜 주셨는가에 대한 것입니다. 또 다른 하나는 율법을 주실 것이라면, 우리로 하여금 지킬 수 있도록 하셔야 하는 것이 아니냐는 것입니다. 그러나 이 두 가지 내용들은 모두 영적인 무지에서 비롯된 인간의 자기 변명에 불과합니다.

첫 번째 내용을 생각해 봅시다. 하나님이 왜 지킬 수도 없는 율법을 주셨느냐고 물었습니다. 다시 말해서 지킬 수 있는 율법이 아니라 지킬 수도 없는 율법을 주신 하나님이 부당하다는 주장입니다. 그러나 이러한 주장은 매우 잘못된 것입니다. 이러한 항변이 어떤 점에서 잘못되었는지를 알 수 있겠습니까? 율법은 무엇을 말합니까? 율법이 말하는 것은 하나님과 이웃을 사랑하라는 것입니다. 이 율법이 지킬 수 없을 정도로 잘못된 것이라면, 어떻게 되어야 하겠습니까? 율법이 하나님과 이웃을 적당히, 네가 옳다고 생각하거나 마음에 내키는 만큼만 적당히 사랑하라고 되어야 할까요? 누가 생각해도 율법이 이러해야 한다는 주장은 율법을 주신 하나님을 조롱하는 것밖에 되지 않는다고 이해할 수 있을 것입니다.

하나님과 이웃을 사랑하라는 율법은 창조주 하나님께서 피조물에게 주시는 지극히 당연한 본분을 분명하게 밝히고 있을 뿐입니다. 그것에 더할 것이 없고, 또 감할 것이 없는 그것 자체로 그대로 완전한 도리일 뿐입니다. 따라서 왜 지킬 수 없는 율법을 주셨는가라는 항변은 결국 왜 율법을 주셨는가와 동일한 항변일 따름입니다. 율법이란 다름 아니라 하나님이 창조주이시며 우리는 그가 만드신 피조물이라는 것과, 우리는 임의대로 살 것이 아니라 창조주 하나님의 교훈대로 살아야 하는 존재라는 사실을 말해주는 것입니다. 그렇다면 왜 율법을 주셨는가라는 항변은 왜 하나님은 우리 앞에 판단자로 계시는가라는 것과 동일한 항변입니다. 여기서 피조물인 인간이 창조주 하나님을 향하여 이러한 항변을 하는 것은 그것 자체가 이미 죄악된 것이라고 이해하시기 바랍니다. 이러한 항변은 피조물인 인간이 "하나님을 자신 앞에서 치워버리겠다"고 하는 것과 다름없는 죄악이기 때문입니다.

이제 알 것은 율법이 지킬 수 있는 것이냐 지킬 수 없는 것이냐의 문제는 율법 자체의 문제가 아니라 그 율법에 대한 우리 인간의 문제라는 사실입니다. 다시 말해서 하나님께서는 지킬 수 없는 율법을 왜 주셔서 인간으로 하여금 죄의 형벌을 받도록 하셨는가라는 항변은 인간이 스스로 어떠한 이유로 인하여 율법을 지키지 못하면서, 율법을 지키지 못한 인간의 책임을 율법 자체에 돌리는 것과 같은 잘못을 범하는 것입니다.

이제 두 번째 문제, 곧 율법을 주실 것이라면, 우리로 하여금 지킬 수 있도록 하셔야 하는 것이 아니냐는 항변에 대해서 생각해 보도록 하겠습니다. 이 항변에 대한 올바른 답변은 이미 이전 공부에서 말씀드린 바 있습니다. 간략히 요약하면, 하나님께서는 하나님의 형상을 따라 우리를 만드신 까닭에 우리는 거룩하게 창조함을 받았습니다. 처음에 창조함을 받았을 때의 인간은 의와 진리와 거룩함을 지닌 흠이 없는 인격적 존재이었습니다. 이러한 인간의 첫 상태를 가리켜 "죄를 범하지 않을 수 있는 흠이 없는 정결하며 거룩한 상태"라고 신학자들은 요약합니다. 따라서 인간을 향하여 "선악을 알게 하는 나무의 실과를 따 먹지 말라"는 명령을 주신 하나님은 결코 부당하지 않습니다.

율법을 지키지 못한 인간의 책임은 스스로 타락하여 하나님의 명령을 불순종한 인간에게 있는 것이지, 그 명령을 주신 하나님에게 있는 것이 결코 아닙니다. 인간이 어떻게 타락하였습니까? 하나님께서는 선악을 알게 하는 나무의 실과를 먹지 말도록 금지 명령을 주시면서, 이 명령에 불순종할 경우 "정녕코 죽을 것이라고" 말씀하셨습니다. 피조물이 창조주 하나님을 부인하면 그 존재의 근원을 부인한 것이니 더 이상 존재할 수가 없게 되는 것이며, 그것은 곧 죽음의 심판을 받게 될 것임을 가르치신 것입니다. 그러나 사탄은 하나님의 이러한 경고가 거짓이라고 거짓말을 하였습니다. 사탄의 말에 따르면 선악과란 그것을 먹는 자를 하나님처럼 선악을 분별하는 지혜로운 자로 만들어 주는 것이요, 하나님께서는 아담과 하와가 하나님같이 되는 것을 싫어하여 금지 명령을 주신 것이었습니다. 이제 하나님께서는 사탄의 말과 하나님의 말씀 사이에서 어느 것을 따라야 할 것인지가 요구되는 상황에서 하와는 사탄의 말을 믿었습니다. 그것은 사탄의 말대로 하나님께서 거짓을 말씀한 것으로 믿고, 하나님을 악한 분으로 규정한 것입니다. 하나님의 말씀의 선하심을 부정하는 것은 하나님 자신의 존재를 부정한 것과 다르지 않습니다. 선하지 않으신 하나님은 처음부터 계시지 않기 때문입니다. 아담과 하와는 창조주를 부정한 것입니다.

여러분 생각에는 어떻습니까? 인간의 이러한 불순종과 반역을 하나님께서 형벌하지 않고 그냥 지나치시겠습니까? 하나님께서 이러한 인간의 불순종과 반역을 형벌하신다면 그것이 부당한 일이겠습니까? 결코 그렇지 않습니다. 하나님께서는 인간의 불순종과 반역을 형벌하시며, 그것은 매우 정당하며 의로운 일입니다. 무엇보다도 하나님께서는 "선악을 알게 하는 나무의 실과를 먹는 날에는 정녕 죽을 것이라"는 경계의 말씀을 주셨습니다. 그것은 인간과 맺은 언약이었습니다. 그 언약에 따라서 하나님은 불순종한 인간의 반역을 심판하십니다. 시편 5편에 기록된 바처럼, "주는 죄악을 기뻐하는 신이 아니시니 악이 주와 함께 머물지 못하며 오만한 자들이 주의 목전에 서지 못할 것"입니다(4~5). 악인을 향한 심판에 대하여 요한계시록 21장은 기록하기를 "두려워하는 자들과 믿지 아니하는 자들과 흉악한 자들과 살인자들과 음행하는 자들과 점술가들과 우상숭배자들과 거짓말하는 모든 자들은 불과 유황으로 타는 못에 던져지리니 이것이 둘째 사망이라"고 하였습니다. 이 사망은 영원한 사망입니다. 그리고 이 심판은 의로우며 영원합니다. 데살로니가후서 1:8~9은 "하나님을 모르는 자들과 우리 주 예수의 복음에 복종하지 않는 자들에게 형벌을 내리시리니 이런 자들은 주의 얼굴과 그의 힘의 영광을 떠나 영원한 멸망의 형벌을 받을 것"이라고 말씀합니다.

하나님은 자비로우신 분이시며, 사랑의 하나님이시니, 불순종하며 반역한 인간에게 심판의 형벌을 내리지 않을 것이라고 말하는 사람들도 있습니다. 그러나 하나님은 또한 공의로우신 분이시므로 죄악을 미워하시는 분이심을 상기할 필요가 있습니다. 성경은 하나님께서 죄악을 미워하시며 이를 심판하는 분이시라고 분명하게 말씀합니다. "누구든지 율법책에 기록된 대로 모든 일을 항상 행하지 아니하는 자는 저주 아래에 있는 자라"(갈 3:10)고 하는 선언을 잊지 말아야 할 것입니다.

의로운 하나님께서 우리의 죄를 심판할 것일진대, 우리가 어떻게 하나님의 진노를 피할 수 있겠습니까? 다음 차례에 이 질문에 대해서 답을 찾아보도록 하겠습니다. 한 주 동안 주 예수 그리스도의 평강을 흡족히 누리시기를 기원합니다. 샬롬.

1_ 인간이 나면서부터 가지고 있는 부패한 성향, 곧 하나님을 마음에 두기를 싫어하고, 또 이웃을 사랑하지 않는 성향을 스스로 끊어낼 수 있습니까? 이러한 성향을 가진 인간을 가리키는 성경의 표현은 무엇입니까?

2_ 죄의 정욕에 따라 사는 인간은 하나님 앞에서 영원한 사망의 심판을 받게 될 것이라는 성경의 선언에 대하여 자신을 변호하며 정죄와 형벌을 피할 수 있는 사람이 있겠습니까? 대답과 아울러 까닭을 말해 보십시오.

3_ 하나님의 율법에 따를 때, 의인의 기준은 무엇입니까?

4_ 의인의 기준을 다 지켜서 하나님의 영원한 형벌을 피할 수 있는 자가 있겠습니까?

새로운 질문

5_ 인간 가운데 그 누구도 지킬 수 없는 율법을 주고, 그 율법에 따라서 인간을 심판하는 하나님은 선한 분이 아니라는 항변에 대한 여러분의 답변은 무엇입니까?

6_ 하나님께서 지킬 수도 없는 율법을 준 것은 부당하다는 저항에 담겨 있는 하나님에 대한 생각은 근본적으로 결국 무엇입니까?

7_ 율법이 지킬 수 있는 것이냐 지킬 수 없는 것이냐의 문제는 결국 율법 자체의 문제가 아니라 그 율법에 대한 우리 인간의 문제라는 사실을 이해할 수 있겠습니까?

8_ 우리에게 율법을 주시고 순종하도록 명하시려면, 우리로 하여금 그 율법을 지킬 수 있도록 우리에게 율법을 지킬 수 있는 능력을 주셔야 하는 것이 아니냐는 항변에 대한 여러분의 답변은 무엇입니까?

9_ 율법을 지키지 못한 책임을 인간이 아니라 율법을 지킬 것을 명령한 하나님에게로 돌리려는 사람들에게 대하여 여러분이 어떠한 답변을 주시겠습니까?

10_ 인간의 불순종과 반역을 하나님께서 형벌하신다면 그것이 부당한 일이겠습니까? 부당한 일이 아니라면 그 까닭은 무엇입니까?

11_ 하나님의 자비와 사랑에 호소하면서 불순종하고 반역한 인간에게 심판의 형벌을 내리지 않을 것이라고 말하는 사람들에 대한 여러분은 반응은 무엇입니까?

12_ 오늘 공부를 통하여 여러분이 어떠한 신앙의 유익을 얻었는지를 나누어 보십시오.

제 2 부

우리의 구원에 대하여

하이델베르크 성령교회 | 82m 높이의 첨탑이 달린 중세기의 예배당. 처음에는 로마 가톨릭 교회였으나 시대를 거치면서 개신교와 로마 가톨릭 교회를 오가며 사용되었고 현재는 개신교가 사용하고 있다. 1559년 프리드리히 3세가 선제후 자리에 올랐을 때 성령교회의 설교자는 구 루터파에 충실한 헤슈시우스 박사였다. 그는 성찬에 관한 교리로 츠빙글리파와 크게 충돌을 일으켜 마침내 면직을 당했다. 그후 프리드리히가 개혁신학자들을 여러 사람 초빙하므로 궁정과 대학에는 개혁신학을 따르는 사람들이 많아졌다. 그 가운데 올레비아누스와 우르시누스는 이 교회에서 주일 오후마다 하이델베르크 요리문답을 가르쳤다.

5. 중보자의 필요

질문 12 그러면 우리는 하나님의 공의로운 재판에 의해서
지금 이 세상에서 그리고 영원히 형벌을 받아 마땅한즉,
이 형벌을 모면하고 다시 하나님의 은혜를 받을 수 있는 길이
우리에게는 전혀 없는 것입니까?

답 하나님께서는 자신의 공의가 이루어지도록 하십니다(창 2:17:
출 20:5, 23:7: 겔 18:4: 마 5:26: 살후 1:6: 눅 16:2).
그러기 때문에 우리 자신에 의해서든, 혹은 다른 사람에 의해서든,
공의에 의한 죗값은 완전히 치러져야만 합니다(롬 8:3~4).

질문 13 그러면 우리 스스로 죗값을 치러
하나님의 공의를 만족시킬 수가 있습니까?

답 절대로 불가능합니다.
그러기는커녕 오히려 날마다 죗값을 더욱 늘릴 따름입니다
(욥 9:2-3, 15:15-16, 4:18-19: 시 130:3: 마 6:12, 18:25, 16:26).

질문 14 한낱 피조물이면서도
우리를 대신하여 죗값을 치러줄 수 있는 그런 피조물이 있겠
습니까?

답 전혀 없습니다.
왜냐하면 우선 하나님께서는 사람이 저지른 죄 때문에
사람이 아닌 다른 피조물에게 형벌을 주시지를 않으시기 때문
입니다(겔 18:4; 창 3:17; 히 2:14-17).

게다가 또한 한낱 피조물에 불과한 어떤 피조물도
죄를 향한 하나님의 영원한 진노의 무게를 견딜 수가 없으며,
다른 피조물을 그와 같은 하나님의 영원한 진노에서
구하여 낼 수가 없기 때문입니다(나 1:6; 시 130:3).

질문 15 그렇다면 우리는 중보자이며 또한 구원자이신 분을 찾기 위
하여 어떠한 분을 찾아야만 합니까?

답 우리가 찾아야만 하는 중보자이며 또한 구원자이신 분은 참
사람이며(고전 15:21; 히 2:17),
또한 의로움이 완전한 분이어야 합니다(고전 15:21; 렘 33:16; 사 53:9;
고후 5:21; 히 7:26).
뿐만 아니라 모든 피조물들보다 더 능력이 뛰어난 분,
다시 말해서, 참 하나님이시어야만 합니다(사 7:14, 9:6; 렘 23:5~6;
눅 11:22; 요 1:1; 롬 8:3~4).

— 　어떻게 하면 인간이 죄를 범하고도 그 죄에 대한 하나님의 심판을 피할 수 있을까요? 여러분의 생각은 어떠하십니까? 우선 이 질문에 대한 바른 답을 찾기 위하여 밝혀야 될 전제는 하나님께서 인간의 죄를 과연 심판하시는 분인가 하는 문제입니다. 이러한 질문은 사람이 임의대로 생각하여 이렇지 않을까, 저렇지 않을까 결정하는 것이 아니라, 성경의 교훈을 따라서 판단해야 합니다. 그런데 성경은 "누구든지 율법 책에 기록된 대로 모든 일을 항상 행하지 아니하는 자는 저주 아래에 있는 자라"(갈 3:10)고 선언하고 있습니다. 하나님은 공의로우신 분이시므로 죄악을 미워하시며 심판하시는 분이시라고 분명하게 밝히고 있습니다. 따라서 하나님은 자비로우신 분이시요 사랑의 하나님이시니, 불순종하고 반역한 인간에게 심판의 형벌을 내리지 않을 것이라고 말하는 사람들도 있지만, 그것은 성경의 교훈과 어긋나는 거짓된 주장들입니다. 하나님께서는 인간의 불순종과 죄악을 이 세상에서 그리고 영원히 심판하시며 형벌을 내리시는 의로운 분이십니다.

　이 사실이 명백한 진리일진대, 처음 물었던 질문으로 돌아가, 어떻게 우리가 이 형벌을 피하고 다시 하나님의 은혜를 입을 수 있겠는지를 살펴보도록 하겠습니다. 우선 분명한 것은 하나님께서 인간의 불순종과 반역을 심판하신다면 그 심판은 하나님의 공의의 속성에 따른 것입니다. 하나님의 속성은 변하지 않는 것이므로, 불순종과 반역의 죄를 범한 인간 가운데 그 누구도 하나님의 형벌의 심판을 피할 수는 없습니다. 그러므로 어떠한 죄인이 하나님의 형벌을 받지 않으려면 자신의 죄를 형벌로 심판하시는 하나님의 공의를 어떻게든 만족시켜야만 합니다. 왜냐하면 하나님께서는 "악인을 의롭다 하지 아니 하시"는 분이시기 때문입니다(출 23:7).

그렇다면 어떻게 하면 하나님의 공의를 만족시킬 수 있겠습니까? 하나님의 공의를 만족시키는 방법은 죗값을 치르는 것입니다. "진실로 네게 이르노니 네가 한 푼이라도 남김이 없이 다 갚기 전에는 결코 거기서 나오지 못하리라"(마 5:26)고 말씀하신 바와 같이 성경은 하나님이 "형벌받을 자를 결단코 면죄하지 않는"(출 34:7b) 분이시라고 말씀합니다. 그러할 때 인간이 스스로 자신이 범한 죗값을 치르고도 여전히 살아남을 가능성이 있겠는가 하는 문제입니다. 이 문제를 생각하면 인간에게는 절망뿐임을 깨닫게 됩니다. 성경은 "누구든지 율법 책에 기록된 대로 모든 일을 항상 행하지 아니하는 자는 저주 아래에 있는 자라"(갈 3:10)고 말씀합니다. 그런데 인간은 그 누구도 모든 율법을 지키는 자가 없으며, 또한 어느 한 율법이라도 완전히 지키는 자가 없습니다. 성경은 단 하나의 율법을 불순종하였을 때에라도 저주 아래 있는 자라 말하며, 단 한 푼이라 남김이 없이 다 갚기 전에는 형벌을 결코 면제하지 않으시겠다고 말씀합니다. 그러므로 죄를 범한 인간 가운데 그 누구도 단 하나의 죗값이라도 스스로 다 치르고 의로운 자로 살아남을 자는 아무도 없습니다. 죄를 범한 인간에게는 오직 절망이 기다리고 있을 뿐입니다.

죄인인 인간이 자신의 힘으로는 결코 절망에서 헤어날 수 없는 또 다른 까닭이 있습니다. 그것은 인간이 계속해서 율법을 불순종하는 죄의 책임만 더욱 더 증가시킬 따름이라는 사실 때문입니다. 끊임없이 죄책을 증가시키는 인간의 불순종과 관련하여 시편 130편은 "여호와여 주께서 죄악을 지켜보실진대 주여 누가 서리이까"라고 고백하였으며, 욥이라는 사람 또한 "진실로 내가 이 일이 그런 줄을 알거니와 인생이 어찌 하나님 앞에 의로우랴 사람이 하나님께 변론하기를 좋아할지라도 천 마디에 한 마디도 대답하지 못하리라"고 탄식하였습니다(욥 9:2~3). 부패한 죄의 정욕에 이끌려 사는 인간이 날마다 죄책만을 더할 뿐이라는 사실을 깨닫지 못하는 인간의 어리석음에 대하여 로마서에서는 이르기를 "혹 네가 하나님의 인자하심이 너를 인도하여 회개케 하심을 알지 못하여 그의 인자하심과 용납하심과 길이 참으심의 풍성함을 멸시하느뇨 다만 네 고집과 회개치 아니한 마음을 따라 진노의 날 곧 하나님의 의로우신 판단이 나타나는 그 날에 임할 진노를 네게 쌓는도다"라고 말씀합니다. 절망입니다. 죄의 정욕에 의해 이끌려 사는 인간에게는 절망뿐입니다. 아무도 하나님의 심판을 피할 수가 없습니다.

만일 인간이 날마다 죄책을 쌓지 않는다고 하여도, 이미 지은 죄에 대한 죗값은 인간이 치를 수 있을까요? 과연 자신의 단 하나의 죄라도 스스로 죗값을 치를 수 있겠습니까? 대답은 분명합니다. 결코 그럴 수 없습니다. 왜 그렇습니까? 단 하나의 죄악이라도 그것이 엄위로운 창조주 하나님을 향한 불순종과 반역의 죄일 때에 그것은 이미 영원한 형벌을 받아야만 하는 것이기 때문입니다. 혹시라도 여러분 가운데 이것은 너무 가혹한 것이라고 생각하는 분들이 계십니까? 그럴수 있을 것입니다. 하지만 조금만 침착하게 생각해보면, 하나님께 범한 단 하나의 죄악이라도 영원한 심판의 형벌을 받는다고 이해하는 일은 결코 어렵지 않습니다. 왜 그럴까요? 죄의 형벌을 결정하는 것은 그 죄의 행동의 성질뿐 아니라, 그 행동이 누구와 관계된 것인가와도 관련이 있기 때문입니다.

예를 들어서, 남의 얼굴에 침을 뱉는 것은 삼가야 할 행동입니다. 왜냐하면 그것은 다른 사람의 인격을 모독하는 행위이기 때문입니다. 그런데 어느 병사가 전쟁에서 포로로 잡은 원수에게 적개심과 분노를 표하기 위하여 침을 뱉을 경우, 그 포로가 이를 부당하다고 저항하지 못할 것입니다. 그런데 그 병사가 그저 그러고 싶다는 이유로 똑 같은 행위를 자신의 상관에게 했다고 가정을 한다면 그 병사가 처벌받을 것임은 두말할 필요가 없습니다. 포로의 인권도 존중되어야 하기 때문에 포로에 대한 학대를 금하는 법이 있음을 생각할 때에, 상관의 인격과 권위를 모독한 행위는 마땅히 죄로 다스려질 것입니다.

그렇다면 그 병사가 죗값을 치르러 할 때 어떠한 벌을 받아야 할까요? 만일 사형을 시킨다면 그 벌이 정당할까요? 이 질문에 대한 답은 그 상관이 어떠한 지위에 있는 자인가에 따라서 달라질 것입니다. 만일 한 계급 정도 높은 상관이 아니라 그 상관이 왕이라면 사정은 매우 심각해질 것입니다. 왕의 얼굴에 침을 뱉어 왕을 모독하고도 살아남을 사람은 없을 것입니다. 만일 침을 뱉는 행동이 아니라 상대의 생명을 빼앗는 살인의 행동이라면 어떨까요? 포로를 살해하는 것, 상관을 살해하는 것, 왕을 살해하는 것 따위를 생각해보면,

각각의 행동에 대한 형벌이 어떠할 것인지에 대해서 판단하는 것은 결코 어려운 일이 아닐 것입니다. 만일 왕을 시해하였다면 단 한 번의 행동만으로도 죽음의 형벌을 받아 마땅할 것입니다. 아마도 자신의 죽음뿐 아니라 온 친족은 물론 외족까지 다 멸하는 형벌을 받을 것입니다. 왜 그러하겠습니까? 그 죄의 행동이 왕을 향한 것이기에 그 한 사람의 죽음만으로도 다 갚을 수 없다고 판단하였기 때문입니다. 왕에 대한 반역의 죗값은 반역을 꾀한 그 사람만의 죗값으로 결코 충분하지 않은 것입니다.

그렇다면 천지를 창조하신 하나님의 명령에 불순종하고 그에게 반역한 피조물의 죄악에 대한 형벌은 어떠하겠습니까? 죄인이 그 형벌을 다 갚고 나서 새로운 삶의 기회를 누릴 수 있겠습니까? 답은 분명합니다. 전적으로 불가능합니다. 피조물 가운데 그 누구라도 창조주 하나님께 불순종과 반역의 죄를 범하고, 그 죄에 대한 하나님의 심판을 감당할 수 없습니다. 그 심판은 영원한 진노이기 때문입니다. 시편 49편에 이르기를 "아무도 자기의 형제를 구원하지 못하며 그를 위한 속전을 하나님께 바치지도 못할 것은 그들의 생명을 속량하는 값이 너무 엄청나서 영원히 마련하지 못할 것임이라"고 교훈합니다(7~8). 구약성경 나훔서는 "누가 능히 그의 분노 앞에 서며 누가 능히 그의 진노를 감당하랴 그의 진노가 불처럼 쏟아지니 그로 말미암아 바위들이 깨지는도다"고 하나님의 심판의 무서움을 표현합니다.

그렇다면 결론은 무엇입니까? 자신의 죗값을 치러 하나님의 공의를 만족시키고도 살아남을 수 있는 자는 아무도 없다는 사실입니다. 만일 하나님의 영원한 진노 아래 있는 우리가 살 수 있으려면, 우리의 죗값을 대신 치러 줄 다른 분이 있어야만 합니다. 누가 우리를 위하여 하나님의 영원한 진노의 심판을 대신 받아 주겠습니까? 우리가 그 분을 어디에서 찾아야 하겠습니까?

그런데 우리 인간들 가운데서 우리의 죗값을 대신 치러 줄 다른 분을 찾을 수가 있을까요? 참으로 다행스럽게도 만일 어떤 분이 스스로 우리의 죗값을 대신 치러 주겠다고 나선다고 합시다. 하지만 그 분이 어떠한 자격으로 우리의 죗값을 대신 치러 줄 수 있겠습니까? 그 사람도 또한 우리와 같이 죄인일진대, 자신의 죗값도 치르지 못하면서, 어떻게 다른 사람의 죗값을 치러 줄 수가 있겠습니까? 우리가 이미 알듯이, "의인은 없나니 하나도 없으며 그러므로 율법의 행위로 그의 앞에 의롭다 하심을 얻을 육체가 없나니 율법으로는 죄를 깨달음이니라 모든 사람이 죄를 범하였으매 하나님의 영광에 이르지 못하더니"라고 로마서 3장에서 성경은 모든 인간을 정죄하고 있습니다. 우리 인간 가운데 다른 인간을 위하여 죗값을 대신 치러 줄 의인은 없습니다.

그러면 짐승의 피라면 어떻겠습니까? 소나 양으로 우리의 죗값을 치를 수가 있을까요? 인류의 역사를 살펴보면 여러 종교들의 의식 가운데 소나 양이나 염소 등의 각종 짐승을 희생 제물로 바치어 자신들이 믿는 신을 달래거나 자신들의 죄의 용서를 비는 행위들이 있음을 압니다. 그러한 짐승의 피가 사람의 죗값을 대신할 수 있을까요? 이 질문에 대한 답은 매우 쉽습니다. 불가능합니다. 왜냐하면 두말할 필요가 없이 인간의 생명이 짐승의 것보다 더 귀하기 때문입니다. 성경에도 이르기를 히브리서 10:4에 "그러나 이 제사들에는 해마다 죄를 기억하게 하는 것이 있나니 이는 황소와 염소의 피가 능히 죄를 없이 하지 못함이라" 하였습니다. 구약성경에 보는 바와 같이 이스라엘 백성들이 하나님께 드린 황소와 염소의 피의 제사도 그 자체로 죗값을 치를 능력과 가치가 있는 것이 아니었습니다.

그렇다면 우리의 죄를 대신 갚아줄 우리의 중보자와 구원자를 어디에서 어떻게 찾아야 합니까? 우리 가운데에는 답이 없습니다. 이제 우리의 죄를 대신 짊어지기 위해서는 우리와 같은 인간이어야 하는데, 우리 인간 가운데는 다른 사람의 죄를 대신 짊어줄 의인이 없기 때문입니다. 뿐만 아니라 자신이 의인일 뿐만 아니라 다른 여러 사람들의 죄를 대신 짊어지기 위해서는 단순한 인간이 아닌 모든 피조물보다 능력이 뛰어나신 분, 곧 하나님이시어야 합니다. 그 분을 어디에서 찾아야 합니까? 그분은 다름 아닌 예수 그리스도이십니다. 그리스도를 구주로 믿는 여러분 모두 우리 주 예수님의 은혜와 평강을 흡족히 누리시기를 바랍니다.

1_ 하나님은 자비로우신 분이시며, 사랑의 하나님이신데, 피조물에 불과한 인간의 불순종과 반역에 대해 참으로 영원한 형벌의 심판을 하시겠습니까? 여러분의 생각은 어떠한지 설명하시기 바랍니다.

2_ 하나님께서 인간의 불순종과 반역을 심판하시는 것은 하나님의 어떠한 속성에 의한 것입니까?

3_ 하나님의 공의가 만족되지 않은 채, 어떤 죄인이 불순종과 반역의 죄에 대한 심판을 면할 수 있겠습니까?

4_ 하나님의 공의가 만족되기 위해서는 어떠한 일이 있어야 합니까?

5_ 죄인이 스스로 죗값을 치르고 살아남을 수 있겠습니까?

6_ 부패한 죄의 정욕에 이끌려 사는 인간이 날마다 죄책만을 더할 뿐이라는 사실을 생각할 때, 하나님의 형벌에서 스스로 자유케 될 소망이 인간에게 있을 수 있겠습니까?

7_ 인간이 하나님께 불순종의 죄를 범하면 그것이 어떠한 죄 일지라도 그 죄로 인하여 영원한 형벌을 받습니다. 이것은 너무 가혹한 형벌이므로 정당하지 않다고 반박하는 주장에 대해서 여러분은 어떻게 대답하시겠습니까?

8_ 왕에게 모독을 가한 한 병사의 예화가 죄인이 영원한 형벌을 받아야 하는 이유를 이해하는 데에 도움이 되십니까?

9_ 죄인이 받을 하나님의 형벌의 심판이 얼마나 무섭고 두려운 것인지에 대하여 성경의 여러 곳을 찾아 알아봅시다.

10_ 우리 인간 가운데 다른 어떤 죄인의 죗값을 대신 갚아줄 수는 있는 의인이 있겠습니까? 짐승의 제사를 드리면 죗값이 갚아질 것이라고 생각하십니까?

11_ 우리의 죄를 대신 갚아줄 우리의 중보자와 구원자를 어디에서 어떻게 찾아야 합니까?

12_ 오늘 공부를 통하여 여러분이 어떠한 신앙의 유익을 얻었는지를 나누어 보십시오.

6. 참 하나님, 참 사람

질문 16 왜 중보자이며 또한 구원자이신 그 분이 참 사람이면서 또한 의로움이 완전한 분이어야 합니까?

답 그 까닭은, 하나님의 공의에 따를 때,

죄를 범하였던 사람의 본성과 동일한 본성이 죗값을 치러야만 하며(겔 18:4, 20; 롬 5:12-18; 고전 15:21; 히 2:14-16; 벧전 3:18; 사 53:3-5, 10-11),

죄인인 사람이 다른 사람들의 죗값을 대신 치룰 수 없기 때문입니다(히 7:26-27; 시 49:7-8; 벧전 3:18).

질문 17 왜 중보자이며 또한 구원자이신 그 분이 또한 참 하나님이어야 합니까?

답 그것은 그의 신성의 능력으로(사 9:6, 63:3; 롬 1:4; 히 1:3)

그분 자신이 가지고 있는 사람의 본성 안에서(사 53:4, 11; 요 10:17-18)

하나님의 진노의 무게를 짊어지시고(신 4:24; 나 1:6; 시 130:3)

또한 의와 생명을 우리를 위하여 획득하시고

우리에게 회복시켜 주시기 위해서입니다(사 53:5, 11; 벧전 3:18; 요 3:16;
행 20:28; 요 1:4).

질문 18 **그런데 누가 참 하나님이시면서**(요일 5:20; 롬 8:3, 9:5; 갈 4:4; 사 9:6;
렘 23:6; 말 3:1)

동시에 참 사람이면서(눅 1:42, 2:7; 롬 1:3, 9:5; 빌 2:7; 히 2:14-17; 히 4:15)

또한 참으로 의로운 분이신(사 53:9, 11; 렘 23:5; 눅 1:35; 요 8:46; 히 7:26;
벧전 1:19, 2:22; 3:18)

그와 같은 중보자이겠습니까?

답 우리의 주님이신 예수 그리스도가 그러한 중보자이십니다(마 1:21-
23; 눅 2:11; 요 1:1, 14, 14:6; 롬 9:5; 딤전 2:5, 3:16; 히 2:9).

주님은 하나님이시며 우리를 구원하기 위하여

지혜와 의와 거룩과 구속함이 되신 분(고전 1:30; 고후 5:21)

즉 우리를 죄에서 해방시키고

하나님 앞에서 의롭게 하기 위하여 우리에게 오신 분이십니다.

질문 19 **당신은 이러한 진리를 어떻게 압니까?**

답 거룩한 복음을 통해서 압니다.

하나님께서는 직접 이 복음을

인간을 창조하신 후 낙원에서 알리셨으며(창 3:15),

인간이 타락한 후에는 족장들과(창 12:3, 22:18, 26:4, 28:14, 49:10-11)

선지자들을 통하여 반포하셨고(사 53장, 42:1-4, 43: 25, 49:5-6, 22-23;
렘 23:5-6, 31:32-33, 32:39-42; 미 7:18-20; 요 5:46; 행 3:22-24, 10:43; 롬 1:2;
히 1:1)

복음의 진리가 어떤 것인지에 대해 율법의 제사와 여러 의식들을 통하여

미리 표상으로 보여주셨고(히 10:1, 7; 골 2:7; 요 5:46),

마지막에는 그의 사랑하시는 독생자를 통하여

실제로 완성하셨습니다(롬 10:4; 갈 3:24, 4:5; 골 2:17).

━━ 인간은 피조물입니다. 따라서 인간은 자기를 만드신 창조주 하나님의 교훈에 따라서 살아야 합니다. 인간은 자유로운 인격체이지만 창조주 하나님의 교훈마저 무시해도 좋을 정도로 자유를 누릴 수 없습니다. 창조주 하나님의 교훈은, 웨스트민스터 소요리문답 1문이 잘 밝히고 있듯이, 피조물인 인간은 마땅히 하나님을 경외하고 그를 영원토록 즐거워하는 것입니다. 즉 하나님을 마음과 뜻과 힘을 다하여 사랑하는 것입니다. 창조주 하나님의 교훈을 무시한다는 것은 결국 창조주를 부정하는 것이요, 피조물인 자신을 창조주와 동등한 존재로 만드는 것입니다. 이것을 성경은 하나님께 범한 죄라고 밝히고 있습니다.

피조물인 인간이 창조주 하나님의 교훈에 불순종할 경우, 하나님께서는 "정녕 죽을 것이라"고 경고하셨습니다. 생명의 주인이시며 기원이신 하나님의 말씀을 불순종한 자가 생명을 계속하여 누릴 수가 없게 되는 것은 당연한 형벌일 것입니다. 불순종한 피조물은 하나님의 심판을 통하여 생명을 잃고 영원한 사망의 형벌을 받게 됩니다. 이것이 인류의 시조인 아담과 하와가 불순종한 이후에 모든 인류가 단 한 사

람의 예외도 없이 처하게 된 비참한 상황입니다. 인류는 모두 하나님의 영원한 진노 아래에서 태어나고 죄의 소욕에 따라서 죄를 범하고 살다가 영원한 사망의 심판을 받게끔 되었습니다. 과연 이러한 인간에게 어떠한 소망이 있겠습니까? 하나님의 영원한 심판 아래에 놓인 인간이 어디에서 소망을 찾을 수 있겠습니까?

만일 인간에게 소망이 있다면, 그 소망은 하나님의 영원한 심판에서 인간을 건져내어 주는 것이어야 할 것입니다. 말하자면 하나님의 형벌에서 우리를 구원하여 줄 수 있는 것이라야 참다운 소망이라고 할 수 있을 것입니다. 그렇다면 인간을 영원한 형벌에서 구원할 수 있으려면 어떠한 일들이 있어야만 하겠습니까? 무엇보다도 가장 우선적으로 불순종의 죄에 대하여 경고의 말씀을 주신 하나님의 공의를 만족시키는 일이 있어야 할 것입니다. 하나님은 자비로우시며 인애와 긍휼이 풍성하신 사랑의 하나님이시지만 또한 공의의 하나님이시기도 합니다. 창조주 하나님을 부정하고 불순종의 죄를 범한 피조물들을 자신의 공의의 속성에 따라서 형벌을 내리시는 것이 하나님의 심판이며, 이 심판은 매우 잘못된 판단이나 착오가 없으며 정확하고 또한 공정합니다.

그러면 어떻게 하나님의 공의를 만족시킴으로써 인간을 하나님의 형벌에서 구원할 수 있겠습니까? 공의를 만족시킨다는 것은 죗값을 충분하게 갚는다는 것을 의미하는 것이므로 먼저 하나님께 범한 죗값이 얼마나 되는지를 알아야 할 필요가 있습니다. 여러분 생각에 하나님께 범한 죗값은 얼마나 될 것이라고 생각하십니까? 이 질문에 대한 답은 인간이 죄를 범한 대상이 하나님이시라는 것에서 찾아집니다. 어떤 사람이 한 국가의 왕의 명령을 어김으로써 왕권을 부정하고 부인할 경우에도 죽음으로 다스려진다면, 하나님을 부정하며 반역한 죄의 값은 마땅히 죽음으로 다스려져야 할 것입니다. 그런데 인간의 왕은 피조물에 불과한 자이지만, 하나님은 전지전능하시며 온 우주를 창조하신 분이시며 지혜와 영광이 무한하신 분이심을 기억할 필요가 있습니다. 인간에 대한 죗값은 육체의 죽음으로 다 갚겠지만, 하나님에 대한 불순종의 죗값은 육체의 죽음만으로도 다 갚을 수 없습니다. 유한한 인간으로서는 무한한 죗값을 다 갚을 수 없는 것입니다. 어떻게 하나님의 공의를 만족시킴으로써 인간을 하나님의 형벌에서 구원할 수 있겠습니까? 답은 하나이니 곧 무한한 죗값을 다 치를 수 있어야만 합니다.

우리 인간 중에는 의인이 없으니 누가 다른 사람의 죗값을 치러 주겠습니까? 혹시라도 단지 가정을 하여, 하나님을 바르게 공경하여 심판을 받지 않을 어느 사람이 있다고 하여도, 그가 자신을 구할 수 있을 뿐, 다른 이들을 어찌 구원할 수 있겠습니까? 짐승의 피라면 인간을 구원할 수 있겠습니까? 의인이 인간도 다른 이를 구하지 못할 것인데, 하물며 인간보다 못한 짐승이 어찌 사람을 구원할 수 있겠습니까? 하나님의 영원한 심판 아래 놓인 인간에게는 소망이 없습니다. 그 까닭은 첫째는 인간의 죄를 대신 짊어줄 인간으로서 의인인 자가 없다는 사실이며, 둘째는 혹시라도 그런 의인이 있다고 가정해도 그 어떤 인간도 다른 이의 죗값을 짊어줄 만한 의의 가치를 가지고 있지 못하다는 사실입니다.

그렇다면 하나님의 영원한 심판 아래 놓인 인간이 어디에서 소망을 찾을 수 있겠습니까? 인간의 죄를 대신 짊어질 참 인간이면서도 완전한 의인인 중보자가 있어야 합니다. 그런데 그 중보자는 다른 많은 이들의 죗값을 치러줄 무한한 의의 가치를 이룰 수 있는 분이어야 합니다. 그러한 중보자가 없다면 인간에게는 그 어디에서도 소망을 찾을 수 없습니다. 다른 많은 사람의 죗값을 대신 치를 수 있으며, 또 하나님의 의의 기준에 비추어 완전한 의와 생명을 획득하여 우리에게 돌려주실 수 있는 중보자라면 그 분은 참 하나님이셔야만 합니다.

그러나 누가 참 하나님이시며 동시에 참 인간이고 또 의로우신 중보자이겠습니까? 여러분은 이 질문에 대한 답을 아십니까? 이 질문에 대한 답변에서 기독교의 진리의 핵심이 나타납니다. 우리에게는 소망이 있습니다. 왜냐하면 예수 그리스도께서 바로 그 중보자이시기 때문입니다. 우리 주 예수 그리스도께서는 참 하나님이시며 또한 참 인간이십니다. 그리고 예수님께서는 우리에게 지혜와 의로움과 거룩함이 되셨으며, 또한 죗값을 대신하여 치러 주셨습니다. 이 사실을 깨달아 알고 예수님을 믿으면 구원을 받습니다. 이것이 복음입니다.

이 비밀을 어떻게 알 수 있겠습니까? 그것은 거룩한 복음의 말씀을 담고 있는 성경에서 압니다. 성경은 신약과 구약 전 66권이 예수 그리스도의 신비와 그가 우리의 구원을 위하여 행하신 모든 일들, 그리고 앞으로 행하실 일들에 대해서 교훈하고 있습니다. 성경의 첫 책인 창세기는 이 세상이 창조되었다는 사실과, 그리고 인간이 창조주 하나님께 불순종한 범죄의 사실을 기록한 이후에 바로 이어 창세기 3장에 인간의 구원을 위한 메시아, 곧 그리스도를 보내주실 것을 약속하고 있습니다. 그 약속의 말씀은 이러합니다. "내가 너로 여자와 원수가 되게 하고 네 후손도 여자의 후손과 원수가 되게 하리니 여자의 후손은 네 머리를 상하게 할 것이요 너는 그의 발꿈치를 상하게 할 것이니라" 창세기 3:15의 말씀입니다. 여기서 여자란 여자의 몸에서 날 인간을 가리켜 말하고, 여자의 후손이란 메시아 곧 그리스도를 가리켜 말합니다. 너라고 가리켜 말한 자는 뱀의 모습으로 하와를 미혹한 사단을 말합니다. 결국 여자의 후손으로 오시는 그리스도께서 사단의 머리를 상하게 하심으로 사단의 세력을 궤멸하실 것이며, 사단의 저항은 그리스도의 발꿈치를 상하게 할 만큼 아주 미약한 것이 되고 말 것임을 뜻합니다. 어떤 이는 그리스도의 발꿈치를 상하게 하는 것은 그리스도의 십자가 수난을 뜻하는 것으로 풀이하기도 합니다.

그리스도께서 사람으로 오신 분이면서도 매우 신비롭게도 단순한 사람이 아닌 하나님이시라는 이 비밀에 대해서 요한계시록은 이렇게 또한 말씀하여 줍니다. 12:1~6에 이르기를 "하늘에 큰 이적이 보이니 해를 옷 입은 한 여자가 있는데 그 발 아래에는 달이 있고 그 머리에는 열두 별의 관을 썼더라 이 여자가 아이를 배어 해산하게 되매 아파서 애를 쓰며 부르짖더라 하늘에 또 다른 이적이 보이니 보라 한 큰 붉은 용이 있어 머리가 일곱이요 뿔이 열이라 그 여러 머리에 일곱 왕관이 있는데 그 꼬리가 하늘의 별 삼분의 일을 끌어다가 땅에 던지더라 용이 해산하려는 여자 앞에서 그가 해산하면 그 아이를 삼키고자 하더니 여자가 아들을 낳으니 이는 장차 철장으로 만국을 다스릴 남자라 그 아이를 하나님 앞과 그 보좌 앞으로 올려가더라 그 여자가 광야로 도망하매 거기서 일천이백육십 일 동안 그를 양육하기 위하여 하나님께서 예비하신 곳이 있더라."

이 말씀은 매우 신비로운 묵시적 표현이라서 얼른 읽어서 이해하기 어려울 것입니다. 대략 말씀드리면 붉은 용은 마귀를 가리킵니다. 그리고 열두 별의 면류관을 쓴 여자는 교회 또는 언약의 후손을 가리킵니다. 따라서 그 여인이 낳은 아이는 사람임을 알 수 있습니다. 그런데 이 아이가 하나님 앞과 그 보좌 앞으로 올려갔다는 사실은 그가 예사로운 인간이 아님을 암시합니다. 또한 그 아이는 만국을 철장으로 다스릴 남자라 하였으니 이 말씀은 그가 시편 2편에서 말하고 있는 메시아임을 뜻합니다. 시편 2편에서 철장으로 만국을 다스릴 그 분은 하나님의 아들이시기 때문입니다.

여자의 후손으로 오신 분이 단순한 사람이 아니라 하나님이시라는 이 신비로운 사실에 관하여 또한 이사야서는 9:6에 이르러 이렇게 말씀합니다. "이는 한 아기가 우리에게 났고 한 아들을 우리에게 주신 바 되었는데 그 어깨에는 정사를 메었고 그 이름은 기묘자라, 모사라, 전능하신 하나님이라, 영존하시는 아버지라, 평강의 왕이라 할 것임이라." 한 아기이며 한 아들을 우리에게 주셨다고 하셨으니 그 분은 사람임에 틀림이 없습니다. 그럼에도 불구하고 그는 통치의 권세를 지닌 분이시며 모든 지혜와 권능을 가지신 분이시니, 그는 또한 하나님이시며 영원히 계신 아버지이시며, 모든 평강의 왕이신 분이라고 찬송을 올립니다. 그 분은 사람이시지만 하나님이시기 때문입니다.

예수님께서도 이 사실에 대하여 증언하신 기록이 마태복음 22장에 나옵니다. 예수님 당시의 유대인들에게 물으시기를 그리스도에 대하여 어떻게 생각하느냐고 묻고, 그들이 다윗의 자손이니이다고 대답을 하자, 그렇다면 다윗이 어찌하여 그리스도를 주라고 칭하였는지 그 까닭을 아느냐고 다시 물으셨습니다. 다윗은 시편 110:1에서 "여호와께서 내 주에게 말씀하시기를 내가 네 원수들로 네 발판이 되게 하기까지 너는 내 오른쪽에 앉아 있으라 하셨도다"고 노래하였습니다. 예수님의 질문은 그리스도가 다윗의 후손이면 그는 다윗의 혈통을 따라 난 한낱 사람일 터인데 어찌하여 다윗이 그를 가리켜 주라 일컬었겠느냐고 물은 것입니다. 여기서 다윗이 "내 주"라고 일컬은 것은 그분이 단순한 사람이 아니라 하나님이시기 때문이라는 것을 너희가 아느냐라는 것이 예수님의 질문의 의도였습니다.

예수 그리스도는 우리를 하나님의 영원한 진노에서 구하여 내실 유일한 중보자이십니다. 왜냐하면 예수님은 우리의 죗값을 대신 짊어지실 참 인간이시며 또한 하나님의 공의를 자신의 죽음으로 만족시키시고 의와 생명을 우리에게 돌려주시는 참 하나님이시기 때문입니다. 여러분 모두 주 예수 그리스도의 대속의 은혜를 굳게 믿으시고 그가 주시는 위로와 평강을 풍성히 누리시기를 바랍니다.

···생각 나누기

● 되짚는 질문 ●

1_ 하나님께 범하는 죄란 어떠한 것인지 서로의 이해를 나누
   도록 합시다.

2_ 아담과 하와가 불순종한 이후, 단 한 사람의 예외도 없이,
   모든 인류가 처하게 된 비참한 상황은 어떠한 것입니까?

3_ 이러한 비참한 상황에서 인간이 바랄 소망은 어떠한 것이
   겠습니까?

4_ 하나님의 공의를 충분히 만족시킬 만한 죗값은 도대체 얼
   마나 되는 것입니까?

5_ 우리 인간 중에 다른 사람의 죗값을 치러 줄 의인이 있겠습
   니까? 여러분의 생각은 어떠하며 그 까닭은 무엇입니까?

● 새로운 질문 ●

6_ 하나님의 영원한 심판 아래 놓인 인간을 구원할 중보자는
   어떠한 분이어야 합니까?

7_ 인간을 구원할 중보자가 참 사람이어야 하는 까닭은 무엇
   입니까?

8_ 인간을 구원할 중보자가 참 하나님이어야 하는 까닭은 무엇입니까?

9_ 그러면 누가 참 하나님이시며 동시에 참 인간이고 또 의로우신 중보자이겠습니까?

10_ 아래의 성경 구절들 가운데 담겨 있는 그리스도에 관한 복음의 요소를 풀어 설명하시기 바랍니다.

- 창세기 3장 15절
- 요한계시록 12장 1~6절
- 시편 2편
- 이사야 9장 6~7
- 마태복음 22장 41~46절
- 시 110편

11_ 오늘 공부를 통하여 여러분이 어떠한 신앙의 유익을 얻었는지를 나누어 보십시오.

7. 구원 얻는 참 믿음

질문 20 그렇다면, 아담 안에서 모든 사람들이 다 멸망을 당했으므로,
또한 그리스도에 의하여 모든 사람들이 구원을 받는 것입
니까?

답 아닙니다(마 7:14, 22:14).

참된 믿음으로 그리스도를 믿어 그에게 접붙임을 받고,

그리스도의 모든 은택들을 받는 자들만이

구원을 받습니다(마 16:16; 요 1:12, 3:16, 18, 36; 사 53:11; 시 2:12; 롬 3:22;
11:17, 19-20; 히 4:2-3, 5:9, 10:39, 11:6).

질문 21 어떠한 믿음이라야 참된 믿음입니까?

답 참된 믿음이란

하나님께서 그의 말씀 안에서 우리에게 계시하신 모든 것들이

진리라고 확신하는 분명한 지식이면서(약 2:19)

동시에 다른 이들뿐 아니라 내게도 또한

죄 사함과 영원한 의와 구원이(롬 1:17; 갈 2:16, 3:11; 히 10:10, 38)

102   소그룹 양육을 위한 하이델베르크 요리문답 Ⅰ

오직 그리스도의 공로로 인하여 그저 은혜로 하나님에 의해

값없이 주어진다는 것을(눅 1:77-78; 롬 3:24, 5:19; 엡 2:8)

믿는 확고한 확신입니다(고후 4:13; 엡 2:7-9, 3:12; 갈 2:16; 히 4:16, 11:1-

10; 약 1:6; 막 16:17; 빌 1:19; 롬 1:6, 3:24-25; 4:16-120, 21, 5:1, 10:10,17).

이와 같은 확신은 성령님께서(갈 5:22; 마 16:17; 고후 4:13; 요 6:29; 엡 2:8;

빌 1:19; 행 16:14)

복음으로 말미암아 심령 가운데 일으키심으로 말미암아 주어

집니다(롬 1:16-17; 고전 1:21; 행 10:44, 16:14).

질문 22 그러면 기독교인은 무엇을 믿어야만 합니까?

답   하나님께서 복음을 통해 약속하신

모든 것들을 믿어야만 합니다(마 28:19; 막 1:15; 요 20:31).

그 복음은 의심의 여지가 없이 확실하며,

또 온 세계에서 두루 고백되고 있는

기독교 신앙고백의 항목들 안에 요약되어 있습니다.

━━   피조물인 우리 인간은 창조주 하나님의 교훈을 불
순종함으로써 하나님의 영원한 진노 아래 살게 되었습니다.
공의로운 하나님의 심판에 따른 영원한 사망이라는 형벌에
서 구원받는 일이 우리 자신들에게서는 불가능합니다. 오직
우리의 죗값을 대신 짊어지고 우리가 받을 형벌을 대신 받아
줄 참 인간이면서, 또한 우리의 죗값을 치를 뿐더러 우리에
게 의와 생명을 돌려줄 참 하나님이신 중보자가 있어야만 우
리의 구원이 가능합니다.

우리의 죗값을 대신 치르고 우리에게 의와 생명을 주어 하나님과 영원한 교통을 누리며 영원한 생명을 누리게 하실 그 중보자가 누구입니까? 그 분은 예수 그리스도입니다. 예수님은 이 땅에 성육하시어 우리처럼 참 인간이 되셨으나, 인성을 짊어지신 그 분은 성자 하나님이십니다. 따라서 그 분은 또한 하나님이십니다. 성자 하나님은 신성에 따라서 영원하신 하나님이시면서 또한 인성을 취하시므로 인성에 따라서 나사렛 예수이신 참 인간이십니다. 참 인간이시며 참 하나님이신 예수 그리스도께서는 우리의 죄를 대신 짊어지셨으며, 또 완전한 의인으로 하나님의 율법에 순종하시고, 우리의 죗값에 대한 공의의 만족을 이루시고 우리에게 자신의 의를 전가시키시어 우리를 하나님의 의로운 자녀로 삼으신 중보자이십니다.

복음이란 무엇입니까? 바로 우리의 영원한 중보자이신 예수 그리스도를 믿으면 죄의 용서를 받고 하나님의 자녀가 된다는 하나님의 약속의 말씀이 복음입니다. 여러분은 이 복음을 믿으십니까? 예수 그리스도께서 우리의 완전한 중보자이시지만, 오직 그를 믿는 자만이 구원을 받습니다. 아담이 타락하여 범죄한 결과 아담 이후의 모든 사람들은 한 사람도 예외 없이 모두 멸망의 자식이 되었습니다. 이것은 각각의 개인이 선택한 결과가 아니라 아담의 후손인 모든 인간에게 미친 결과입니다. 그러나 예수 그리스도를 통한 구원은 오직 참된 믿음으로 그리스도에게 연합되어 그리스도로 말미암는 은택들을 갈망하며 의지하는 자들만이 구원을 받습니다.

예수 그리스도께서 모든 인류를 구원하실 만한 무한한 공로를 이루셨음에도 불구하고 이 그리스도의 대속의 은혜는 오직 믿는 자에게만 제한적으로 주어집니다. 어차피 그리스도께서 모든 것을 다 이루셨으니 우리는 자동적으로 구원을 받는 것이 아닌가하고 생각한다면 잘못입니다. 이러한 생각은 성경에서 밝히고 있는 구원의 도리와 일치되지 않는 매우 잘못된 것입니다. 성경에서 말하는 구원의 도리는 오직 믿음으로 예수 그리스도의 공로를 의지하도록 요구합니다. 예수 그리스도가 참 사람이시며 참 하나님이신 중보자이심을 믿고 또 그분께서 이루신 구원의 사역을 믿도록 하는 것이 바로 하나님께서 정하신 구원의 방편인 것입니다.

잘 알려진 복음의 말씀, 요한복음 3:16, 18, 36을 보면 이러한 증거의 말씀이 있습니다. "하나님이 세상을 이처럼 사랑하사 독생자를 주셨으니 이는 그를 믿는 자마다 멸망하지 않고 영생을 얻게 하려 하심이라 그를 믿는 자는 심판을 받지 아니하는 것이요 믿지 아니하는 자는 하나님의 독생자의 이름을 믿지 아니하므로 벌써 심판을 받은 것이니라 아들을 믿는 자에게는 영생이 있고 아들에게 순종하지 아니하는 자는 영생을 보지 못하고 도리어 하나님의 진노가 그 위에 머물러 있느니라." 이러한 요한복음의 말씀은 믿음으로 그리스도에게 순종하는 자는 영생을 얻고, 믿음이 없어 그리스도에 불순종하는 자는 하나님의 심판을 벌써 받았다고 교훈합니다.

왜 하나님께서 믿음을 통하여 그리스도의 대속의 은혜를 받아 누리도록 하셨을까요? 왜 하나님께서 인간의 선행을 근거로 그리스도의 대속의 은혜를 받아 누리도록 하지 않으섰을까요? 우선 인간의 선행은 인간의 죗값을 치를 만한 구원론적 가치를 담고 있지 못합니다. 이 점은 이미 인간이 부패하여 하나님을 마음에 두기 싫어하고 죄를 가까이 하는 상태에 있으며, 율법을 온전히 이룰 수 없다는 사실에서 어렵지 않게 확인할 수 있습니다. 하지만 인간의 선행이 비록 완전하지는 않다고 하더라도 인간들 사이에서 다른 이보다 상대적으로 더 우월한 선행을 한 자에게 예수 그리스도의 구원을 주시기로 하시면 더욱 좋지 않았을까요? 성경은 이것 또한 하나님의 뜻이 아니라고 말씀합니다. 에베소서 2:8~9에 이르기를 "너희가 그 은혜를 인하여 믿음으로 말미암아 구원을 받았으니 이것은 너희에게서 난 것이 아니요 하나님의 선물이라 행위에서 난 것이 아니니 이는 누구든지 자랑하지 못하게 함이라"고 하셨습니다. 인간이 지극히 작은 선행을 자신의 구원의 조건으로 여기며 이를 가지고 자랑하는 일이 없도록 하시기 위하여 하나님께서는 '오직 믿음'으로 '은혜를 인하여' 구원을 받도록 정하셨다는 것입니다.

아울러 죄가 무엇인가를 생각하면 왜 '오직 믿음' 뿐인가를 이해할 수 있습니다. 아담과 하와의 죄는 하나님의 명령에 불순종한 것이었습니다. 그런데 그 불순종의 의미는 곧 하나님께서 하나님이심을 인정하지 않겠다는 것이었습니다. 하나님께서 아담과 하와에게 선악을 알게 하는 나무의 실과를 먹지 말라고 명령을 주셨을 때에 그 명령은 너희는 스스로 존재하는 자가 아니라 하나님의 교훈에 따라서 살아야 할 존재라는 것을 상기시키는 말씀이었습니다. 아담과 하와가 하나님의 형상으로 지음을 받아 만물 가운데 존귀한 자로 만들어졌으나, 그들이 결코 하나님의 교훈을 떠나 마음대로 살아도 되는 존재들은 아니었습니다. 말하자면 자신들이 스스로 존재하는 자가 아니라 하나님의 교훈에 순종해야 할 피조물임을 겸손히 인정하고, 오직 하나님만이 스스로 존재하시는 분이심을 고백하며 경배하는 것이 피조물로서의 마땅한 본분이었던 것입니다. 아담과 하와의 불순종은 이것을 부정한 것입니다. 요컨대 하나님을 부정하고 자신들 스스로 선악을 판단하여 결정하는 존재로 자신을 높였던 것입니다. 이것이 죄입니다.

그렇다면 믿음은 무엇입니까? 믿음이란 인간이 스스로 존재하는 자가 아니요 오직 하나님만이 스스로 존재하시는 생명의 참 주인이심을 인정하는 것입니다. 이 믿음이 어떻게 예수 그리스도를 믿는 믿음과 연결이 될까요? 예수 그리스도를 믿는다는 것은 무엇보다도 하나님 앞에서 자신이 죄인임을 인정하는 데에서 출발합니다. 인간이 스스로 의로운 자가 아니라 하나님 앞에서 판단을 받아야 하는 피조물이라고 겸손히 인정하고, 그러한 하나님의 판단에 비추어 영원한 진노를 받아야 할 마땅한 죄인이라고 인정해야 하는 것입니다. 하나님께 범한 이 무한한 죗값을 피조물인 자신으로서는 갚을 길이 없으며, 오직 스스로 존재하시는 생명의 주인이신 하나님의 긍휼과 자비만이 자신을 구원할 유일한 길인 줄을 믿고 의지하는 것입니다. 하나님께서 그 길을 내어 주셨으니 곧 예수 그리스도의 오심과 그의 죽으심과 부활을 믿는 것입니다. 그리스도와 관련한 이 모든 믿음은 결국 자신은 스스로 존재하는 자가 아니요 오직 하나님의 교훈에 따라 살아야 할 자임을 겸손히 인정하고 그 앞에 엎드리는 것인 만큼, '오직 믿음'으로 그리스도의 대속의 은혜를 받아 누린다는 것은 인간의 첫 범죄와 비교할 때 가장 적절한 방편임을 깨달을 수 있습니다. 요컨대 하나님을 부인하고 죄를 범한 죄인들이 이제 다시 하나님을 인정하고 그 앞에 엎드림으로 구원을 받을 것인데, 하나님을 인정하고 그 앞에 엎드림이 다름 아닌 바로 '믿음'이라는 것입니다.

이러한 의미에서의 '믿음'이란 단순히 심리적 지식에 그치는 것이 아닙니다. 믿음은 외적인 행동 또는 순종이라는 결과를 낳는 굳은 동의와 확신과 신뢰 등을 포괄하는 내면적 동기나 태도를 말하는 것임을 알 수 있습니다. 예수 그리스도를 믿는 믿음이 참된 믿음이려면 우선 올바른 지식에 근거한 믿음이어야 합니다. 제 아무리 확신에 차서 종교적인 열심과 헌신을 기울여도 예수 그리스도를 아는 복음의 지식이 잘못되어 있다면, 그 열심과 헌신은 다 헛된 것이 되고 맙니다. 예를 들어서 예수님 당시의 유대인들이 그러하였습니다. 그들의 종교적 열심과 헌신은 매우 높았지만, 그들은 성경을 아는 지식이 올바르지 않은 탓에 하나님의 의에 복종치 않고 자신의 의를 높이 세우는 잘못을 범하였습니다. 로마서 10:1~4에서 사도 바울은 이르기를 "형제들아 내 마음에 원하는 바와 하나님께 구하는 바는 이스라엘을 위함이니 곧 그들로 구원을 받게 함이라 내가 증언하노니 그들이 하나님께 열심히 있으나 올바른 지식을 따른 것이 아니니라 하나님의 의를 모르고 자기 의를 세우려고 힘써 하나님의 의에 복종하지 아니하였느니라 그리스도는 모든 믿는 자에게 의를 이루기 위하여 율법의 마침이 되시니라"고 교훈하였습니다. 유대인들은 그릇된 지식으로 인하여 복음과는 정반대의 방향으로 그들의 열심과 헌신을 쏟아 부었습니다. 예수 그리스도 안에서 하나님께서 주시는 의를 은혜로 받는 것이 복음임에도 불구하고, 그들은 하나님께서 주시는 의가 아니라 자신들이 의를 세워 그것으로 의롭다함을 받으려 하였으니, 오히려 그리스도의 복음에 복종치 않는 자들이 되고 만 것입니다.

아울러 구원을 받는 참된 믿음이란 올바른 지식에 기초하여 그 지식이 말하는 사실에 대해서 굳게 믿는 신뢰를 말합니다. 성경은 이러한 굳은 신뢰를 지닌 믿음의 표본으로 곧잘 아브라함을 지적합니다. 로마서 4장을 보면 아브라함은 하나님께서 너를 많은 민족의 조상으로 세웠다고 하시는 약속을 믿었으며, 그가 믿은 것은 이미 자신의 나이가 백세나 되어 자기 몸이 죽은 것 같으며, 사라의 태가 죽은 것 같음을 알고도 하나님의 약속을 굳게 신뢰하였다고 말합니다. 히브리서 11장에서는 하나님의 약속에 따라 백세에 겨우 얻은 독생자 이삭을 하나님께서 제물로 바치라고 하셨을 때에 아브라함이 순종하였다고 지목합니다. 이 아브라함의 순종은 자신에게 베푸신 하나님의 약속이 이 이삭을 통하여 이루어질 것이라 하셨으니 하나님께서 능히 죽은 자 가운데서 이삭을 살리실 줄을 굳게 믿음으로써 이루어진 것이라고 교훈합니다. 즉 아브라함은 하나님의 약속의 말씀을 그 마음에 굳게 신뢰하였던 것입니다.

자 그렇다면 어떠한 자가 구원을 받겠습니까? 예수 그리스도의 복음을 믿는 자가 구원을 받습니다. 다시 말해서, 순전히 은혜로만, 오직 그리스도의 공로 때문에, 하나님께서 죄 사함과 영원한 의로움과 구원을 주신다는 것을 바르게 알고, 그 약속의 말씀을 굳게 신뢰하는 자가 구원을 받습니다. 이 믿음을 가리켜 "믿음은 바라는 것들의 실상이요 보지 못하는 것들의 증거"라고 히브리서 11:1에서 말씀하였습니다.

우리는 소망하는 하나님 나라의 영광이 정말로 있는지 어떻게 확신합니까? 우리가 지금 보지 못하고 있는 그 예수 그리스도 안에서 누리는 낙원이 정말로 있는지를 어떻게 확신합니까? 성경에 기록된 하나님의 말씀을 굳게 믿음으로 압니다. 이러한 믿음을 가리켜서 구원을 얻는 참 믿음이라고 합니다. 우리 주 예수님께서 예수님의 부활을 의심한 도마에게 이르시기를 "나를 본고로 믿느냐 보지 못하고 믿는 자들은 복되도다"고 말씀하셨습니다. 성경의 바른 지식 위에서 복음을 굳게 신뢰하는 자는 예수 그리스도로 말미암는 구원의 은혜를 누립니다. 이 은혜가 독자 여러분 모두에게 충만히 임하기를 그리스도 이름으로 빕니다.

...생각 나누기

되짚는 질문

1_ 우리를 구원하실 중보자는 어떠한 분이시어야 합니까?

2_ 예수님께서 우리의 유일한 참 중보자이신 까닭은 무엇입니까?

새로운 질문

3_ 복음이란 결국 무엇입니까? 그리스도의 복음과 관련하여 우리가 할 일은 무엇입니까?

4_ 참 하나님이시며 참 사람이신 그리스도께서 우리의 구원을 위한 모든 것을 다 이루셨으니 모든 인류가 자동적으로 구원을 받는다는 주장에 대한 여러분의 대답은 어떠합니까?

5_ 요한복음 3:16에 담겨 있는 복음의 요소들을 설명해 보시기 바랍니다.

6_ 우리가 행하는 선행이 예수 그리스도의 대속의 은혜를 받아 누리는 방편 또는 조건으로서 어떠한 가치를 지닌다고 생각하십니까?

7_ 그리스도의 대속의 은혜를 받아 누리는 방편이 '오직 믿음' 뿐이라는 영적 진리를 인간의 죄의 성격과 비교하여 설명해 보시기 바랍니다.

8_ 구원을 받는 참된 믿음에 있어서 지식의 요소가 필요하다는 것에 대해 설명해 보시기 바랍니다.

9_ 로마서 4장과 히브리서 11장을 읽고 아브라함의 예를 통해서 깨닫는 믿음의 본질에 대해 말해 보십시오.

10_ 구원을 얻는 참 믿음에 대해서 정의를 내리고, 어떠한 믿음을 가진 자가 구원을 받는지에 대해 이야기해 보시기 바랍니다.

11_ 오늘 공부를 통하여 여러분이 어떠한 신앙의 유익을 얻었는지를 나누어 보십시오.

질문 23 **기독교는 신앙고백을 위하여 어떠한 항목들을 고백합니까?**

답 '사도신경'을 보면 기독교가 고백하는 신앙 항목들을 잘 알 수
있습니다.

1. 나는 전능하신 아버지 하나님, 천지의 창조주를 믿습니다.

2. 나는 그의 유일하신 아들, 우리 주 예수 그리스도를 믿습니다.

3. 그는 성령으로 잉태되어 동정녀 마리아에게서 나시고,

4. 본디오 빌라도에게 고난을 받아 십자가에 못 박혀 죽으시고,

5. 장사된 지 사흘만에 죽은 자 가운데서 다시 살아나셨으며,

6. 하늘에 오르시어 전능하신 아버지 하나님 우편에 앉아 계시
다가,

7. 거기로부터 살아있는 자와 죽은 자를 심판하러 오십니다.

8. 나는 성령을 믿으며,

9. 거룩한 공교회와

10. 성도의 교제와

11. 죄를 용서 받는 것과

12. 몸의 부활과 영생을 믿습니다. 아멘.

질문 24 **이러한 신앙고백 항목들은 어떻게 구분이 됩니까?**

답 세 부분으로 구분이 됩니다.
첫째는 성부 하나님, 그리고 우리를 창조하신 것에 관한 부분이고,
둘째는 성자 하나님, 그리고 우리를 구속하신 것에 관한 부분이며,
셋째는 성령 하나님, 그리고 우리를 거룩케 하시는 것에 관한
부분입니다.

질문 25 **하나님의 본질은 단지 하나일 뿐인데**(신 6:4; 엡 4:6; 사 44:6, 45:5;
고전 8:4,6),
**어찌하여 성부, 성자, 성령 하나님 세 분에 대해서 말하는
것입니까?**

답 그 까닭은 하나님께서 그의 말씀 안에서 서로 구별되는 이 세 분
들이
단 하나의 유일하신 참되며 영원한 하나님이라고
그 자신을 계시하셨기 때문입니다(사 6:1,3, 48:16, 61:1; 눅 4:18; 창 1:2, 3;
시 33:6, 110:1; 마 3:16-17, 28:19; 요일 5:7; 요 14:26, 15:26; 고후 13:13; 갈 4:6;
엡 2:18; 딛 3:5,6).

— 우리가 오늘 나누기를 원하는 주제는 구원을 얻기
에 합당한 믿음을 가진 자가 믿어야 하는 믿음의 내용과 관
련한 것입니다. 어떤 자가 구원을 받습니까? 이 질문에 대한
답은 간명합니다. 곧 예수 그리스도의 복음을 믿는 자가 구
원을 받습니다. 오직 은혜로만, 오직 그리스도의 대리 속죄

로 인하여서만 죄 사함을 받으며, 그리스도의 순종의 공로에 힘입어 의로운 자로 간주되어 하나님의 자녀가 된다는 복음의 약속을 믿는 사람이라야 구원을 받습니다. 주일예배 때에 거의 모든 한국의 교회가 고백하는 사도신경은 바로 이러한 믿음의 내용, 곧 복음의 약속을 요약하여 가르쳐 줍니다. 오늘 이 시간부터 사도신경이 교훈하는 복음의 내용, 곧 구원에 이르는 신앙의 조항들이 무엇인지를 살펴보도록 하겠습니다.

사도신경이 사도신경이라고 이름을 붙여 일컬어지기 시작한 것은 대체로 주후 390년경으로 여겨집니다. 하지만 오늘날 우리가 보는 것과 꼭 같은 사도신경은 730년 혹은 750년경에 쓰인 글에서야 발견됩니다. 따라서 사도신경의 저자가 누구인지에 대해서는 논란이 있었습니다. 전통적으로 사도신경은 사도들이 작성하여 교회에 가르친 신앙고백서로 생각해 왔습니다. 하지만 사도들이 사도신경을 직접 작성한 것이 아니라는 반론들이 15세기 문예부흥 시기에 나타났으며, 심지어는 17세기 계몽주의 시기에 어떤 학자들은 사도들은 아무런 신앙고백도 전수하지 않았다고 주장했습니다. 그런데 20세기에 들어와서 초대교회의 문헌들이 많이 발견되고 연구가 이루어졌습니다. 그 결과 신앙교육을 위하여 초대교회에서 사용되었던 상당한 수의 신앙 문헌들이 발견되었고, 그 중에는 사도신경과 매우 유사한 형태의 신앙고백 또는 교리문답서 등이 발견되었습니다. 따라서 사도신경은 비록 사도들이 직접 작성하였다는 역사적이며 문헌적인 근거는 없지만 사도들이 전한 복음에서 유래하였다고 결론내리는 것이 옳습니다. 사도들이 사역하였던 초대교회에서부터 이런 저런 모양으로 가르쳐졌던 신앙고백과 세례문답의 내용들이 점차 짜임새 있는 신앙고백으로 만들어졌던 것입니다. 요컨대 사도신경은 모든 신앙고백들의 표준적인 틀을 제공하는 사도의 교훈에 기초한 신앙의 고백문이라고 말할 수 있겠습니다.

사도신경이 고백하는 믿음의 내용들은 크게 세 부분으로 구분됩니다. 첫째는 성부 하나님과 창조에 대하여, 둘째는 성자 하나님과 구원에 대하여, 그리고 셋째는 성령 하나님과 우리의 성화 및 기타 신앙의 항목들에 대하여 고백하고 있습니다. 이 세 가지 내용들은 다시 각각 세분되어 모두 열 두 항목으로 구분됩니다. 만일 여러분이 교회로 모이고 있는 신자라면, 대부분 이미 사도신경을 암송하고 계실 것입니다. 그렇지요? 하지만 저 북녘에 계신 분들이나 혹시 아직도 사도신경 내용이 생소한 분들을 위하여 열두 항목을 소개하도록 하겠습니다.

사도신경의 첫째 항목은 성부 하나님과 관련한 고백으로, "전능하사 천지를 만드신 하나님 아버지를 믿사오며"이며, 둘째 항목은 "그 외아들 우리 주 예수 그리스도를 믿사오니"이며, 셋째 항목은 "이는 성령으로 잉태하사 동정녀 마리아에게 나시고"이며, 넷째 항목은 "본디오 빌라도에게 고난을 받으사, 십자가에 못 박혀 죽으시고 장사되셨으며"입니다. 여러분 가운데 혹시 넷째 항목과 관련하여 한국 개신교회에서는 사용하지 않고 있는 한 표현이 들어 있는 사도신경을 본 적이 있을지 모르겠습니다. 그 표현은 "음부에 내려가셨으며"라는 것입니다. 이러한 차이는 사도신경을 담고 있는 문헌 자체들 가운데 이 표현이 들어 있는 문헌도 있고 그렇지 않은 문헌도 있기 때문에 나타납니다. 특히 이 표현을 잘못 이해하여 마치 천주교회에서 말하는 연옥설을 고백하는 것으로 오해할 수도 있다는 점을 고려할 때, 이 표현을 소개하지 않은 한국 개신교회의 사도신경이 오히려 더 좋은 점을 가지고 있습니다. 이와 관련한 자세한 내용은 사도신경을 항목 별로 다시 설명할 때에 말씀드리도록 하겠습니다. 다섯째 항목은 "사흘 만에 다시 살아나시며"이고, 여섯째 항목은 "하늘에 오르사 전능하신 하나님 우편에 앉아 계시다가"이며, 일곱째 항목은 "저리로서 산 자와 죽은 자를 심판하러 오시리라"입니다. 이렇게 말씀드린 둘째 항목부터 일곱째 항목까지는 성자 하나님과 우리의 구원을 위하여 그가 행하신 일에 관한 고백입니다.

여덟째 항목은 "성령을 믿사오며"이며, 아홉째 항목은 거룩한 공회를 믿는 것과 성도가 서로 교통하는 것을 믿는 것에 대한 고백이며, 열째 항목은 "죄를 사하여 주시는 것과"이며, 열한째 항목은 "몸이 다시 사는 것과"이고, 끝으로 열둘째 항목은 "영원히 사는 것을 믿사옵나이다"입니다.

이처럼 사도신경이 열두 항목으로 구분되는 것은 열두 사도들께서 각각의 항목을 고백하였으며, 이것들을 모아서 만들었기 때문이라는 주장이 오래 전에 있었으나 근거가 없는 것입니다. 8세기 중반 무렵에 한 수도사가 열두 사도의 저작설을 따라서 각 신앙 항목에다가 사도들의 이름을 붙여 놓은 글이 남아있지만 열두 사도가 각각 신앙 항목을 고백하였다는 전설은 신빙성이 없는 것입니다.

이제부터 사도신경의 열두 항목들을 하나씩 하나씩 살펴보고자 합니다. 이에 앞서서 먼저 사도신경을 크게 세 구분으로 나누고 있는 주제들, 곧 성부 하나님과 성자 하나님과 성령 하나님에 대하여 살펴보도록 하겠습니다. 우리 기독교는 참되신 하나님은 오직 한 분이시라고 믿습니다. 이 고백은 여러 신들이 있지만 그 중에서 가장 으뜸인 신은 오직 우리 하나님 한 분이시다는 고백이 아닙니다. 신명기 6:4에 보면 "이스라엘아 들으라 우리 하나님 여호와는 오직 하나인 여호와시니"라고 기록되어 있으며, 또 이사야 45:5에 "나는 여호와라 나 외에 다른 이가 없나니 나밖에 신이 없느니라"고 기록되어 있습니다. 이러한 말씀들은 사람들이 각각 믿는 믿음의 대상들을 신이라 일컬으며 섬기고 있으나, 그러한 것들은 모두 하늘과 땅을 창조하신 하나님과 비교할 수 있는 신들이 아님을 교훈하기 위한 것입니다. 다시 말해 그것들은 천지를 지으신 하나님에 비할 때에 피조물에 불과한 따름이며 따라서 거짓된 신들임을 교훈하는 말씀입니다. 따라서 기독교인들이 하나님은 오직 한 분이시라고 고백할 때, 그 의미는 이 세상을 창조하시고 다스리시는 하나님은 오직 우리가 성경을 통해 믿는 여호와 하나님뿐이심을 가리키기 위한 것입니다.

그런데 하나님이시라 경배를 받으실 분은 오직 한 분이신 하나님께서는 성부, 성자, 성령 하나님으로 계십니다. 성부께서도 하나님이시며, 성자께서도 하나님이시며, 성령께서도 하나님이십니다. 그러니까 하나님은 한 분이시지만 이 한 분이신 하나님이 또한 성부, 성자, 성령 세 분으로 계십니다. 여기서 상당한 혼란과 어려움이 나타납니다. 하나님이 한 분이시라고 하면서 왜 또 성부, 성자, 성령 세 분이 있다고 말하는가라는 의문입니다. 이 의문을 풀어가는 첫 출발은 먼저 성부 하나님, 성자 하나님, 성령 하나님의 고백은 사람이 임의로 생각한 것이 아니라 성경에서 그렇게 계시하셨다는 사실에서 시작되어야 합니다. 예수님께서 요한에게 세례를 받으실 즈음과 관련하여 마태복음은 이렇게 증거합니다. "예수께서 세례를 받으시고 곧 물에서 올라 오실새 하늘이 열리고 하나님의 성령이 비둘기같이 내려 자기 위에 임하심을 보시더니 하늘로부터 소리가 있어 말씀하시되 이는 내 사랑하는 아들이요 내 기뻐하는 자라 하시니라"(마 3:16~17). 또 예수님께서 하늘에 오르시기 전에 주신 명령과 관련하여 마태복음은 다른 곳에서 "그러므로 너희는 가서 모든 민족을 제자로 삼아 아버지와 아들과 성령의 이름으로 세례를 베풀고"(마 28:19)라고 증거하고 있습니다. 하나님은 한 분이시되, 성부와 성자와 성령 하나님으로 계십니다.

그러면 하나님이 한 분이시라는 말과 성부, 성자, 성령 세 분 하나님이라는 말은 각각 어떻게 이해해야 할까요? 하나님이 한 분이시라는 말은 앞서도 말씀드린 것처럼 우리 하나님 이외에는 그 누구도 하나님이시지 못하다는 말을 뜻합니다. 오직 하나님으로서의 존귀와 영광과 경배를 받기에 합당하신 분은 우리 하나님 한 분이시라는 사실을 말합니다. 참되신 하나님은 한 분이시되, 이 분은 창조주로서 스스로 계신 분이시며 항상 계신 분이시며 영원하며 권능과 지식이 무한하시어 전능하시며 전지하시고 거룩하시며 은혜와 긍휼이 풍성하신 분이십니다. 피조물인 우리는 이 하나님 외에 다른 하나님을 알지 못하며 따라서 그 하나님은 오직 한 분이시라고 고백합니다.

여기서 우리는 하나님이 하나님으로서 가지고 계신 자존성, 영원성, 무한성, 거룩성 등과 같은 하나님의 본질과 관련하여 하나님이 한 분이시라는 것을 알 수 있게 됩니다. 그래서 하나님은 한 분이시라는 고백은 그가 누구이신가를 넘어서 그러한 하나님의 본질을 가지신 분이 오직 한 분이시라고 지적합니다. 다시 말해서 첫째, 하나님은 한 분이시다는 고백은 하나님과 같은 신적 본질을 가지신 분은 오직 한 분이시라는 사실, 둘째, 소위 다른 신들이라는 것은 실제로는 하나님의 신적 본질을 가지고 있지 못한 피조물들이라는 사실, 셋째, 그러므로 참된 하나님이신 신적 본질은 오직 하나일 뿐이라는 사실들을 말합니다.

오직 하나이신 신적 본질은 피조물인 우리가 하나, 둘, 셋을 헤아리며 구분하듯이 나누거나 구분되는 것일 수가 없습니다. 만일 나누거나 구분이 된다면 그것은 영원할 수도 없고 무한할 수도 없는 유한한 것에 불과합니다. 무한하며 완전한 하나님의 본질은 그 자체로 하나일 뿐이기 때문입니다. 이 사실을 잘 기억해 둘 필요가 있습니다. 왜냐하면 성부, 성자, 성령 하나님, 세 분이 계시다고 말하면, 사람들은 흔히, 예를 들어, 성부, 성자, 성령 하나님을 마치 세 사람들이 구분되는 것처럼 구분하여 생각을 하는 경향이 있기 때문입니다. 이러한 구분은 잘못입니다. 왜냐하면 이러한 구분은 성부의 생각이 성자, 성령과 서로 다를 때, 성자의 능력이 성부, 성령과 다를 때, 또는 성령이 거룩함이 성부, 성자와 다를 때에나 가능한 것이기 때문입니다. 우리가 사람들을 서로 구별하는 것은 신체가 서로 분리되어 있기 때문일 뿐 아니라 능력, 지식, 삶의 길이, 생각과 마음 등이 서로 구분되며 다르기 때문입니다. 그러나 성부, 성자, 성령 하나님은 이 모든 점에서 완전히 하나일 뿐입니다. 그래서 앞서 성경을 인용하여 말씀드린 것처럼 하나님은 성부, 성자, 성령 세 분으로 계시지만, 기독교의 하나님은 오직 한 분이라고 고백합니다. 다음에 삼위일체 하나님에 대하여 좀 더 설명을 이어가도록 하겠습니다.

. . . 생각 나누기

1_ 구원을 얻기에 합당한 믿음을 가진 자가 믿어야 하는 믿음의 내용은 어떠하며, 그 내용은 어디에서 확인할 수 있습니까?

2_ 사도신경은 사도들이 직접 작성한 것이 아니며, 사도들은 아무런 신앙고백도 전수하지 않았다는 주장에 대해서 어떠한 평가를 내려야 합니까?

3_ 사도신경의 신앙적 가치를 요약하여 제시하시기 바랍니다.

4_ 사도신경의 내용이 어떻게 구성되어 있는지에 대해 설명하시기 바랍니다.

5_ 사도신경은 열두 사도가 각각 한 항목씩 고백을 하여 모두 열 두 신앙 항목으로 되어 있다는 주장에 대한 여러분의 생각은 어떠합니까?

6_ 참되신 하나님은 오직 한 분이시라는 기독교의 신앙고백은 어떤 의미를 갖습니까?

7_   하나님은 한 분이심에도 불구하고 기독교가 성부, 성자, 성령 하나님을 고백하는 근거는 무엇입니까?

8_   하나님은 한 분이시라는 고백에 함축되어 있는 세 가지 중요한 신학적 사실들을 설명하시기 바랍니다.

9_   성부, 성자, 성령 하나님을 마치 세 사람이 서로 구분되는 것과 같다고 생각하는 주장에 대해서 여러분은 어떻게 생각하십니까?

10_   오늘 공부를 통하여 여러분이 어떠한 신앙의 유익을 얻었는지를 나누어 보십시오.

9. 삼위일체 하나님

질문 25   **하나님의 본질은 단지 하나일 뿐인데**(신 6:4; 엡 4:6; 사 44:6, 45:5; 고전 8:4,6),

어찌하여 성부, 성자, 성령 하나님, 세 분에 대해서 말하는 것입니까?

답   그 까닭은 하나님께서 그의 말씀 안에서 서로 구별되는 이 세 분들이

단 하나의 유일하신 참되며 영원한 하나님이라고

그 자신을 계시하셨기 때문입니다(사 6:1,3, 48:16, 61:1; 눅 4:18; 창 1:2, 3; 시 33:6, 110:1; 마 3:16-17, 28:19; 요일 5:7; 요 14:26, 15:26; 고후 13:13; 갈 4:6; 엡 2:18; 딛 3:5,6).

— 이 세상에 많은 종교가 있지만 각각의 종교가 믿는 믿음의 대상인 신과 관련하여 종교를 구분하여 보면, 크게 신은 한 분만 계시다고 믿는 단일신교와 신이 여럿이 있다고 믿는 다신교와 신이 곧 우주라고 믿는 범신론 등으로 나눌

수 있습니다. 기독교, 유대교, 이슬람교 등이 단일신교에 속하며, 힌두교 등이 다신교에 속하며, 불교 등이 범신론에 속하는 대표적인 종교입니다. 성경이 진리임을 믿는 기독교가 유대교와 이슬람교 등과 같이 단일신교에 속하면서도 이들 두 종교와 다른 점은 기독교는 하나님이 한 분이심을 믿으면서도 특별히 그 한 분 하나님이 또한 성부, 성자, 성령 세 분으로 계신다는 것을 믿는다는 데에 있습니다.

우리가 믿는 하나님은 삼위일체 하나님이십니다. 하나님이 한 분이시라는 신앙고백은 구약에서도 이미 계시된 것이기 때문에 구약성경을 하나님의 경전인 줄로 아는 유대교에서도 하나님이 한 분이시라고 고백합니다. 이슬람교 또한 아브라함과 그의 여종 하갈 사이에 낳은 아들 이스마엘을 자신들의 조상 아브라함의 후손이라고 생각하기 때문에 아브라함의 하나님을 자신들의 하나님으로 섬기는 만큼 하나님이 한 분이시라고 고백합니다. 그렇지만 유대교나 이슬람교는 모두 한 분이신 하나님이 또한 성부, 성자, 성령 하나님으로 계신다는 사실을 알지 못하여 삼위일체 하나님을 고백하지 않습니다. 오직 기독교만이 삼위일체 하나님을 고백합니다.

앞에서 이미 말씀드렸던 것처럼 한 분이신 하나님이 또한 성부, 성자, 성령 세 분으로 계신다는 놀라운 고백은 성경에 그렇게 계시되었기 때문에 이루어진 것입니다. 예를 들어, 예수님께서 직접 말씀하신 것들 가운데 마태복음 28:19에 "그러므로 너희는 가서 모든 민족을 제자로 삼아 아버지와 아들과 성령의 이름으로 세례를 베풀고"라고 하신 말씀이나 요한복음 14:11에 "내가 아버지 안에 있고 아버지께서 내 안에 계심을 믿으라 그렇지 못하겠거든 행하는 그 일로 말미암아 나를 믿으라"하신 말씀이나 요한복음 15:26에 "내가 아버지께로부터 너희에게 보낼 보혜사 곧 아버지께로부터 나오시는 진리의 성령이 오실 때에 그가 나를 증언하실 것이요"라고 하신 말씀 등이 있습니다. 요한 사도께서는 이러한 예수님에 관한 증거를 기록하면서 요한복음 1장에서 "태초에 말씀이 계시니라 이 말씀이 하나님과 함께 계셨으니 이 말씀은 곧 하나님이시니라 그가 태초에 하나님과 함께 계셨고 만물이 그로 말미암아 지은 바 되었으니 지은 것이 하나도 그가 없이는 된 것이 없느니라"고 기록하였습니다. 사도 바울은 삼위일체 하나님의 신앙에 따라서 고린도후서 13:13에서 "주 예수 그리스도의 은혜와 하나님의 사랑과 성령의 교통하심이 너희 무리와 함께 있을지어다"고 기원하면서 서신의 끝을 맺고 있습니다.

한 분이신 하나님이 성부, 성자, 성령 세 분으로 계신다는 사실은 예수님이 이 땅에 오심으로써 계시된 신비로운 진리입니다. 그렇다면 하나님은 한 분이실까요 아니면 세 분이실까요? 이 문제에 대해서 잠시 생각해 보겠습니다. 먼저 지난번에 설명을 드렸던 내용, 하나님이 한 분이시라는 신앙고백이 말하는 의미를 상기해 보겠습니다. 하나님이 한 분이시라는 사실은 찬송과 존귀와 영광과 능력을 세세토록 돌릴 하나님으로서의 신성을 가지신 분이라야 하나님이신데 그 분은 오직 한 분이심을 의미합니다. 아울러 이 말은 하나님이심을 나타내는 신성, 곧 신적 본질이 오직 하나임을 말합니다. 하나님으로서의 영광과 존귀와 찬송을 받기에 합당한 신성이 여럿이라면 하나님도 당연히 여럿이 되기 때문입니다. 그러므로 하나님이 한 분이시라는 것은 하나님이심을 나타내는 신적 본질이 오직 하나이며, 그 신적 본질로 우리에게 나타나신 하나님 또한 한 분이시며, 그 분이 구약성경에 여호와 하나님으로 우리에게 나타나셨다는 것을 의미합니다.

그렇다면 성부 하나님, 성자 하나님, 성령 하나님 이렇게 세 분 하나님이 계시다는 것은 어떤 의미를 나타내는 것일까요? 이 질문에 대하여 가장 조심하게 생각해야 할 바는 성부, 성자, 성령 하나님 이 세 분이 서로 다른 하나님들이 아니라는 사실입니다. 성부 하나님은 영원하십니다. 성자 하나님도 영원하십니다. 성령 하나님도 영원하십니다. 그러나 세 가지 다른 영원함들이 있는 것이 아니라 오직 하나의 영원함이 있을 뿐입니다. 성부도 전능하시며, 성자도 전능하시며, 성령도 전능하십니다. 그러나 세 전능함들이 있는 것이 아니라, 오직 하나의 전능함만이 있습니다. 지식과 지혜와 사랑과 거룩하심이라는 모든 신적 속성에 있어서 성부, 성자, 성령 하나님은 완전히 일치하며 완전히 하나이십니다.

우리가 하나님을 어떻게 인식합니까? 하나님의 속성을 통해서 그가 거룩하시며 은혜로우시며 모든 것을 아시며 그의 선하심을 따라 모든 것을 주권적으로 작정하시며 섭리하시고 통치하시는 분이심을 압니다. 하나님의 속성은 그의 전지, 전능, 거룩, 사랑, 긍휼, 선하심 등에 있어서 오직 하나일 수밖에 없으므로 우리가 아는 하나님은 오직 한 분이실 수밖에 없습니다. 다시 말해서 성부, 성자, 성령 하나님 세 분이 있다는 사실로 인하여 세 하나님들이 계신 것이 아니며, 하나님의 본질은 오직 하나이며 그 본질에 있어서 완전히 동일하시다는 의미에서 오직 하나님은 한 분인 것입니다. 그렇기 때문에 구약성경에 계시된 여호와 하나님은 성부 하나님이시기도 성자 하나님이시기도 하시며 또한 성령 하나님이시기도 하십니다. 여호와 하나님은 성부, 성자, 성령으로 계신 하나님 그 분의 이름입니다.

그렇다면 성부, 성자, 성령 하나님은 어떻게 서로 구별되는 것일까요? 능력과 지식과 거룩함과 영원하심과 광대하심 등에 있어서 아무런 차이가 없다면 이 세 분들을 어떻게 구별할 수 있겠습니까? 무한하신 영으로 계신 하나님이시므로 인간처럼 육신이 있어 서로 구분이 되는 것도 아니니 무엇으로 세 분을 구별할 수 있겠습니까? 한마디로 말씀을 드려서 유한한 인간은 사물을 나누어 구별하거나 구분하듯이 하나님을 성부, 성자, 성령으로 나누어 구별 또는 구분할 수가 없습니다. 유한한 인간에게 있어 하나님은 오직 한 분으로만 다가올 따름입니다.

그런데 놀라운 일이 인간에게 계시가 되었습니다. 우리를 구원하러 이 땅에 오신 예수님이 앞서 인용한 요한복음의 증거와도 같이 영원부터 하나님과 함께 계셨던 하나님이시라는 사실이 계시된 것입니다. 빌립보서 2:6~11에 이렇게 기록되어 있습니다. "그는 근본 하나님의 본체시나 하나님과 동등됨을 취할 것으로 여기지 아니하시고 오히려 자기를 비워 종의 형체를 가지사 사람들과 같이 되셨고 사람의 모양으로 나타나사 자기를 낮추시고 죽기까지 복종하셨으니 곧 십자가에 죽으심이라 이러므로 하나님이 그를 지극히 높여 모든 이름 위에 뛰어난 이름을 주사 하늘에 있는 자들과 땅에 있는 자들과 땅 아래에 있는 자들로 모든 무릎을 예수의 이름에 꿇게 하시고 모든 입으로 예수 그리스도를 주라 시인하여 하나님 아버지께 영광을 돌리게 하셨느니라." 나사렛 예수로 우리 앞에 완전한 참 인간으로 서 계신 저 분이 하나님이시고, 하늘 보좌 위에 하나님이 계시며, 성령 하나님이 계시니, 결국 우리로서는 구별 또는 구분할 수 없는 무한하시며 영원하시고 하나이신 하나님께서 어떤 신비로운 구별을 통하여 성부, 성자, 성령, 세 분으로 계시다는 진리를 깨닫게 되는 것입니다.

성부, 성자, 성령 세 분 하나님이 어떻게 서로 구별되는 것일까요? 신학자들이 이 질문에 대답하기 위하여 많은 토론을 하였습니다. 그 결과 "위격 혹은 인격"이라는 개념을 생각해 내었습니다. 사람이 어떻게 구성되어 있습니까? 사람은 사람이면 모든 사람이 다 가지고 있는 인성이라는 본질을 가지고 있어야만 사람입니다. 그리고 그 사람이 다른 사람과 구분이 되는 것은 다른 사람들과는 다른 사람임을 말해 주는 자기만의 인격을 가지고 있어야 합니다. 신학자들은 이 인격이 인성을 취할 때에 어떤 한 사람이 된다고 생각했습니다. 예를 들어 한 가족 안에서 모두 같은 사람들이지만 서로 다른 사람인 것은 인성이라는 본질을 함께 가지고 있음에도 불구하고 그들이 서로 다른 인격체들이기 때문입니다.

이와 마찬가지로 신학자들은 하나님도 하나님으로서의 신적 본질, 곧 신성이 있고, 신성을 취하는 인격이 있다고 생각했습니다. 인격이라는 우리말이 사람을 가리키는 뜻이 있으므로 어떤 이들은 신격이라는 말로 바꾸어 쓰기도 합니다. 가장 일반적으로는 인격이나 신격보다 위격이라는 말을 쓰기도 합니다. 이러한 이해에 기초하여 신학자들은 성부, 성자, 성령 하나님은 각각 성부, 성자, 성령의 세 위격들이 계시며, 하나님이시라는 한 신적 본질이 계신 것이라고 설명했습니다. 이러한 설명에 따르면 마치 베드로, 요한, 바울이라는 세 사람이 있는데, 이들이 각각 인격이 서로 다른 세 사람이면서 모두 인성이라는 본질을 함께 가지고 있는 것과 같다고 생각할지도 모르겠습니다. 성부, 성자, 성령 하나님의 구별을 무시하고, 단지 한 인격만 계신 것처럼 생각하는 사람들에 대해서는 세 사람 비유를 통해서 성부, 성자, 성령 하나님이 세 분이신 것을 설명하는 것도 의미가 있을 수 있습니다.

그렇지만 꼭 그와 같다고 말해서는 안 됩니다. 왜냐하면 세 사람의 경우에는 각 사람이 유한하여 각각의 인격체들이 서로 서로 분리되며, 또 인성을 함께 소유하고 있다고 하지만, 서로 다른 정도로 차이를 가지고 서로 다른 특성들을 드러내기 때문입니다. 반면에 성부, 성자, 성령 하나님은 각각의 위격들이 서로 서로 교통을 하여 서로 안에 서로 계시는 특별한 관계를 가지고 계시며, 또한 신적 본질에 있어서 아무런 차이가 없으신 완전하며 절대적인 일치를 가지고 계십니다. 일찍이 어거스틴이라는 위대한 초대교회 신학자는 이르기를 성부, 성자, 성령 각각의 하나님이 각각의 하나님 안에 계시고, 각각의 하나님이 모두의 하나님 안에 계시며, 모두의 하나님이 각각의 하나님 안에 계시고, 모두의 하나님이 모두의 하나님 안에 계시다고 표현했습니다. 삼위일체 하나님의 신비함을 표현한 말이므로 언뜻 들어서 그냥 알 수 있는 말이 아닙니다.

그렇다면 이 세 위격들께서는 왜 성부, 성자, 성령이라는 이름을 갖고 계신 것일까요? 그것은 성경을 통해 하나님께서 그렇게 계시하셨기 때문입니다. 성부 하나님께서는 자신을 아버지로, 성자 하나님께서는 자신을 아들로, 성령 하나님께서는 자신을 영으로 계시하셨습니다. 이러한 이름 때문에 마치 사람의 경우에 아버지에게 아들이 없었던 때가 있는 것처럼 생각하여 성부 하나님만이 홀로 계시고 성자 하나님은 후에 존재하게 된 것으로 생각해서는 안 됩니다. 왜냐하면 성부, 성자, 성령 하나님 모두가 영원부터 함께 계시며 스스로 존재하시는 완전한 참 하나님이시기 때문입니다. 우리에게 계시하신 이름이 아버지, 아들, 영이실 뿐이며 이 세 위격들의 관계가 실제로 어떠한 것인지는 우리 인간으로서는 이해할 길이 없습니다. 다만 성경에 따를 때, 성자께서는 성부께로부터 낳으셨고, 성령께서는 성부와 성자로부터 나오셨다는 표현이 나오지만, 그 표현이 실제로 무엇을 뜻하는지는 모릅니다. 그런 의미에서 하나님의 존재에는 신비로움이 있습니다.

우리는 삼위일체 하나님에 대한 올바른 고백을 통해 하나님께 합당한 존귀와 영광과 찬양을 돌려드려야 하겠습니다.

1_ 이 세상에 있는 많은 종교들을 각각의 종교가 믿는 신에 대한 구분을 통해 종교를 구분하면 어떠합니까?

2_ 유대교와 이슬람교는 모두 구약의 하나님 여호와를 믿는다고 하지만, 이들이 믿는 하나님은 기독교의 하나님과는 어떻게 다릅니까?

3_ 한 분이신 하나님이 또한 성부, 성자, 성령 세 분으로 계신다는 삼위일체 하나님의 고백이 근거하고 있는 성경의 몇 구절들을 말해 보십시오.

4_ 하나님은 한 분이십니까 아니면 세 분이십니까?

5_ 어떤 의미에서 하나님은 한 분이십니까?

6_ 삼위일체 하나님 신관은 비록 하나님은 한 분이시지만, 또한 성부 하나님, 성자 하나님, 성령 하나님 이렇게 서로 다른 세 하나님들이 계심을 말한다는 주장에 대해 여러분은 어떻게 생각하십니까?

7_ 구약성경에 계시된 여호와 하나님은 성부, 성자, 성령 하나님 가운데 어느 분을 가리킵니까?

8_ 빌립보서 2:6~11에 성부, 성자, 성령 하나님의 구별이 어떻게 계시되어 있습니까?

9_ 성부, 성자, 성령 세 하나님은 서로 위격 혹은 인격이 구별된다는 의미에서 세 분이시다고 말할 때, 여기서 말하는 위격 혹은 인격이란 무엇을 뜻합니까?

10_ 한 분 하나님이 성부, 성자, 성령 세 하나님으로 계신 것은 마치 베드로, 요한, 바울이라는 세 사람들이 있는데, 이들이 각각 인격이 서로 다른 세 사람이면서 모두 인성이라는 본질을 함께 가지고 있는 것과 같다고 말하는 설명이 갖고 있는 좋은 점과 잘못된 점을 구별하여 설명하시기 바랍니다.

11_ 그러면 우리는 어떻게 해서 세 하나님 위격들의 이름이 성부, 성자, 성령이라는 사실을 알게 된 것입니까? 아울러 세 위격들 간의 관계를 설명해 보시기 바랍니다.

12_ 오늘 공부를 통하여 여러분이 어떠한 신앙의 유익을 얻었는지 나누어 보십시오.

질문 25   **하나님의 본질은 단지 하나일 뿐인데**(신 6:4; 엡 4:6; 사 44:6, 45:5;

고전 8:4,6),

어찌하여 성부, 성자, 성령 하나님 세 분에 대해서 말하는 것입니까?

답   그 까닭은 하나님께서 그의 말씀 안에서 서로 구별되는 이 세 분

들이

단 하나의 유일하신 참되며 영원한 하나님이라고

그 자신을 계시하셨기 때문입니다(사 6:1,3, 48:16, 61:1; 눅 4:18; 창 1:2, 3;

시 33:6, 110:1; 마 3:16-17, 28:19; 요일 5:7; 요 14:26, 15:26; 고후 13:13; 갈 4:6;

엡 2:18; 딛 3:5,6).

━   우리는 앞에서 삼위일체 하나님에 대한 바른 이해

가 어떤 것인지 살펴 보았습니다. 이어서 삼위일체 하나님을

잘못 설명한 오류들이 무엇인지 살펴보도록 하겠습니다.

    기독교는 하나님에 대하여 유대교나 이슬람교가 고백하

는 것과는 다른 고백을 합니다. 유대교나 이슬람교는 그저 하나님은 한 분이시라는 사실만 인정합니다. 그러나 기독교는 하나님은 단일하신 한 분이실 뿐만 아니라, 또한 세 인격(또는 위격)으로 계신다고 고백합니다. 그러니까 기독교가 믿는 하나님은 삼위일체 하나님입니다. 여기서 주의할 점은 유대교나 이슬람교가 믿는 한 분 하나님이 따로 있고, 또 기독교가 믿는 삼위일체 하나님이 따로 있다는 것이 아닙니다. 즉 삼위일체 하나님과 단일하신 하나님이라는 두 종류의 하나님이 있는데, 삼위일체 하나님을 믿는 기독교와는 다르게 유대교나 이슬람교는 단일하신 하나님을 믿는다는 것이 아닙니다. 초점은 오직 하나님은 한 분이신데 이 분이 단일한 인격으로 계신가 아니면 세 위격들로 계신 것인가 하는 점에 있습니다. 유대교와 이슬람교는 한 분뿐이신 하나님이 한 인격 또는 한 위격일 뿐이라고 믿는 반면에, 기독교는 한 하나님께서 세 위격들로 계시다고 믿으며 따라서 삼위일체 하나님을 믿습니다.

기독교가 이렇게 삼위일체 하나님을 믿는 까닭은 예수님이 단순한 사람이 아니라 참 하나님이심을 믿기 때문입니다. 그런데 예수님이 사람이 되신 하나님이라고 믿으면서도 또한 이 하나님은 아버지 하나님이나 성령 하나님과 구별되시는 분이심을 성경에 기록된 계시를 통하여 알고 믿기 때문입니다. 매우 놀랍고도 신비로운 일이지만, 구약에 예언된 바대로 이 땅에 오신 메시아 그 분이 바로 아들 하나님, 곧 성자 하나님이시라고 신약성경에 계시되어 있습니다. 예수님의 가르침을 받거나, 그가 행하신 일들을 목도한 많은 사람들과 제자들은 커다란 충격을 받아 예수님이 과연 누구이신가라는 질문을 스스로 던지지 않을 수 없었습니다. 하나님 나라와 관련하여 예수님께서 성경을 풀어 가르치신 내용과 권위가 서기관이나 바리새인들과 같은 다른 선생들과 매우 달랐습니다. 또한 그가 행하신 일들, 예를 들어 보리떡 다섯 개와 물고기 두 마리로 오천 명을 먹이신 것이나, 물 위로 걸으신 것이나, 바다와 바람을 잠잠케 하신 것이나, 죽은 나사로를 살리신 것 등은 실로 예수님이 천지를 다스리시는 하나님이시라는 영광을 나타내 보이시는 사건들이었습니다. 우리 인간과 마찬가지로 피곤하기도 하셨고, 배고프셨으며, 고통을 아시는 참 인간이었지만, 또한 그 분은 하나님이시라는 사실이 예수님의 부활과 승천으로 확정되었다고 신약성경은 증거합니다.

삼위일체 하나님을 믿는 기독교는 간단한 산수조차도 틀리는 자들이라고 비아냥하는 분들이 있습니다. 이 분들 생각에 기독교인들은 하나님은 한 분이라고 말하면서도, 또 성부, 성자, 성령 세 하나님으로 계신다고 말함으로써, 한 편으로는 하나님은 한 분이라고, 또 다른 한 편으로는 하나님은 세 분이라고 말하기 때문입니다. 그러나 이러한 주장들은 기독교의 삼위일체론을 잘못 이해한데서 일어난 그릇된 비방입니다. 왜냐하면 하나님이 한 분이시라고 할 때 한 분의 의미는 성부, 성자, 성령 하나님 세 분이 계시다고 할 때 세 분의 의미와 서로 다르기 때문입니다.

먼저 하나님이 한 분이시라는 사실은 이 세상의 피조물과 구분되시며 하나님으로서의 영광과 존귀와 찬송을 받기에 합당한 신성, 곧 하나님의 본질을 지니신 분은 오직 한 분이시니, 그 분 이외에 다른 하나님이 없다는 것을 말합니다. 우리가 아는 하나님의 영원하심은 오직 하나일 뿐이며, 하나님의 전능하심도 오직 하나일 뿐이며, 하나님의 거룩하심도 오직 하나일 뿐이며, 하나님의 사랑도 오직 하나일 뿐입니다. 그러니까 우리가 믿는 하나님은 어떤 분인가를 생각하며 그의 성품을 그리면 모든 것을 아시며, 모든 것을 하실 수 있으시며, 거룩하시며, 긍휼이 많으시며, 또 어디에나 계신 하나님의 성품은 오직 하나일 뿐입니다. 만일 다른 모든 점에서 동일한 성품을 가지고 계시지만, 거룩함에서 약간의 차이가 있는 세 분들이 계시다면 우리는 한 분 하나님을 말하지 않습니다. 세 하나님들이 계시다고 고백하는 것이 옳기 때문입니다. 만일 모든 것을 아시는 것이나 하실 수 있는 일에 있어서 서로 차이가 나는 세 분들이 있다면, 이 분들이 다른 모든 하나님의 성품에 있어서 동일하다고 할지라도, 우리는 세 하나님들이 계시다고 고백할 것입니다. 따라서 우리는 성부, 성자, 성령 하나님 세 분이 이 모든 하나님의 성품에 있어서 어떠한 차이도 없이 완전히 동일하시기 때문에, 우리는 오직 하나님은 한 분이라고 고백하는 것입니다.

그렇다면 성부, 성자, 성령 하나님은 어떠한 점에서 서로 구별이 되는 것일까요? 그것은 하나님으로서의 하나님 됨, 곧 신적 본질에 있어서 차이나기 때문이 아닙니다. 성부, 성자, 성령 하나님은 하나님으로서 아무런 차이도 없는 완전한 한 하나님이십니다. 성부, 성자, 성령 하나님은 세 분들 사이의 관계를 통해서 구별됩니다. 성부 하나님은 성자 하나님을 낳으시고, 성령 하나님을 내보내시는 분이시며, 성자 하나님은 성부 하나님에게서 낳음을 받으시고, 성령 하나님을 내보내시는 분이시며, 성령 하나님은 성부와 성자 하나님에게서 나오시는 분으로 구별이 됩니다. 성부, 성자, 성령 하나님이 이러한 관계를 가지고 계시다는 것을 어떻게 우리는 압니까? 이것은 매우 신비로운 사실인지라 사람이 그럴 것이라고 생각하여 아는 것이 아닙니다. 오직 성경에 기록된 계시를 통해서 아는 것입니다.

이를테면 성부 하나님과 성자 하나님의 관계에 대하여 요한복음은 1:14에 "말씀이 육신이 되어 우리 가운데 거하시매 우리가 그의 영광을 보니 아버지의 독생자의 영광이요 은혜와 진리가 충만하더라"고 기록하며, 또 18절에 "본래 하나님을 본 사람이 없으되 아버지 품속에 있는 독생하신 하나님이 나타내셨느니라"고 기록합니다. 아버지의 독생자라는 표현으로 성자 하나님, 곧 아들 하나님을 지시하고 있으며, 또 그가 육신을 취하여 나사렛 예수 그리스도로 이 땅에 오셨다고 증거합니다. 또 마태복음 3:16~17에 "예수께서 세례를 받으시고 곧 물에서 올라오실새 하늘이 열리고 하나님의 성령이 비둘기 같이 내려 자기 위에 임하심을 보시더니 하늘로부터 소리가 있어 말씀하시되 이는 내 사랑하는 아들이요 내 기뻐하는 자라 하시니라"고 증거합니다.

여기서 우리는 뚜렷이 성부 하나님과 성자 하나님의 관계가 아버지와 아들의 관계임을 알 수 있습니다. 그러나 주의할 점은 인간의 아버지가 생산을 통하여 아들을 낳는 관계로 이해하면 안 됩니다. 하나님은 창조주이시며 스스로 존재하시며 영원하신 분이십니다. 하나님 아버지가 그러하며 아들 하나님도 또한 그러합니다. 성부와 성자의 관계를 아버지와 아들의 관계로 우리에게 계시하셨으나, 그것이 인간의 아버지와 아들의 관계임을 뜻하는 것이 아닙니다. 인간의 경우라면 아들은 아버지로부터 말미암아 존재가 시작되지만, 성자 하나님은 그 분 자신이 바로 하나님이시기 때문에 성부 하나님이 낳기 이전에는 존재하지 않는 그런 분이 아니십니다. 성자 하나님도 스스로 존재하시는 영원하신 하나님이십니다. 다만 성경은 성부와 성자 하나님의 관계를 아버지와 아들의 관계로 계시하시고 각각 성부, 성자 하나님의 이름으로 예배를 받으신다고 계시하고 있습니다. 성부 하나님과 성령 하나님의 관계, 성자 하나님과 성령 하나님의 관계도 또한 이와 마찬가지입니다. 성부 하나님과 성자 하나님이 또 다른 보혜사 성령을 보내시는 분이시라고 말씀하고 있는 성경 구절, 예를 들어 요한복음 15:26 등은 성부, 성자, 성령 하나님의 구별을 분명하게 나타내고 있습니다.

삼위일체 하나님에 대한 이러한 이해는 결코 쉽지 않습니다. 그래서 삼위일체 하나님을 설명하려는 많은 시도들 가운데 잘못된 것들을 종종 발견하게 됩니다. 잘못된 설명들은 크게 두 가지로 구분됩니다. 이 중 하나는 하나님의 본질이 하나이기 때문에 하나님은 한 분이시고, 따라서 성부, 성자, 성령 하나님의 구별은 단지 이름으로만 구별이 될 따름이며, 실제적으로는 한 분 하나님만 계실 뿐이라고 주장하는 것입니다. 이러한 주장을 일반적으로 양태론이라고 일컫습니다. 성부, 성자, 성령 하나님의 구별은 단지 한 분 하나님께서 세 가지 다른 양태, 즉 모양으로 나타나신 것일 뿐이라고 주장합니다.

이러한 양태론과 같은 것으로 가장 흔하게 듣는 예를 들어보면, 하나님께서 구약 시대에는 성부 하나님으로, 예수님 시대에는 성자 하나님으로, 신약 시대에는 성령 하나님으로 나타나셨다는 주장입니다. 이러한 주장은 언뜻 듣기에는 그럴 듯하게 여겨질지 모르지만, 잘못된 이단적인 설명입니다. 이 주장이 범하고 있는 가장 큰 오류는 성부, 성자, 성령 하나님이 단지 한 분 어떤 하나님의 얼굴 또는 모양에 불과하다는 점에 있습니다. 그러니까 성부, 성자, 성령 하나님이 역사 속에 나타남으로써 비로소 삼위로 계신 것이며, 본래는 오직 한 분만 계실 뿐이라는 잘못된 주장을 하고 있습니다. 말하자면 구약 시대에는 성자, 성령 하나님은 계시지 않은 것이 되고 맙니다. 이것과 비슷한 예로, 삼위일체를 설명하기를 마치 어떤 사람이 자신의 어머니에게는 딸이 되고, 또 남편에 대하여서는 아내가 되며, 또 자식에 대하여서는 어머니가 되지만 이 모두가 단 한 사람이 세 가지 관계를 갖는 것처럼, 하나님은 한 분이시지만 세 가지 관계를 갖는다고 하는 설명 역시 양태론적인 잘못을 범하는 것입니다. 또한 십자가에서 죽으신 분은 인성으로는 예수님이시지만 신성으로는 성부 하나님이시라고 주장하는 이들도 있는데, 이것은 성자 하나님의 위격을 부인하는 매우 잘못된 이단적인 주장입니다.

세 위격의 영원한 구별을 부인하는 양태론과 달리 삼위일체 하나님을 그릇되게 설명하는 이단적인 오류 가운데 대표적인 또 다른 것은 삼신론적인 오류입니다. 성부, 성자, 성령 하나님을 인간의 세 사람들을 구분하듯이 나누어, 마치 성부,

성자, 성령께 드리는 기도가 따로 있다고 생각하는 것이 바로 그러한 오류에 따른 것입니다. 은사를 구하기 위해서는 성령께 기도해야 하고, 구원을 위해서는 성자 하나님께 기도하는 것이고, 생사화복의 섭리를 위해서는 성부께 기도한다는 것은 마치 성부, 성자, 성령 하나님이 서로 다른 세 하나님들이신 것으로 여기는 잘못입니다. 기도는 한 분 하나님으로서 성부, 성자, 성령 하나님이 받으시는 것이므로 이러한 구분은 삼신론적인 잘못을 범하는 것입니다. 또 이단 단체인 여호와 증인들이 주장하듯이 예수님은 성자 하나님이시지만 성부 하나님보다는 열등한 하나님이시며, 성령 하나님은 성부 하나님의 에너지라고 하는 주장도 매우 잘못된 이단사설입니다.

예수님께서 인성에 따라서 감당하시는 구원의 사역과 관련해서는 모르시는 것도 있다고 말씀하시고, 주무시기도 하시고, 어디에나 계신 것은 아니지만, 신성에 따라서는 완전한 참 하나님이시고, 또 스스로 존재하시며 영원하신 분이시므로, 성부 하나님보다 열등한 하나님이 아니십니다. 성령 하나님 또한 참 하나님으로서 완전한 인격체이시기 때문에 성령 하나님을 비인격화하는 것은 매우 잘못된 것입니다. 우리는 이단사설의 오류를 경계하고 바른 삼위일체 하나님 고백을 잘 견지함으로 하나님께 합당한 경배와 찬양을 올려드려야 할 것입니다.

되짚는 질문

1_ 기독교는 하나님에 대하여 유대교나 이슬람교가 고백하는 것과는 다른 고백을 합니다. 기독교의 고백이 어떻게 이들의 고백과 다른지를 설명해 보십시오.

2_ 기독교의 삼위일체 하나님에 대한 고백이 예수 그리스도에 대한 고백과 어떠한 상관성을 가지고 있는지 설명해 보십시오.

3_ 삼위일체 하나님을 믿는 기독교인들은 간단한 산수조차도 틀리는 자들이라는 비아냥을 여러분은 어떻게 반응하시겠습니까?

4_ 성부, 성자, 성령 세 하나님을 고백하면서도 오직 하나님은 한 분이시라고 고백하는 이유를 여러분은 어떻게 설명하십니까?

5_ 그렇다면 오직 한 분이신 하나님이 성부, 성자, 성령의 세 하나님으로 존재하신다고 할 때, 성부, 성자, 성령 세 인격 (또는 위격)은 서로 어떻게 구별되는 것입니까?

6_ 성자 하나님은 성부 하나님과의 관계에 있어서 아들 하나님으로 계시되신 분이십니다. 그렇다면 아버지는 아들보다 먼저 존재하는 것이 이치이므로, 아들 하나님이 계시지 않은 채, 아버지 하나님만 계신 적이 있었다고 말할 수도 있습니까?

새로운 질문

7_ 양태론이라 일컬어지는 이단적 오류를 설명하기 바랍니다.

8_ 삼신론이라 일컬어지는 이단적 오류를 설명하기 바랍니다.

9_ 삼위일체 하나님에 대해 이단적 오류를 범하게 되는 많은 경우들은 예수님과 성령님에 대해 잘못된 주장을 하기 때문입니다. 어떠한 잘못된 주장들이 있는지 예를 들어 보고 이것들의 오류를 지적하기 바랍니다.

10_ 오늘 공부를 통하여 여러분이 어떠한 신앙의 유익을 얻었는지를 나누어 보십시오.

구원: 성부 하나님에 관하여

프리드리히 3세 1515-1576 ┃ 팔츠령의 선제후. 팔츠령은 신성로마제국 선제후령 7지역 중 하나로서 통치 지역이 가장 넓은 곳이었다. 1356년에 황제 카를 4세(1355-1378)는 독일 정치 문제에서 교황의 간섭을 막아내려고 황제 선출을 7인의 선제후(3명의 성직자, 4명의 평신도 제후)에게 모두 맡기는 금인칙서를 만들었는데, 삼촌 오토 하인리히 자리를 승계한 프리드리히 3세는 4명의 평신도 선제후 가운데 한 사람이었다. 1562년 그의 지시로 작성되기 시작한 하이델베르크 요리문답은 1563년 1월에 완성되었다. 이 요리문답은 칼빈주의를 반영하고 있어서 이로 인해 프리드리히는 그 당시 로마 가톨릭을 추종한 막시밀리안 황제로부터 선제후 자리를 위협받기까지 하였다. 존 칼빈은 숨지기 10개월 전에 자신의 예레미야 주석을 프리드리히에게 헌정하면서 "제가 폐하께 품었던 깊은 경의를……오래전부터 어떤 공개적인 행위로 표현하고 싶었습니다" 고 할 만큼 그의 믿음의 용기에 찬사를 보내기도 하였다.

11. 성부 하나님

11. 성부 하나님

질문 26 "전능하사 천지를 만드신 하나님 아버지를 믿사오며"라고 고백할 때 당신이 믿는 바는 무엇입니까?

답 나는 그 고백을 하면서,

우리 주 예수 그리스도의 영원하신 아버지께서

아무것도 없는 중에서

하늘과 땅 그리고 그 가운데 있는 만물을 창조하셨으며(창 1-2장; 출 20:11; 욥 33:4, 38-39장; 시 33:6; 행 4:24, 14:15; 사 45:7),

그의 영원한 경륜과 섭리로써

이 모든 것들을 보존하시고 통치하신다는 것을 믿으며(마 10:29; 히 1:3; 시 104:27-30, 115:3; 마 6:30, 10:29; 엡 1:11)

그리스도의 영원하신 아버지께서, 그 아들 그리스도로 말미암아,

나의 하나님이시며 나의 아버지이시라는 것을 믿습니다(요 1:12-13; 롬 8:15-16; 갈 4:5-7; 엡 1:5).

또한 하나님께서 나의 몸과 영혼에 필요한 모든 것들을 공급하여 주시며(시 55:22-23; 마 6:25-26; 눅 12:22-31)

더 나아가 이 슬픈 세상 가운데

하나님께서 내게 주시는 그 어떤 역경들이라도

결국에는 다 합력하여 나의 유익이 되게 하실 것임을

조금이라도 의심하지 않고 하나님을 의지합니다(롬 8:28).

왜냐하면 하나님은 전능하시기 때문에 능히 이것을 이루실 수

있으며(롬 8:23, 10:12; 눅 12:22; 사 46:4),

또한 하나님은 신실하신 아버지이시기 때문에

이것을 이루시기를 원하시기 때문입니다(마 6:25-34; 마 7:9-11).

━━   기독교가 믿는 하나님은 삼위일체 하나님이십니다. 성부, 성자, 성령으로 계신 세 분 하나님은 또한 지식과 지혜와 권능과 존귀와 영광을 받기에 합당하신 완전한 한 하나님이십니다. 성부, 성자, 성령 세 분 하나님의 구별은 우리가 이 세상에서 구별하는 것과 같은 방식의 구별이 아닙니다. 하나님 자신 안에 있는 구별이라서 우리는 그 구별이 어떠한 것인지 알지 못합니다. 따라서 하나님께서 스스로 성부, 성자, 성령 삼위로 계신다는 사실을 계시하지 않으셨다면 우리로서는 알 수 없는 하나님의 신비일 따름입니다. 성자 하나님께서 인성을 취하여 이 땅에 오심으로써 우리는 한 분 하나님이 성부, 성자, 성령 삼위로 계신다는 사실을 비로소 알게 된 것입니다.

그렇기 때문에, 하나님의 권능과 지혜와 선하심에 따라서, 하나님께서 우리를 향하여 하시는 일들은 성부 하나님의 일이기도 하며, 또 성자 하나님의 일이기도 하며, 또 성령 하나님의 일이기도 합니다. 성부, 성자, 성령 삼위가 모두 하나님이시며, 하나님은 또 구분되거나 분리됨이 없는 한

하나님이기 때문에 성부 하나님께서 우리를 향하여 하시는 일이 또한 성자와 성령의 일이며, 성자의 일이 성부와 성령의 일이며, 성령의 일이 또한 성부와 성자의 일이기도 합니다. 예를 들어 하나님께서 우리를 향하여 창조하시고 섭리하시고 통치하시고 구속하시고 또 거룩하게 하시고 다시 살리시는 일들을 하십니다.

이러한 일들은 하나님으로서 우리를 향하여 하시는 일이므로 성부, 성자, 성령 삼위 하나님 모두의 일인 것입니다. 성부 하나님만 창조의 일을 하시고, 성자, 성령 하나님은 모르시거나 관여하지 않으시는 것이 아닙니다. 창조한 세계를 섭리하시고 통치하시는 일 또한 성부 하나님만 하시고, 성자, 성령 하나님은 모르시거나 관여하지 않으시는 것이 아닙니다. 삼위 하나님 모두가 함께 행하십니다. 사람의 경우처럼 일이 세 사람에게 각각 따로 나누어 있는 것이 아닙니다.

그러면 예수님이 십자가에 달려 죽으셨을 때 성부, 성령 하나님도 함께 죽으신 것일까요? 그렇지 않습니다. 여기서 매우 주의해야 합니다. 성부, 성령 하나님은 하나님으로서 오직 신성을 따라서만 일을 하십니다. 따라서 성부, 성령 하나님은 십자가 달려 죽지 않으셨습니다. 심지어 성자 하나님도 신성을 따라서는 결코 죽으신 것이 아닙니다. 성자 하나님께서 죽으신 것도 인성을 따라서 죽으셨을 뿐입니다. 다시 말해서 인성을 취하여 사람이 되시는 일은 오직 삼위 가운데 한 분만 하시는 일이기 때문에, 성육하시어 나사렛 예수님으로 행하신 이 땅에서의 사역은 모두 인성을 따라서 성자 하나님만이 행하신 것입니다. 그러나 신성에 따라서 하나님으로 하시는 모든 일은 성부, 성자, 성령 하나님이 모두 함께 하시는 일입니다. 그렇지 않다고 주장하는 것은 하나님이 더 이상 삼위일체 하나님이 아니라 삼신론의 세 하나님들이라고 하는 것이므로 잘못입니다.

그렇지만 우리는 성경에서 그리고 신학적으로 창조는 성부 하나님께, 구속은 성자 하나님께, 거룩케 하는 성화는 성령 하나님께서 하시는 일인 것으로 표현되는 것을 종종 보게 됩니다. 그것은 하나님으로서 일이 나뉘어 있기 때문이 아닙니다. 한 분 하나님이 하시는 일이므로 삼위 하나님 모두의 일이지만 삼위 가운데 사역의 대표성을 성부, 성자, 성령 하나님께 각각 돌려드리는 것일 뿐입니다. 창조 사역은 성부 하나님께서 성자로 말미암아 성령 안에서 하신 일이며, 구속 사역은 성자 하나님께서 성부 하나님에 의하여 성령으로 말미암아 하신 일이며, 성화 사역은 성령 하나님께서 성부 하나님에 의하여 성자 안에서 하신 일입니다.

예를 들어 디도서 3:4~7의 말씀은 이러한 내용을 잘 드러내 줍니다. "우리 구주 하나님의 자비와 사람 사랑하심을 나타날 때에 우리를 구원하시되 우리가 행한 바 의로운 행위로 말미암지 아니하고 오직 그의 긍휼하심을 따라 중생의 씻음과 성령의 새롭게 하심으로 하셨나니 우리 구주 예수 그리스도로 말미암아 우리에게 그 성령을 풍성히 부어 주사 우리로 그의 은혜를 힘입어 의롭다 하심을 얻어 영생의 소망을 따라 상속자가 되게 하려 하심이라." 여기에 우리를 구속하시고 거룩케 하시는 하나님의 사역이 성부, 성자, 성령 하나님께서 함께 하시는 사역임이 잘 나타나 있습니다. 또 빌립보서 1:19에는 "이것이 너희의 간구와 예수 그리스도의 성령의 도우심으로 나를 구원에 이르게 할 줄 아는 고로"라고 기록되어 있는데, 여기서 예수 그리스도의 성령이라는 말은 예수 그리스도, 성자 하나님의 영을 가리키며 또한 성령 하나님을 가리키기도 합니다. 이 말은 사실상 같은 말입니다. 왜냐하면 영으로서의 하나님은 한 영이시기 때문입니다. 하나님으로서의 성부의 영은 곧 성자의 영이며 또한 성령의 영이기 때문에, 예수 그리스도의 영으로서의 사역은 곧 성령의 사역이기도 한 것입니다.

그러면 이제 이러한 이해를 전제하고, 사도신경의 신앙 항목들 가운데 첫째 항목부터 살펴보도록 하겠습니다. 사도신경은 제일 먼저 "전능하사 천지를 만드신 하나님을 믿사오며"라고 고백합니다. 이 고백은 그 의미가 매우 깊고 광대합니다. 이 고백이 담고 있는 내용은 하나님께서 이 세상을 창조하셨다는 사실만 의미하는 것이 아닙니다. 하나님께서는 이 세상을 창조하신 이후에 창조의 목적에 따라서 이 세상을 향한 자신의 뜻을 이루어 가시기 위하여 이 세상을 섭리로 보존하시고 다스리신다는 사실까지 포함합니다. 좀 더 구체적으로 말씀을 드리면 이 신앙 항목은, 첫째로 "태초에 하나님이 천지를 창조하시니라"는 창세기 1:1의 말씀과 "너희는 눈을 높이 들어 누가 이 모든 것을 창조하였나 보라 주께서는 수효대로 만상을 이끌어 내시고 그들의 모든 이름을 부르시나니 그의 권세가 크고 그의 능력이 강하므로 하나도 빠짐이 없느니라"는 이사야 40:26 말씀에서 알 수 있듯이 예수 그리스도의 영원하신 아버지 하나님께서 아무 것도 없는 중에서 하늘과 땅과 그 가운데 있는 모든 것들을 창조하셨다고 고백합니다.

둘째로, 이 신앙 항목은 하나님의 작정과 섭리와 통치를 고백합니다. 시편 104:2~5, 27~30에 "주께서 옷을 입음같이 빛을 입으시며 하늘을 휘장같이 치시며 물에 자기 누각의 들보를 얹으시며 구름으로 자기 수레를 삼으시고 바람 날개로 다니시며 바람을 자기 사신으로 삼으시고 불꽃으로 자기 사역자를 삼으시며 땅에 기초를 놓으사 영원히 흔들리지 아니하게 하셨나이다" "이것들이 다 주께서 때를 따라 먹을 것을 주시기를 바라나이다 주께서 주신즉 그들이 받으며 주께서 손을 펴신즉 그들이 좋은 것으로 만족하다가 주께서 낯을 숨기신즉 그들이 떨고 주께서 그들의 호흡을 거두신즉 그들은 죽어 먼지로 돌아가나이다 주의 영을 보내어 그들을 창조하사 지면을 새롭게 하시나이다"라고 찬송합니다. 이 찬송은 하나님께서 자신의 목적에 따라서 그가 창조하신 세계를 통치하신다고 노래합니다. 예수님께서 말씀하신 바처럼 하나님께서는 우리의 머리털까지 다 세신 바 되었다고 고백하는 것입니다. 천지를 만드신 하나님 아버지를 믿는다는 것은 결국 바울 사도가 찬송한 대로 "이는 만물이 주에게서 나오고 주로 말미암고 주에게로 돌아감이라"(롬 11:36)는 사실을 고백합니다.

셋째로, 이 신앙 항목은 또한 "천지를 지으시고 다스리시는" 영광과 권능의 하나님이 예수 그리스도 안에서 예수 그리스도로 말미암아 예수 그리스도를 믿는 나에게 나의 하나님이시며 또한 나의 아버지가 되심을 고백합니다. 이것은 요한복음 1:12에 "영접하는 자 곧 그 이름을 믿는 자들에게는 하나님의 자녀가 되는 권세를 주셨으니"라는 말씀에 따른 것이며, 에베소서 1:5에 말씀한 대로 "그 기쁘신 뜻대로 우리를 예정하사 예수 그리스도로 말미암아 자기의 아들들이 되게 하셨으니" 하나님의 목적에 따른 것입니다. 로마서 8:15에 이른 바처럼 예수 그리스도를 믿는 자에게 양자의 영을 주심으로 "천지를 지으시고 다스리시는" 권능의 하나님을 우리의 아버지로 고백할 수가 있습니다.

넷째로, 창조주 하나님에 대한 신앙고백은 하나님에 대한 고백을 넘어서 권능과 영광의 하나님께서 우리의 아버지가 되시어 우리에게 행하시는 모든 일의 성격이 어떠한 것인지, 그리고 이에 대한 우리의 고백이 어떠해야 하는 지에 대한 고백을 함께 드립니다. 예수님께서 우리가 구하여야 할 믿음을 가르치시면서 이렇게 말씀하셨습니다. 마태복음 6:25~26에서 "그러므로 내가 너희에게 이르노니 목숨을 위하여 무엇을 먹을까 무엇을 마실까 몸을 위하여 무엇을 입을까 염려하지 말라 목숨이 음식보다 중하지 아니하며 몸이 의복보다 중하지 아니하냐 공중의 새를 보라 심지도 않고 거두지도 않고 창고에 모아들이지도 아니하되 너희 하늘 아버지께서 기르시나니 너희는 이것들보다 귀하지 아니하냐"고 말씀하셨습니다. 예수님의 말씀이 무엇을 의미합니까? 이 말씀은 만일 우리가 하나님의 자녀임을 믿고 또한 우리의 아버지이신 하나님께서 천지를 지으시고 통치하시는 분이신 줄로 믿는다면 마땅히 하나님께서 아버지가 자식들에게 그러하듯이 우리의 몸과 영혼에 필요한 모든 것을 공급하실 줄을 어찌 믿지 못하는가에 대한 교훈입니다. 천지를 지으신 하나님 아버지에 대한 고백은 하나님 아버지께서 우리의 영과 육의 필요를 충분히 채워주시는 분으로 믿는 신앙을 표현합니다.

다섯째로 이 신앙고백은 앞의 고백과 연결하여 당연한 고백이지만 좀처럼 우리가 믿음이 없어 전폭적으로 받아들이지 못하는 경우에 대한 적용점도 열어줍니다. 천지를 지으시고 다스리시는 하나님께서 우리의 아버지이시므로 우리의 영과 육의 필요를 채워주시는 줄로 믿지만, 그런데 우리가 이 세상에서 눈물 골짜기와 같은 인생길을 살아가며, 사망의 음침한 골짜기를 더듬어 가야하는 고통의 삶을 살아야 할 경우에도 그러할까요? 지금 혹시라도 고난 가운데 계시며 하나님의 뜻을 물으며 애통의 기도를 드리는 분들이 여러분들 가운데 계시다면 이 모든 분들에게도 하나님은 영과 육의 필요를 채워주고 계시는가라는 질문입니다. 시편 84:5~6에 보면 "주께 힘을 얻고 그 마음에 시온의 대로가 있는 자는 복이 있나이다 그들이 눈물 골짜기로 지나갈 때에 그 곳에 많은 샘이 있을 것이며 이른 비가 복을 채워 주나이다"고 노래하고 있습니다. 지금은 눈물 골짜기이지만 이 모든 것으로 하나님께서는 그의 선하신 지혜 가운데 우리를 하나님이 계신 하나님 나라, 시온으로 이끌어 가시는 사랑이 있음으로 성도는 눈물을 이겨낼 수 있다고 말합니다. 유명한 사도 바울의 고백인 로마서 8:28의 "우리가 알거니와 하나님을 사랑하는 자 곧 그의 뜻대로 부르심을 입은 자들에게는 모든 것이 합력하여 선을 이루느니라"는 말씀도 바로 이 사실을 고백합니다. "천지를 지으신 하나님 아버지"에 대한 고백은 우리가 인생의 길 가운데 겪는 어떠한 악과 고통도 하나님께서 아시며, 하나님께서는 이것을 자신의 섭리 가운데 오히려 선으로 바꾸신다는 고백입니다.

끝으로, 이 신앙 항목은 예수 그리스도를 믿는 자를 자신의 자녀로 삼으시는 우리 하나님 아버지께서 이 세상을 창조하시고 다스리시는 분이시므로 과연 눈물 골짜기 같은 이 인생에서 겪는 모든 환란을 오히려 선으로 바꾸실 만한 능력이 있으신 분이시며, 반드시 그렇게 하실 신실한 분이시라고 고백합니다(마 6:32~33; 7:9~11). 이러한 모든 믿음을 담아서 사도신경에서 우리는 "전능하사 천지를 만드신 하나님 아버지를 믿사오며"라고 고백합니다. 이것이 예수 그리스도 안에 있는 모든 성도의 위로입니다.

···생각 나누기

· · · 되짚는 질문 · · ·

1_ 하나님께서 스스로 성부, 성자, 성령 삼위로 계신다는 사실을 계시하지 않으셨다면 우리로서는 하나님이 삼위일체로 계시다는 사실을 알 수 없는 까닭이 무엇입니까?

2_ 성부, 성자, 성령 하나님이 한 분 하나님이시라는 사실로 인하여 피조물을 향하여 하시는 하나님의 일에 대해 우리가 알 수 있는 중요한 특징은 무엇입니까?

3_ 하나님으로서 우리를 향하여 하시는 일, 즉 창조한 세계를 섭리하시고 통치하시는 일은 성부, 성자, 성령 삼위 하나님 모두의 일이기 때문에, 예수님이 십자가에 달려 죽으실 때에 성부, 성령 하나님도 예수님과 함께 죽음을 맛보신 것이라는 주장에 대해 여러분은 무엇이라 답하시겠습니까?

4_ 피조물을 향하여 하시는 성부, 성자, 성령 삼위 하나님의 일은 따로따로 나누어지는 것이 아니라면, 어찌하여 성경에서 또는 신학적으로 창조는 성부 하나님께, 구속은 성자 하나님께, 거룩케 하는 성화는 성령 하나님께서 하시는 일인 것으로 표현하고 있는 것일까요?

5_ 사도신경은 제일 먼저 "전능하사 천지를 만드신 하나님을
　　 믿사오며"라고 고백합니다. 아래의 성경 구절들을 읽으며
　　 이 고백에 담겨 있는 의미를 확인하시기 바랍니다.

　　　　· 창세기 1:1, 이사야 40:26
　　　　· 시편 104:2~5, 로마서 11:36
　　　　· 요한복음 1:12, 에베소서 1:5, 로마서 8:15
　　　　· 마태복음 6:25~26
　　　　· 시편 84:5~6, 로마서 8:28
　　　　· 마태복음 6:32~33, 7:9~11

6_ 오늘 공부를 통하여 여러분이 어떠한 신앙의 유익을 얻었
　　 는지를 나누어 보십시오.

12. 하나님의 섭리

질문 27 하나님의 섭리란 무엇을 뜻하는 말입니까?

답 하나님의 섭리란 하나님께서,

마치 손을 가지고 하시듯이,

무엇이든지 할 수 있으며 또 어느 곳에나 미치는 하나님의 능력

으로(행 17:25-28; 렘 23:23-24; 사 29:15-16; 겔 8:12)

하늘과 땅과 모든 피조물들을 붙드시고 다스리신다는 것을 뜻

합니다(히 1:3).

그렇기 때문에 잎이나 풀, 비와 가뭄(렘 5:24; 행 14:17),

결실이 있을 때와 없을 때, 먹을 것과 마실 것, 건강과 질병(요 9:3),

번영과 빈곤(잠 22:2),

이 모든 것들은 우연으로 인한 것이 아니라,

하나님 아버지의 손길로 인하여 우리에게 나타나는 것입니다

(마 10:20; 잠 16:33).

질문 28 하나님께서 만물을 창조하시고

그의 섭리로써 만물을 여전히 붙들고 계시다는 사실이

우리에게 어떠한 도움을 줍니까?

답   하나님의 섭리를 믿음으로써,

우리는 역경에 처할 때에라도 인내를 할 수 있으며(롬 5:3; 약 1:3;

시 39:9; 욥 1:21-22),

풍요로울 때에는 하나님께 감사할 줄 알게 됩니다(신 8:10; 살전 5:18).

또한 하나님 아버지의 신실하심을 굳게 믿어(시 55:22; 롬 5:4),

우리가 겪는 그 어떤 일이라도 우리를 하나님의 사랑에서 끊을

수 없을 것임을 확신하게 됩니다(롬 8:38-39).

그 까닭은 모든 피조물들이 다 하나님의 손 안에 있으므로,

그 어떤 것이라도 하나님이 뜻하지 않은 방향으로

움직여 나갈 수 없기 때문입니다(욥 1:21, 2:6; 행 17:25, 28; 잠 21:1).

━   우리는 지금 지난 장에서부터 기독교가 고백하는 신앙고백 가운데 하나인 사도신경의 신앙항목들을 살펴보고 있습니다. 사도신경에 나오는 첫 번째 신앙항목은 "전능하사 천지를 만드신 하나님 아버지를 믿사오며"입니다. 이 고백 속에 담겨 있는 중요한 의미를 이렇게 정리해 볼 수 있습니다. 우선 우리가 사는 이 세상은 본래부터 영원히 스스로 있었던 것이 아니며, 또한 우연히 존재하게 된 것도 아니라는 것입니다. 아무 것도 없는 중에서 하나님 아버지께서 하늘과 땅과 그 가운데 있는 모든 것들을 창조하셨다고 고백합니다. 둘째로 '하나님께서 천지를 창조하셨다'는 고백은 하나님께서 창조하신 이 세상을 다스리고 계심을 의미합니다. 이 세상을 창조하실 때 하나님께서는 목적을 가지고 계셨으며 그 목적에 따라서 이 세상을 세밀하고도 섬세하게 다스리고 계심을 고백합니다.

셋째로 우리가 '천지를 지으신 분'을 다른 분이 아닌 바로 '하나님 아버지'라고 고백할 때, 우리는 예수님을 나의 생명의 주시라고 믿는 우리에게 천지를 지으신 영광과 권능의 하나님이 바로 우리의 하나님이시며 또한 아버지가 되심을 믿습니다. 따라서 이러한 고백에 이어 넷째로 우리는 영광과 권능의 하나님께서는 예수 안에 있는 우리를 하나님의 자녀로 삼으시며 아버지의 사랑으로 우리를 품으신다는 것을 고백합니다. 하나님 아버지께서는 우리의 영과 육의 필요를 미리 아시고 채워주신다는 사실을 믿는 것입니다. 하지만 우리가 다 알듯이 이 세상에는 눈물과 한숨과 아픔도 있습니다. 여기서 다섯 번째 고백이 이어져 나옵니다. 천지를 창조하신 하나님은 우리의 아버지가 되시기에 그의 자녀인 우리의 고통을 외면치 않으심을 믿습니다. 우리가 인생의 길 가운데 겪는 어떠한 고통과 악도 하나님은 알고 계시며 그것을 아버지의 사랑으로 선으로 바꾸신다는 믿음을 고백합니다. 그리고 마지막 여섯째로 우리의 하나님은 '하늘과 땅을 말씀의 권능으로 창조하신 분'이시므로 우리를 슬프게 하며 고통 속에서 신음하게 하는 어떠한 환란이라도 넉넉히 선으로 바꾸실 만한 능력과 지혜가 있으신 분이시라고 고백합니다. 이러한 하나님을 믿는다는 것이 예수 그리스도 안에 있는 우리의 위로이며 자랑입니다.

이어서 특별히 이 세상을 창조하신 하나님께서 이 세상을 보존하시며 다스리신다는 고백의 의미에 대해서 좀 더 생각해 보도록 하겠습니다. 하나님께서 천지를 창조하셨다는 신앙은 하나님께서 단지 태초에 천지를 창조하셨다는 사실만 의미하지 않습니다. 이와 함께 고백되는 것은 창조하셨을 뿐 아니라 창조하신 세상을 보존하시고 다스리신다는 사실입니다. 이러한 사실을 가리켜 우리는 하나님께서 이 세상을 섭리하신다고 말합니다. 1700년대 중반 이후부터 서구 사회의 중심된 시대 사상이었던 계몽주의를 따르던 사람들은 이 세상이 하나의 기계와 같다고 생각했습니다. 기계란 여러 부품들이 빈틈없이 꽉 짜여진 질서 체계 안에서 서로 인과 관계를 가진 채 폐쇄적으로 작동합니다. 우주가 마치 기계와 같다고 믿는 사람들은 이 세상에 대한 하나님의 어떠한 섭리도 인정하기를 거부하였습니다. 그저 자연법칙에 따라 움직여 나아갈 뿐 하나님이 다스리는 손길이란 없다고 주장한 것입니다.

하지만 이러한 주장은 매우 잘못된 것입니다. 이 세상을 창조하신 하나님께서는 창조하신 이후에 이 세상에 대해 아무런 관심도 두지 않은 채 이 세상에 속한 모든 것들이 어떻게 되어가든지 그대로 내버려 두시는 분이 아니십니다. 하나님께서는 이 세상에서 일어나고 있는 모든 일들이 그렇게 일어나도록 하나하나를 허락하시고 그 일들을 통해 자신의 계획과 목적을 이루어 가십니다. 우리가 하나님의 섭리라고 말하는 것들은 바로 이러한 하나님의 활동을 가리키는 말입니다. 말하자면 하나님의 섭리란 하나님께서 전능하신 능력으로 항상 모든 곳에서 일어나는 일들을 마치 자신의 손으로 하시는 것처럼 보존하고 다스리심을 뜻한다고 말할 수 있습니다.

그러니까 이러한 섭리를 믿는 기독교인들은 비와 가뭄, 풍년과 흉년, 먹을 것과 마실 것, 건강과 질병, 부와 가난, 이 모든 것이 결코 우연한 가운데 일어나는 것이 아니라고 믿습니다. 예를 들어 예레미야 5:24에 이른 바와 같이 "또 너희 마음으로 우리에게 이른 비와 늦은 비를 때를 따라 주시며 우리를 위하여 추수 기한을 정하시는 우리 하나님 여호와를 경외하자 말하지도 아니하니"라는 말씀이나, 또는 요한복음 9:3에 "예수께서 대답하시되 이 사람이나 그 부모의 죄로 인한 것이 아니라 그에게서 하나님이 하시는 일을 나타내고자 하심이라"고 하신 말씀, 그리고 마태복음 10:29~30에 "참새 두 마리가 한 앗사리온(동전의 명칭)에 팔리지 않느냐 그러나 너희 아버지께서 허락하지 아니하시면 그 하나도 땅에 떨어지지 아니하리라 너희에게는 머리털까지 다 세신 바 되었나니"라고 하신 말씀 등은 모두 우리에게 나타나는 어떤 일이든지 하나님의 계획과 상관없이 나타나는 것은 없다는 사실을 교훈합니다.

우리는 비가 내리는 것이나 참새가 떨어지는 것이나, 수확의 열매를 얻는 것이나, 사람이 건강하거나 병을 앓게 되는 것이나 이 모든 현상들이 어떠한 물리적이며 화학적인 법칙에 따라서 일어나고 있는 것으로 설명할 수도 있습니다. 그러면 이러한 자연법칙에 따라 일어나는 현상들을 어떻게 하나님의 손길로 인하여 일어나는 것으로 고백될 수 있는 것일까요? 이러한 의문 때문에 자신들에게 일어난 일들과 관련하여 하나님께 감사를 드리자고 권하면 하나님의 섭리에 의한 것임을 부정하고 자신이 아는 범위 내에서 자연에 의한 것일 뿐이라고 고집하는 이들이 있습니다. 풍년이 드는 것이나 가뭄이나 홍수와 같은 재해들도 다 하나님의 섭리 가운데 나타나는 일이라고 인정하려 하지 않습니다. 왜냐하면 이 모든 현상들에 대하여 자연법칙에 따른 설명이 가능하다고 믿으며, 그런 만큼 하나님께서 그렇게 하셨다는 설명은 잘못된 것이라고 생각하기 때문입니다.

그러나 여기서 기억할 것이 있습니다. 하나님께서는 이 세상을 만드시고 이 세상의 모든 일들을 통해 자신의 목적을 이루기 위해 섭리하실 때에, 자연의 현상들은 자연의 물리적이거나 화학적인 법칙에 따라서, 사람들에 의한 일들은 사람들의 자유의지를 통하여, 자신의 섭리를 이루어 가신다는 점입니다. 다시 말해서, 하나님께서 비가 오도록 하심으로써 자신의 계획을 실행하실 때에 하나님께서는 비가 내릴 수 있게 하는 자연 법칙을 그대로 사용하시면서 그 계획을 이루어 가시는 것입니다. 또 사람들 사이에 일어나는 일과 관련하여 자신의 계획을 이루실 때에도 하나님께서는 사람의 마음을 이끌어 가시되 인간의 자유의지와 생각, 감정, 결심 등의 모든 인격적인 경로를 그대로 사용하십니다. 인간을 결코 로봇이나 기계처럼 피동적이며 기계적인 존재로 만드시지 않고 인간의 자유로운 인격성을 통하여 자신의 뜻을 이루어 가십니다.

하나님께서는 어떻게 이렇게 하실 수 있는 것일까요? 우리와 같은 사람에게는 불가능한 일입니다. 우리는 다른 사람에게 우리 자신의 뜻을 관철시키기 위해서는 그 사람의 의지를 설득하거나 혹은 강압하지 않으면 안 됩니다. 그러나 하나님께서는 그 사람이 자유로운 의지를 통하여 자기 스스로 자발적으로 선택하는 의지의 결정과 행동을 가장 자유스러운 상태 가운데 행하도록 하심으로써 자신의 뜻을 이루어 가십니다. 자연 현상을 다스리시는 것에서도 마찬가지입니다. 또한 사람에게는 우연으로 여겨지는 어떤 확률과 같은 일도 하나님께서는 자신의 뜻을 실현하는 섭리 안에서 일어나게 됩니다. 잠언 16:33에 "제비는 사람이 뽑으나 모든 일을 작정하기는 여호와께 있느니라"고 하신 말씀이 이러한 사실을 분명하게 증거합니다. 우리 인간으로서는 하나님께서 어떻게 이 세상을 그렇게 섭리하시는지 조금이라도 이해할 수 없으며, 하나님처럼 행할 수는 더더구나 불가능합니다.

그래서 하나님을 믿지 않는 사람은 하나님의 섭리를 인정하지를 않습니다. 그들에게 있어서 이 세상의 자연현상은 그저 자연법칙의 결과일 뿐이며, 사람의 일은 사람의 결정에 따른 것일 뿐입니다. 그러나 하나님의 말씀인 시편 14:1에 이르는 바처럼, 이러한 사람들은 어리석고 무지한 자일 따름입니다.

여러분, 하나님께서 모든 것을 창조하시고 섭리 가운데 그 모든 것을 보존하시며 자신의 뜻을 실행하신다는 이 사실이 우리 기독교인들에게 어떠한 유익을 주는 것일까요? 무엇보다도 하나님의 섭리를 믿는 기독교인들은 하나님의 사랑을 누리며 그 은혜를 깨달아 알게 되는 복을 누립니다.

먼저 우리는 우리의 인생이 처음과 끝이 하나님의 작정 가운데 있음을 알게 됩니다. 욥기 1:21~22을 보면 욥은 사단의 시험을 받아 커다란 고통 가운데 있으면서도 이르기를 "이르되 내가 모태에서 알몸으로 나왔사온즉 또한 알몸이 그리로 돌아가올지라 주신 이도 여호와시요 거두신 이도 여호와시오니 여호와의 이름이 찬송을 받으실지니이다 하고" 이 모든 일에 욥이 범죄하지 아니하고 하나님을 향하여 원망하지 아니하였습니다. 자신의 인생이 어떠한 형편에 놓이든지 하나님의 섭리 가운데 있음을 믿었기 때문에, 그는 하나님께 찬송을 드렸던 것입니다.

이와 마찬가지로, 하나님의 섭리를 믿는 사람은 어떠한 환난과 고통 가운데서도 결코 낙망치 않고 위로를 찾을 수 있습니다. 자신이 겪는 어떤 일도 우연히 혹은 하나님이 모른 채 나타나는 것이 아니기 때문입니다. 그렇기 때문에 로마서 5:3~4에 "다만 이뿐 아니라 우리가 환난 중에도 즐거워하나니 이는 환난은 인내를 인내는 연단을 연단은 소망을 이루는 줄 앎이로다"고 교훈하고 있습니다. 우리의 인생이 어려움에 처할 때뿐 아니라 형통할 때도 주님의 섭리로 인한 것임을 아는 사람은 신명기 8:10에 이른 바처럼 "네가 먹어서 배부르고 네 하나님 여호와께서 옥토를 네게 주셨음으로 말미암아 그를 찬송하리라"고 하신 말씀대로 하나님의 손길을 찬송합니다.

결국 하나님께서 자신의 섭리 가운데 우리의 인생을 인도하신다는 믿음은 우리가 과거와 현재 어떠한 역경을 겪었으며 또 겪고 있다 하더라도 인내할 수 있게 하며, 또 형통할 때에는 하나님께 감사드릴 수 있게 합니다. 또한 앞으로 있을 일과 관련해서도 우리는 담대할 수 있습니다. 왜냐하면 우리의 아버지이신 창조주 하나님께서 참으로 신실하게 우리를 향한 자신의 사랑을 권능과 지혜로써 이루어 가실 줄 믿기 때문입니다. 이 세상의 그 어떤 것도 하나님의 뜻을 거슬러 일어나는 것은 없습니다.

지금 여러분의 삶이 슬프십니까? 고통 속에 계십니까? 끝이 보이지 않는 절망의 수렁 가운데 있습니까? 하나님께서 우리를 자신의 사랑 안에서 묶어 두고 계심을 굳게 신뢰하시고 담대하게 살아가시기 바랍니다. 하나님의 섭리를 확신하시며 기도하시기 바랍니다. 모든 것이 합력하여 선을 이루도록 하시는 하나님의 사랑에서 우리를 끊어낼 것은 아무 것도 없습니다. 이 말씀을 붙드시고 기도하시며 하나님께 위로를 구하며 찬송하는 믿음의 삶을 사는 복이 여러분에게 넘치기를 기원합니다.

···생각 나누기

1_ 사도신경에 나오는 첫 번째 신앙항목, "전능하사 천지를 만드신 하나님 아버지를 믿사오며"에 담겨 있는 중요한 신앙의 의미 여섯 가지를 설명하시기 바랍니다.

새로운 질문

2_ 이 세상에서 일어나는 모든 일들은 창조되었을 때의 원리에 따라서 일어날 뿐이며, 하나님께서 그 일들이 일어나도록 일일이 간섭하시고 통치하시는 것은 아니라는 주장에 대하여 여러분은 어떻게 말하시겠습니까?

3_ 하나님의 섭리가 무엇인지에 대해서 말해 보십시오.

4_ 비와 가뭄, 풍년과 흉년, 먹을 것과 마실 것의 공급, 건강과 질병, 부와 가난과 같은 이 모든 것들이 우연한 가운데 일어나는 것이라는 주장에 대해 여러분 생각은 어떠하십니까? 예레미야 5:24과 마태복음 10:29~30을 읽고 답하시기 바랍니다.

5_ 우리는 비가 내리는 것이나 참새가 떨어지는 것이나, 수확의 열매를 얻는 것이나, 사람이 건강하거나 병을 앓게 되는 것이나 이 모든 현상들이 어떠한 물리적이며 화학적인 법칙에 따라서 일어나는 것으로 설명할 수 있기도 합니다. 그런데 어떻게 하나님께서 이러한 일들이 일어나도록 하

신다는 것일까요?

6_ 하나님이 하시는 일을 인간의 지식과 능력에 비추어 제한 하며 하나님의 섭리를 믿지 못하는 이들을 가리켜 성경에 서는 어떠한 자들이라고 말씀합니까?

7_ 욥기 1장에서 욥이 환난 가운데 있으면서도 범죄하지 아니 하고 하나님을 향하여 원망하지 아니하였던 까닭은 무엇 때문이라고 생각하십니까?

8_ 로마서 5:3~4과 신명기 8:10을 찾아 읽고 하나님의 섭리 에 대한 여러분의 생각을 나누기 바랍니다.

9_ 하나님께서 우리의 인생을 그의 섭리 안에서 인도하신다는 사실을 깨달아 아는 믿음이 주는 영적 유익들에 대해서 설 명하시기 바랍니다.

10_ 오늘 공부를 통하여 여러분이 어떠한 신앙의 유익을 얻었 는지를 나누어 보십시오.

구원: 성자 하나님에 관하여

자카리우스 우르시누스 1534-1583 ㅣ 28세 때 하이델베르크 요리문답의 초고를 작성하였다. 16세의 나이로 비텐베르크 대학에 입학하여 7년 동안 멜란히톤에게서 배웠다. 그후 1560년 츠빙글리의 도시인 취리히로 옮겨 피터 마터 베르미글리와 함께 지내며 그에게도 배웠다. 프리드리히 3세가 피터 베르미글리에게 하이델베르크로 와서 대학 학장을 맡아달라고 요청하자 그는 자기 대신 우르시누스를 이렇게 천거하였다. "27세밖에 안 되었지만 이미 대학자로서의 명석함과 하나님의 큰 종으로서의 경건을 지녔습니다. 저 대신 그를 데려 가십시오."

질문 29   **어찌하여 하나님의 아들을**
          '구주'라는 뜻을 가진 이름, 곧 '예수'라고 부릅니까?

답   그가 우리를 우리의 죄에서 구원하시기 때문입니다(마 1:21; 히 7:
     24-25).

     그 분 이외에 다른 곳에서 구원을 찾지 말아야 하며,

     또한 다른 곳에서 구원을 찾아보아야 헛된 일이기 때문입니다

     (행 4:12; 요 15:4-5; 딤전 2:5; 사 43:11; 요일 5:11).

━━   우리는 계속해서 기독교가 고백하는 신앙고백 가운
데 하나인 사도신경의 신앙 항목들을 살펴보고 있습니다. 이
번에는 사도신경에 나오는 두 번째 신앙 항목인 "그 외아들
우리 주 예수 그리스도를 믿사오니"의 내용을 살펴볼 터인
데, 앞으로 세 번에 걸쳐서 "예수" 그리고 "그리스도" 그리고
"그 외아들 우리 주"에 대하여 살펴보도록 하겠습니다.

     먼저 첫 번째 주제는 "예수"에 대한 것입니다. 이 주제는

"왜 하나님의 아들을 예수라고 부르는가"라는 질문과 관련이 있습니다. 이 질문에 대한 대답은 일단 성경에서 구할 수 있습니다. 마태복음 1:21을 보면, 주의 사자가 요셉에게 나타나서 이르되 요셉과 정혼한 마리아가 그와 동거하기 전에 성령으로 잉태하여 아들을 낳을 것인데 그 이름을 예수라 하라고 하였습니다. 그리고 이어서 말하기를 이름을 예수라 해야 하는 이유는 동정녀 마리아가 낳을 그 아들이 "자기 백성을 저희 죄에서 구원할 자"이기 때문이라고 덧붙였습니다. 아마도 그것은 예수님의 이름인 "예수"라는 말이 "구원자"라는 뜻을 가진 것인데, 예수님이 실제로 자신에게 속한 백성을 구원하시려 동정녀 마리아의 몸에서 태어나신 분이시므로 그의 이름을 "구원자" 곧 "예수"라 하는 것은 너무나도 자연스러운 일이 아닐 수가 없기 때문이라고 생각됩니다.

또한 예수님 이외에는 어디에서도 구원을 찾을 수가 없으며, 찾으려고 해서도 안 된다는 사실에 비추어 볼 때, 마리아의 몸에서 성육하신 하나님의 아들의 이름을 구원자, 또는 구주 곧 예수라 일컫는 것은 너무나도 당연한 일입니다. 예수님의 이름이 "구원자" 혹은 "구주"라는 의미를 지니고 있는 만큼, 오직 예수님만이 구원의 길을 열어주시는 참된 구주이시라는 사실은 사도행전 4:11~12에서도 잘 나타나고 있습니다. "이 예수는 너희 건축자들의 버린 돌로서 집 모퉁이의 머릿돌이 되었느니라. 다른 이로써는 구원을 받을 수 없나니 천하 사람 중에 구원을 받을 만한 다른 이름을 우리에게 주신 일이 없음이라 하였더라." 오직 예수님만이 우리의 구원자가 되시기 때문에 하나님과 우리 사이에 우리의 죄를 가리고 우리를 하나님과 원수가 된 상태에서 하나님의 자녀의 상태로 바꾸어 주실 이는 오직 예수님 한 분이십니다. 디모데전서 2:5에서 "하나님은 한 분이시요 또 하나님과 사람 사이에 중보도 한 분이시니 곧 사람이신 그리스도 예수라"고 말씀하고 있는 것에서 잘 확인할 수 있습니다. 하나님의 아들이신 예수 그리스도만이 우리의 구주가 되심에 대하여 요한 사도는 이렇게 표현하였습니다. 요한일서 5:11~12에서 이르기를 "또 증거는 이것이니 하나님이 우리에게 영생을 주신 것과 이 생명이 그의 아들 안에 있는 그것이니라 아들이 있는 자에게는 생명이 있고 하나님의 아들이 없는 자에게는 생명이 없느니라"고 하였습니다. 오직 하나님의 아들이신 예수님을 믿는 자에게만 생명이 있으므로, 예수님만이 우리의 구주가 되시는 것이며, 그러하기에 우리를 구원하시는 하나님의 아들이 이름은 성경에서 "예수"라 일컬어지며, 그렇게 주의 사자가 나타나 요셉에게 계시하신 것입니다.

그런데 예수님께서는 "예수" 이외에 다른 이름을 하나 더 가지고 계십니다. 마태복음 1:22~23에 보면 "이 모든 일이 된 것은 주께서 선지자로 하신 말씀을 이루려 하심이니 이르시되 보라 처녀가 잉태하여 아들을 낳을 것이요 그의 이름은 임마누엘이라 하리라 하셨으니 이를 번역한즉 하나님이 우리와 함께 계시다 함이라"고 기록되어 있습니다. 즉 예수님의 또 다른 이름은 임마누엘입니다. "하나님이 우리와 함께 계시다"는 뜻을 가진 임마누엘이 예수님을 가리키는 것은 "예수님"으로 말미암아 "하나님이 우리와 함께 계시는" 일이 우리 가운데 이루어지게 되었음을 뜻합니다. 이것은 곧 구원이 우리 가운데 이루어진다는 것과 같은 의미를 나타냅니다. 왜냐하면 죄의 상태란 하나님께서 미워하시는 것으로 하나님이 결코 함께 계시지 않는 상태이며 함께 계시기는 고사하고 죄를 미워하시는 하나님의 원수 된 상태를 뜻하기 때문입니다. 그러므로 구원이란 하나님과의 교제가 끊어지고 관계가 뒤틀려진 상태에서 다시 하나님과의 사귐이 회복된 상태로 옮겨지는 것을 뜻하는 것이 되기 때문입니다.

이러한 사실에 대해서는 성경이 기록하고 있는 계시의 큰 갈래를 따라 가보면 금방 확인할 수 있습니다. 하나님께서 창조하신 이 세상에서 최초의 인간이었던 아담과 하와는 에덴이라 일컬어지던 동산에서 하나님과 아름다운 교제를 나누며 복된 삶을 누리고 살았습니다. 그러나 아담과 하와가 하나님이 금하신 선악을 알게 하는 나무의 과실을 따먹는 불순종을 범하였습니다. 이것은 피조물인 인간이 창조주이신 하나님의 권위를 부정하고 옳고 그른 일, 할 수 있는 일과 해서는 안 될 일을 스스로 결정하겠다는 피조물의 반역이었습니다. 이제 아담과 하와에게 있어서 하나님은 더 이상 하나님이 아니신 것입니다. 당연히 아담과 하와는 불순종할 경우 그들이 정녕 죽을 것이라고 하나님께서 말씀하신 바대로 에덴에서 추방되었고 에덴에 있던 생명나무의 실과를 먹지 못하도록 금지되었으며 사망의 굴레에 갇히게 되었습니다. 생명의 근원이시며 스스로 생명이신 하나님에게서 멀어지고 하나님과 원수가 되고 만 것입니다.

그러나 사랑의 하나님께서는 이러한 비참한 사망의 상태에서 다시 생명의 상태로 옮기어질 수 있는 구원의 약속을 베풀어 주셨습니다. 창세기 3:15에 하나님께서는 하와를 미혹하여 죄를 범하도록 하였던 사단을 가리켜 "내가 너로 여자와 원수가 되게 하고 네 후손도 여자의 후손과 원수가 되게 하리니 여자의 후손은 네 머리를 상하게 할 것이요 너는 그의 발꿈치를 상하게 할 것이니라"고 심판을 명하셨습니다. 여기서 이 여자의 후손은 예수 그리스도를 가리키는 것으로 사단이 예수 그리스도를 상하게 하려 하지만 결국 그리스도에 의하여 사단이 멸망케 될 것이라고 암시합니다. 이것은 곧 하나님과의 교통이 다시 회복될 것임을 뜻하는 말씀입니다.

창세기 11장에 가면 유명한 한 사건이 기록되어 있습니다. 바벨탑 사건입니다. 인간이 부패하고 악하여 하나님께서는 노아의 홍수로 심판을 하셨으며, 노아의 후손을 통하여 인간을 다시 번성케 하셨지만 인간은 자신들의 지혜와 능력을 집중하여 바벨탑을 세웁니다. 인간의 의도는 바벨탑을 하늘에까지 닿도록 높이 쌓아 자신들의 이름을 널리 떨치고 서로 뭉치어 하나님에게 도전하고자 하는 데에 있었습니다. 에덴에서 하나님께 불순종하던 죄의 비극은 이렇게 여전하였습니다.

그런데 하나님께서는 이러한 죄인들을 향하여 구원의 계획을 예비하여 두셨으며 그 구원의 계획을 아브라함을 부르심으로 역사 속에서 구체적으로 나타내 보이시며 실행하시기 시작하셨습니다. 아브라함의 본래 이름은 아브람이었습니다만 하나님께서는 "열국의 아비"라는 뜻을 담아 그의 이름을 나중에 "아브라함"으로 바꾸어 주셨습니다. 하나님께서 아브라함을 불러 하나님의 약속을 믿는 믿음의 순종을 통해 그에게 복주실 것을 약속하셨습니다. 그 복의 내용은 "내가 너로 큰 민족을 이루고 네게 복을 주어 네 이름을 창대하게 하리니 너는 복이 될지라 너를 축복하는 자에게는 내가 복을 내리고 너를 저주하는 자에게는 내가 저주하리니 땅의 모든 족속이 너로 말미암아 복을 얻을 것이라"는 창세기 12:2~3의 말씀이었습니다.

하나님께서 아브라함에게 약속하신 복은 한마디로 하나님께서 아브라함과 함께 하시겠다는 것으로 요약됩니다. 곧 임마누엘의 약속입니다. 하나님께서는 아브라함과 맺으신 약속 또는 언약을 이루시는 과정은 긴 역사적 흐름을 따라 이루어졌습니다. 그 후 모세와 언약을 맺으시고, 또 다윗과 언약을 맺으시고, 또 새 언약을 예언하시고, 마침내 예수 그리스도로 말미암아 새 언약을 성취하심으로써 아브라함과 맺으신 언약을 이루셨던 것입니다. 여러분은 마태복음 1:1에 기록되어 있는 말씀을 기억하십니까? "아브라함과 다윗의 자손 예수 그리스도의 계보라"고 기록합니다. 이 말씀은 예수님의 출생은 아브라함과 다윗과 맺으신 언약을 이루시기 위하여 이 땅에 오셨다는 매우 특별한 의미를 담고 있습니다. 그리고 마태복음은 예수님의 출생과 관련한 의미를 풀어주면서 앞서 말씀을 드린 바처럼 "임마누엘"의 회복을 밝혀주고 있습니다.

그러면 이러한 임마누엘의 주제가 성경의 큰 흐름 가운데 어떻게 나타나 있는지 간략하게나마 살펴보도록 하겠습니다. 먼저 레위기 26:11~12에 "내가 내 성막을 너희 중에 세우리니 내 마음이 너희를 싫어하지 아니할 것이며 나는 너희 중에 행하여 너희의 하나님이 되고 너희는 내 백성이 될 것이니라"는 말씀이 있습니다. 이는 모세를 통해 애굽에서 이끌어낸 이스라엘 백성들을 하나님의 백성으로 삼으시면서 그들과 함께 하시겠다는 "임마누엘"의 약속을 풀어 말씀한 것입니다. 이스라엘의 불순종을 심판하실 때에 이스라엘로 하여금 하나님의 심판을 어떻게 이해하여야 할 것인지를 교훈하는 대목과 관련하여 신명기 31:17은 이렇게 기록합니다. "내가 그들에게 진노하여 그들을 버리며 내 얼굴을 숨겨 그들에게 보이지 않게 할 것인즉 그들이 삼킴을 당하여 허다한 재앙과 환난이 그들에게 임할 그 때에 그들이 말하기를 이 재앙이 우리에게 내림은 우리 하나님이 우리 가운데에 계시지 않은 까닭이 아니냐 할 것이라." 결국 무엇을 의미합니까? 하나님이 함께 하심은 구원이요 평강이며, 하나님이 얼굴을 감추심은 다시 말해 하나님이 함께 하지 않으심은 심판임을 뜻합니다.

하나님이 함께 하시는 이 일이 우리에게 어떻게 이루어지겠습니까? 방금 말씀드린 신명기의 말씀과 같이 이스라엘이 불순종하여 하나님께서 그들과 함께 하시지 않으시는 심판을 행하시지만, 하나님께서는 다시 회복의 약속을 하십니다. 예레미야 31:33에 이르시기를 내가 새 언약을 세우리니 이 언약은 "내가 나의 법을 그들의 속에 두며 그들의 마음에 기록하여 나는 그들의 하나님이 되고 그들은 내 백성이 될 것이라"고 하셨습니다. 그리고 임마누엘의 완전한 실현을 계시로 보이시기를 요한계시록 21:1~4에서 이렇게 말씀하셨습니다. "또 내가 새 하늘과 새 땅을 보니 처음 하늘과 처음 땅이 없어졌고 바다도 다시 있지 않더라 또 내가 보매 거룩한 성 새 예루살렘이 하나님께로부터 하늘에서 내려오니 그 준비한 것이 신부가 남편을 위하여 단장한 것 같더라 내가 들으니 보좌에서 큰 음성이 나서 이르되 보라 하나님의 장막이 사람들과 함께 있으매 하나님이 그들과 함께 계시리니 그들은 하나님의 백성이 되고 하나님은 친히 그들과 함께 계셔서 모든 눈물을 그 눈에서 닦아 주시니 다시는 사망이 없고 애통하는 것이나 곡하는 것이나 아픈 것이 다시 있지 아니하리니 처음 것들이 다 지나갔음이러라."

여러분, "임마누엘"이라는 말은 우리의 구원을 의미합니다. 이 놀라운 구원이 예수님으로 인하여 이루어졌습니다. 요한복음 1:14에 "말씀이 육신이 되어 우리 가운데 거하시매 우리가 그의 영광을 보니 아버지의 독생자의 영광이요 은혜와 진리가 충만하더라"고 계시되어 있는데, 육신이 되어 우리 가운데 계신 말씀이란 다름 아닌 성자 하나님이시며, 그가 육신 가운데 오셨으니 곧 예수님이십니다. 그러므로 "구주"라는 의미의 "예수"라는 이름은 "임마누엘"과 동일한 의미를 내포하고 있으며, 성경의 중심 교훈입니다. 예수님만이 우리를 구원하십니다. 그 분만이 우리와 함께 하시는 하나님이시기 때문입니다. 여러분에게 주님께서 함께 하시는 위로와 평강이 충만하기를 빕니다.

1_ 이 땅에 인간의 성품을 가지고 오신 성자 하나님께서 "예수"라는 이름으로 일컬어지게 된 까닭은 무엇입니까?

2_ 사도행전 4:11~12, 디모데전서 2:5, 요한일서 5:11~12 등을 찾아서 읽고, 예수님의 이름이 "예수"이라는 사실과 관련하여 깨닫는 바를 설명해 보시기 바랍니다.

3_ 예수님께서 "예수"라는 이름 이외에 또 달리 일컬어지는 이름은 무엇입니까?

4_ "예수"라는 이름과 "임마누엘"이라는 이름의 의미를 설명하고, 이 두 이름이 예수님에 대하여 어떠한 사실을 말해 주는지 말해 보십시오.

5_ 창세기 3장을 읽고, 창조 때에 에덴에서 누렸던 행복과 타락 이후의 상태, 그리고 죄의 심판과 구원에 대하여 여러분의 생각을 이야기해 보십시오.

6_ 창세기 11장의 바벨탑 사건을 염두에 두면서, 창세기 12장에 하나님께서 약속하신 아브라함의 복의 의미가 무엇인지 설명하시기 바랍니다.

7_   마태복음 1:1은 예수님이 혈통적으로 아브라함과 다윗의
         후손이라는 사실 이외에 우리의 구원과 관련하여 암시해주
         는 중요한 사실은 무엇입니까?

8_   레위기 26:11~12과 신명기 31:17을 읽고 이스라엘의 불순
         종에 대한 심판의 성격을 "임마누엘"의 관점에서 말해 보
         십시오.

9_   예레미야 31:33에 약속되어 있는 새 언약은 어떻게 성취가
         되며, 결국 창세기 3장과 요한계시록 21:1~4을 살필 때 어
         떠한 상태의 회복을 뜻합니까?

10_ 요한복음 1:14의 말씀을 읽고 예수님이 이 땅에 오신 의미
         를 오늘 공부한 내용에 비추어 말해 보십시오.

11_ 오늘 공부를 통하여 여러분이 어떠한 신앙의 유익을 얻었
         는지 말해 보십시오.

질문 30 **그렇다면 구원과 보호를 받기 위하여**
성인들이나, 자기 자신들, 또 다른 어떤 곳을 의지하는 사람
들을 유일한 구주이신 예수님을 믿는 사람들이라고 인정할
수 있겠습니까?

답 그럴 수 없습니다.
그들은 말로는 예수님이 유일한 구주이시라고 자랑할지 모르
지만,
행위로는 부인을 하기 때문입니다(고전 1:13, 30-31; 갈 5:4).
예수님이 완전한 구주이심을 참으로 믿는 사람이라면
마땅히 그들이 구원을 받기에 필요한 모든 것들을 오직 예수님
에게서만 찾아야 합니다.
그렇지 않다면 예수님이 완전한 구주이심을 부정하는 것이 됩
니다(히 12:2; 사 9:6; 골 1:19-20, 2:10; 요일 1:7; 요 1:16).

질문 31 **어찌하여 하나님의 아들을**
'기름부음을 받으신 자'라는 뜻을 가진 이름, 곧 '그리스도'

라고 부릅니까?

답 그 까닭은 그가 하나님 아버지에게서 임명을 받고,

성령 하나님으로 기름부음을 받았기 때문입니다(시 45:8; 히 1:9;

사 61:1; 눅 4:18).

그리하여 그는 우리의 으뜸가는 선지자이시며 교사로서(신 18:15;

행 3:22, 7:37; 사 55:4)

우리의 구원에 관한 하나님의 경륜과 뜻의 비밀을

우리에게 완전히 계시해 주셨습니다(요 1:18, 15:15).

또한 그는 우리의 유일한 대 제사장으로서(시 110:4)

자신의 몸을 단번에 희생 제물로 드려 우리를 구속하셨고(히 10:

12,14, 9:12,14,28),

우리를 위하여 하나님 아버지께 계속해서 간구하십니다(롬 8:34;

히 9:24; 요일 2:1; 롬 5:9).

그리고 또한 그는 우리의 영원한 왕으로서

자신의 말씀과 성령으로 우리를 다스리시며,

우리로 하여금 그가 우리를 위해 획득하신 구원 안에 있도록

보호하시고 보존하십니다(시 2:6; 슥 9:9; 마 21:5; 눅 1:33; 마 28:18; 요 10:

28; 계 12:10–11).

질문 32 **그런데 어찌하여 당신은 그리스도인이라고 불립니까?**(행 11:26)

답 그 까닭은 그리스도를 믿음으로써 그리스도의 지체가 되었으며

(고전 6:15)

또한 그의 기름부음에 참여하고 있기 때문입니다(요일 2:27;

행 2:17).

그리하여 그의 이름을 고백하며(마 10:32; 롬 10:10; 막 8:38),

그에게 감사를 드리기 위하여 나 자신을 산 제사로 드리고(롬 12:1; 벧전 2:5, 9; 계 5:8, 10, 1:6),

또한 이 세상에서 사는 동안에 자유롭고 선한 양심을 가지고 죄와 마귀에 맞서 싸우며(벧전 2:11; 롬 6:12; 갈 5:16,17; 엡 6:11; 딤전 1:18, 19),

그 후에는 그와 더불어 영원토록 모든 피조물을 다스리게 될 것입니다(딤후 2:12; 마 24:34).

— 앞 장에 이어서 기독교가 고백하는 신앙고백 가운데 하나인 사도신경에 나오는 두 번째 신앙 항목인 "그 외아들 우리 주 예수 그리스도를 믿사오니"의 내용을 계속해서 살펴보도록 하겠습니다. 앞에서 우리는 "예수"라는 이름과 관련하여 "왜 하나님의 아들을 예수라고 부르는가"라는 질문에 대하여 생각해 보았습니다. 하나님의 아들이신 예수님을 우리가 "예수"라고 부르는 까닭은 우리가 그렇게 이름을 지어 부르기를 원하기 때문이 아닙니다. "예수"라는 이름은 이미 하나님께서 그의 사자를 통하여 요셉에게 그렇게 부르도록 알려주신 이름입니다.

하나님께서 하나님의 아들을 우리에게 보내시면서 그의 이름을 "예수"라고 일컫도록 하신 데에는 깊은 까닭이 있었습니다. 그것은 예수님이 이 땅에 오신 목적이 "자신에게 속한 백성들을 구원하시기" 위한 것이기 때문입니다. "예수"라는 이름의 뜻은 "구원", "구원자"입니다. 그러니까 "자기 백성을 구원하시는 분"이신 예수님의 이름이 "구원자"라는 뜻을 지닌 "예수"라는 이름으로 일컬어지는 것은 너무나 당연합니다.

그런데 예수님에게는 "예수" 이외에 또 다른 이름이 있습니다. 그것은 이미 아시는 대로 "임마누엘"입니다. "임마누엘"이란 "하나님께서 우리와 함께 계심"을 뜻하는 말입니다. 구원이라는 이름의 뜻을 가지신 "예수님"께서 또한 임마누엘이라고 일컬어지는 것도 매우 자연스럽습니다. 왜냐하면 구원이란 다름 아니라 "하나님과 함께 있는 복"을 가리키는 말이기 때문입니다. 우리가 죄를 범하여 하나님의 심판을 받는다는 것은 결국 만복의 근원이신 하나님으로부터 끊어짐을 뜻합니다.

하나님께서는 모든 좋은 것의 근원이시며 생명의 근원이시기 때문에 하나님에게서 끊어진다는 것은 모든 좋은 것을 상실한 채 사망의 고통 가운데 놓인다는 것을 의미합니다. 그러므로 죄에서 건짐을 받는 구원이란 하나님에게로 다시 연결되는 것을 의미하며 하나님과 더불어 화평의 사귐을 누리게 됨을 의미합니다. 그리고 여기서 중요한 것은 죄인인 우리가 어떻게 하나님과 다시 화평의 교통을 나누게 되는가라는 것입니다. 그것은 우리의 중보자이시며 우리의 구주이시며 주님이신 예수님, 그 분이 곧 우리와 함께 하시는 하나님이시기 때문입니다. 따라서 자기 백성을 구원하시는 분이신 예수님은 그 분 자신이 또한 하나님으로서 우리를 하나님과 함께 하도록 하시는 임마누엘이십니다.

이러한 사실을 바르게 알고 예수님을 믿는 사람은 구원을 받습니다. 우리를 구원하려 동정녀 마리아의 몸을 통하여 이 땅에 오신 예수님은 참 사람일 뿐 아니라 또한 임마누엘의 하나님이시라는 사실을 바르게 고백하는 자만이 구원의 복음을 바르게 안다고 말할 수 있습니다. 그렇기 때문에 자신의 구원과 복을 예수님이 아닌 다른 데에서 구하는 사람은 예수님을 믿는 사람이라고 말할 수 없습니다. 이를 테면, 불교인들처럼 석가모니를 혹은 모슬렘들처럼 마호멧과 같은 어떤 사람들을 성자라고 일컬으며 그들을 믿고 그들의 교훈을 따르는 사람들은 예수 그리스도의 구원과 복을 받지 못합니다.

그런데 만일 이처럼 타종교를 따르는 것이 아니라 기독교를 믿는다고 하면서도 소위 말하는 성인들, 베드로나 바울, 혹은 마리아 등을 의지하거나, 혹은 교회의 어떤 전통이나 교황 등을 의지하여 구원과 복을 구하면 어떻겠습니까? 이러한 사람들은 오직 한 분이신 구주 예수님을 바르게 믿는 자들이 아닙니다. 실제로는 마리아의 이름을 부르며, 교황의 권위에 의지하며 자신의 구원과 복을 구하면서도, 말로는 예수님의 이름을 믿는다고 하는 것은 참된 믿음이 아닙니다.

일찍이 고린도 교회에서 누가 더 예수님을 잘 믿는가와 관련하여 분열이 있었습니다. 교인들이 서로 나뉘어 나는 베드로를 따른다, 나는 아볼로를 따른다, 그런가? 나는 바울을 따른다고 말하며 각각 자신들의 우월성을 주장하였습니다. 그러나 이들은 모두 잊고 있던 것이 있었는데, 그것은 베드로나 아볼로나 바울이 아무리 훌륭한 사도이며 교사라 할지라도 그들도 예수 그리스도로 인하여 구원을 받아야 하는 죄인일 뿐이라는 사실입니다. 고린도전서 1:13, 30~31에서 바울 사도는 "그리스도께서 어찌 나뉘었느냐 바울이 너희를 위하여 십자가에 못 박혔으며 바울의 이름으로 너희가 세례를 받았느냐" "너희는 하나님으로부터 나서 그리스도 예수 안에 있고 예수는 하나님으로부터 나와서 우리에게 지혜와 의로움과 거룩함과 구원함이 되셨으니 기록된 바 자랑하는 자는 주 안에서 자랑하라 함과 같게 하려 함이라"고 교훈하셨습니다. 오직 예수님만 자랑하며 예수님에게서만 구원에 필요한 모든 것을 구하고 그에게서만 복을 구하는 자라야 예수님을 참되게 믿는 자라고 할 것입니다. 이러한 자라야 구원을 받습니다.

여러분, 사도신경에서 우리는 우리 주 예수님을 "그리스도"라고 고백합니다. 여기서 그리스도란 메시아라는 말과 같은 것으로 "기름부음을 받은 자"라는 말의 뜻을 가집니다. 그렇다면 우리가 예수님을 "기름부음을 받은 자" 곧 그리스도라고 고백할 때 그 고백 속에는 어떤 의미가 담겨 있는 것일까요? 무엇보다도 예수님을 그리스도라고 고백하는 것은 예수님께서 아버지 하나님에게서 보냄을 받고 성령으로 기름부음을 받으셨기 때문입니다.

예수님께서는 공적인 사역을 시작하기에 앞서 한 회당에서 구약성경의 한 대목을 읽으셨습니다. 그것은 이사야서 61:1을 인용한 말씀이었습니다. "주 여호와의 영이 내게 내리셨으니 이는 여호와께서 내게 기름을 부으사 가난한 자에게 아름다운 소식을 전하게 하려 하심이라 나를 보내사 마음이 상한 자를 고치며 포로 된 자에게 자유를 갇힌 자에게 놓임을 선포하며"로 이어지는 말씀입니다. 이 말씀은 메시아의 오심을 예언하는 말씀인데, 그 메시아가 성령의 충만한 임재를 누리심으로 구원의 사역을 이루실 것이라고 예언합니다.

베드로 사도께서 사도행전 10:38에서 예수님에 대해 전한 설교도 같은 사실을 지적합니다. "하나님이 나사렛 예수에게 성령과 능력을 기름 붓듯 하셨으매 저가 두루 다니시며 선한 일을 행하시고 마귀에게 눌린 모든 자를 고치셨으니 이는 하나님이 함께 하셨음이라." 여러분, 왜 예수님을 그리스도라 일컫습니까? 방금 베드로 사도의 설교에서 밝힌 바대로 예수님에게 하나님께서 성령과 능력을 기름 붓듯 부어주셨기 때문입니다. 예수님을 "기름부음을 받은 자" 곧 그리스도 또는 메시아라 고백하는 것은 이러한 이유 때문입니다.

구약성경에 따르면 이스라엘에서 기름을 부어 세우는 세 가지 직분이 있었습니다. 이 세 직분은 선지자와 제사장과 왕입니다. 예수님께서 성령으로 기름 부음을 받으셨다는 사실은 예수님이 이 세 직분의 원형이며 실체이심을 뜻합니다. 구약 시대에 기름 부음을 받고 직분을 행하였던 선지자, 제사장, 왕은 각각 참 선지자이시며, 참 대제사장이시며, 참 왕이신 예수 그리스도께서 자기 백성들을 위하여 이루실 완전한 사역을 비록 불완전하지만 나타내 보였던 자들이었습니다.

선지자는 하나님의 뜻을 이스라엘에 알리던 자였습니다. 참 선지자로서 예수님은 우리의 구원을 위한 하나님의 감추인 경영과 뜻을 온전히 계시하셨습니다. 선지자로 오시는 그리스도에 대하여 신명기 18:15은 이르기를 "네 하나님 여호와께서 너희 가운데 네 형제 중에서 너를 위하여 나와 같은 선지자 하나를 일으키시리니 너희는 그의 말을 들을지니라"고 하였습니다. 이 선지자가 바로 예수님이심을 베드로는 자신의 설교에서 강조하였습니다(행 3:22). 예수님이 어떻게 하나님의 뜻을 나타내 보이심으로써 선지자 직분을 행하십니까? 요한복음 1:18에 "본래 하나님을 본 사람이 없으되 아버지 품속에 있는 독생하신 하나님이 나타내셨느니라"고 하신 말씀에서 보듯이 예수님은 그 자신이 하나님으로서 아버지 하나님의 영광을 나타내십니다. 예수님을 통하여 하나님께서는 복음의 비밀을 나타내십니다. 이 사실은 골로새서 1:26~27에 나타난 바와 같습니다. "이 비밀은 만세와 만대로부터 옴으로 감추어졌던 것인데 이제는 그의 성도들에게 나타났고 하나님이 그들로 하여금 이 비밀의 영광이 이방인 가운데 얼마나 풍성한 지를 알게 하려 하심이라 이 비밀은 너희 안에 계신 그리스도시니 곧 영광의 소망이니라."

예수님은 선지자이시면서 또한 제사장이십니다. 구약의 제사장은 이스라엘 백성을 대신하여 그들의 죄를 속죄하는 짐승의 제사를 하나님께 드렸습니다. 참 대제사장으로서 예수님은 자신의 몸을 단번에 제물로 드려 자기 백성들을 죄에서 구속하셨습니다. 히브리서 9:12, 14, 28에 이르기를 "염소와 송아지의 피로 아니하고 오직 자기의 피로 영원한 속죄를 이루사 단번에 성소에 들어가셨느니라......하물며 영원하신 성령으로 말미암아 흠 없는 자기를 하나님께 드린 그리스도의 피가 어찌 너희 양심을 죽은 행실에서 깨끗하게 하고 살아 계신 하나님을 섬기게 하지 못하겠느냐......이와 같이 그리스도도 많은 사람의 죄를 담당하시려고 단번에 드리신 바 되셨고 구원에 이르게 하기 위하여 죄와 상관없이 자기를 바라는 자들에게 두 번째 나타나시리라"고 하신 바와 같습니다. 대제사장이신 예수님은 자신을 제물로 드리실 뿐만 아니라, 하늘에 오르셔서 지금도 자기 백성을 위하여 중보하시는 영원한 대제사장이십니다. 히브리서 10:12, 14에 보면 "오직 그리스도는 죄를 위하여 한 영원한 제사를 드리시고 하나님 우편에 앉으사.......그가 거룩하게 된 자들을 한 번의 제사로 영원히 온전하게 하셨느니라"고 말씀합니다.

예수님은 선지자이시며, 대제사장이시며, 왕이십니다. 구약 교회인 이스라엘에 있어서 왕은 하나님의 교훈에 따라서 이스라엘을 다스림으로써 하나님의 통치를 대리하는 자이었습니다. 참 왕으로서 예수님은 자신의 말씀과 교훈으로 또 자신의 영인 성령으로 우리를 다스리고 우리를 위해 이루신 구원을 우리에게 베푸심으로써 우리로 하여금 그리스도의 구원의 은택들을 풍족히 누리게 하시며 우리를 보호하시고 지켜주십니다. 요한계시록 12:10은 예수님의 왕권과 관련하여 "내가 또 들으니 하늘에 큰 음성이 있어 이르되 이제 우리 하나님의 구원과 능력과 나라와 또 그의 그리스도의 권세가 나타났으니"라고 말씀하심으로써, 마태복음 28:18에 예수님께서 이른 바처럼 과연 "하늘과 땅의 모든 권세"가 예수님께 속해 있음을 확증해 줍니다.

여러분, 참 그리스도이신 예수님을 믿는 우리가 왜 그리스도인이라 불릴까요? 그리스도를 믿는 자들이라는 단순한 뜻 이외에 우리가 예수님을 믿음으로써 그리스도와 연합하여 그의 지체가 되어 그의 기름부음에 참예하기 때문입니다. 우리는 그의 증인인 까닭에 선지자이며, 또 우리 자신을 감사의 제사를 드림으로 제사장이며, 또 죄와 마귀와 대항하여 싸우고 그리스도와 함께 영원히 피조물을 다스릴 것이므로 왕이기도 합니다. 예수님께서는 우리의 참 선지자, 대제사장, 왕이신 영원한 그리스도이십니다. 오직 그 분에게 생명이 있고, 위로가 있습니다.

카스파르 올레비아누스 1536-1587 | 하이델베르크 요리문답 공동 작성자. 당시 나이 26세. 그는 프랑스에 머무는 6년 동안 개혁 신앙을 실천하는 사람들을 몸소 보며 열성적인 개신교도가 되었다. 한번은 프리드리히 3세의 아들을 강에서 구하려다 익사할 뻔했는데 구출을 받고 법률가 대신 설교자가 되기로 결심하였다. 21세에 박사 학위를 받고 스위스로 가서 칼빈에게서 배웠고 테오도르 베자와 평생 친구가 되었다. 윌리엄 파렐은 그에게 고향인 트리에르로 돌아 가서 개혁을 하라고 권하였다. 고향으로 돌아와 대중집회를 열어 설교를 했는데 많은 사람들이 그에게 몰려들었다. 이런 이유로 그는 대주교로부터 설교 중단 명령을 받았지만 이를 거부함으로써 투옥되었다. 프리드리히 3세는 개인 사절을 보내 보석금을 지불하고 그를 하이델베르크로 초빙하였다. 그는 1563년에 '팔츠의 교회법'을 작성함으로써 팔츠의 교회에 필요한 실제적 기초를 놓았다.

● ● 되짚는 질문 ● ●

1_ 하나님께서 예수님의 이름을 "예수"로 특별히 계시하신 까닭은 무엇입니까?

2_ 임마누엘이라는 예수님의 이름은 우리에게 구원이 무엇임을 말해줍니까?

3_ 예수님은 참 사람이실 뿐 아니라 또한 임마누엘의 하나님이시라는 사실을 생각할 때, 불교나 이슬람교 등과 같이 다른 종교에는 구원이 없다는 진리를 이해하는 데에 어떠한 도움을 받습니까?

● ● 새로운 질문 ● ●

4_ 임마누엘의 예수님을 믿는다고 말하면서도 소위 말하는 성인들이나 마리아를 의지하거나 도움과 복을 구하는 자들이 있다면 그들의 종교 행위에 대해 여러분의 생각은 어떻습니까? 아울러 고린도전서 1:13, 30~31들도 덧붙여 고려하시기를 바랍니다.

5_ 그리스도라는 말의 뜻은 무엇입니까?

6_   우리가 예수님을 그리스도라 고백을 하는 것과 관련하여
     이사야서 61:1과 사도행전 10:38은 어떠한 의미를 줍니까?

7_   구약의 이스라엘에서 기름 부음을 통해 세워지는 직분 세
     가지는 어떠한 것들이 있습니까?

8_   참 선지자로서의 예수 그리스도의 직분을 설명하시기 바
     랍니다.

9_   참 제사장으로서의 예수 그리스도의 직분을 설명하시기
     바랍니다.

10_ 참 왕으로서의 예수 그리스도의 직분을 설명하시기 바랍
     니다.

11_ 오늘 공부를 통하여 여러분이 어떠한 신앙의 유익을 얻었
     는지를 나누어 봅시다.

질문 33   우리들도 또한 하나님의 아들일진데,

어찌하여 그리스도를 가리켜 하나님의 "유일한 독생자"라

일컫는 것입니까?

답   답: 그 까닭은 그리스도만이

하나님의 영원한 아들이시며 본래의 아들이시기 때문입니다

(요 1:1-3, 14, 18; 히 1:1, 2; 요 3:16; 요일 4:9; 롬 8:32).

반면에 우리들은 그리스도로 말미암아 은혜로

입양이 된 하나님의 아들들이기 때문입니다(롬 8:15-17; 요 1:12;

갈 4:6; 엡 1:5-6).

질문 34   어찌하여 당신은 그를 "우리 주"라고 부릅니까?

답   그 까닭은 그가 금이나 은으로가 아니라 자신의 보배로운 피로써

우리의 몸과 영혼 모두를

우리의 모든 죄에서 구속을 하셨으며(벧전 1:18-19; 엡 1:7; 딤전 2:6),

우리를 마귀의 모든 권세에서 구하여 내셨고(고전 1:13-14; 히 2:14-15),

그럼으로써 우리를 자신의 소유로 삼으셨기 때문입니다(고전 6:19-20, 7:23; 요 10:28; 벧전 2:9).

━━ 기독교가 표방하는 신앙고백 가운데 하나인 사도신경에 나오는 두 번째 신앙 항목인 "그 외아들 우리 주 예수 그리스도를 믿사오니"의 내용을 계속해서 살펴보도록 하겠습니다. 우리는 지금까지 두 번에 걸쳐서 예수님께서 "예수"라는 이름을 가지신 뜻과 또 "그리스도"라고 일컬어지는 의미에 대해서 살펴보았습니다. 예수님의 이름인 예수는 "구원"이라는 뜻을 가집니다. 죄로 인하여 하나님과 원수가 된 우리를 다시 하나님과 함께 하도록 하시는 임마누엘이신 예수님은 우리의 구원자가 되시므로 예수님의 이름이 "구원"이라는 뜻의 예수라는 이름을 갖는 것은 당연한 일입니다.

예수님은 또한 그리스도이십니다. 그리스도란 "기름부음을 받은 자"란 뜻인데, 구약 시대에 기름을 부어 세우는 직분들, 곧 선지자, 제사장, 왕의 직분을 참으로 그리고 완전하게 감당하시는 분이심을 뜻하는 말입니다. 예수 그리스도께서는 우리의 구원을 위한 하나님의 뜻과 그것을 이루시는 경영을 계시하시고, 우리를 위하여 희생제물로서 제사를 드리며 우리를 위해 중보 기도를 쉬임없이 하시고, 우리를 말씀과 성령으로 다스리시며 또한 보호하고 지켜주시는 왕이기도 하십니다.

그러면 이어서 "하나님의 외아들 우리 주"에 대해서 이야기해 보겠습니다. 영원하고 참되신 선지자이시며 대제사장이시며 왕이신 우리의 유일하신 구주 예수 그리스도께서는 하나님의 독생자, 곧 외아들이십니다. 하지만 예수님께서 하나님의 아들이시라는 것이 특별한 것일까요? 우리가 다 알거니와, 예수 그리스도를 믿는 자는 다 하나님의 자녀라고 하셨지 않습니까? 요한복음 1:12에 이르기를 "영접하는 자곧 그 이름을 믿는 자들에게는 하나님의 자녀가 되는 권세를 주셨으니"라고 기록하고 있음으로 예수님을 주로 믿는 우리가 하나님의 자녀임을 분명하게 밝히고 있습니다. 그러므로 우리도 하나님의 아들이라면 예수님을 가리켜 하나님의 외아들이라고 특별히 고백하는 까닭은 무엇일까요?

먼저 우리가 과연 하나님의 아들인지에 대해 살펴보면서 이러한 질문에 답을 해보도록 하겠습니다. 예수님께서는 이 땅에 계실 때에 아예 하나님을 우리의 아버지라고 직접 말씀해 주기도 하셨습니다. 요한복음 20:17에 따르면, 예수님께서는 "나를 붙들지 말라 내가 아직 아버지께로 올라가지 아니하였노라 너는 내 형제들에게 가서 이르되 내가 내 아버지 곧 너희 아버지, 내 하나님 곧 너희 하나님께로 올라간다 하라"고 하셨습니다. 참으로 놀라운 말씀이 아닐 수 없습니다. 예수님께서는 예수님의 아버지가 곧 우리의 아버지이시라고 말씀하면서 심지어 우리를 가리켜서 자신의 형제라고 표현하셨습니다.

우리를 하나님의 자녀로 삼는 것은 이미 창세 전에 계획하셨던 하나님 아버지의 뜻이기도 합니다. 에베소서 1:5~6을 보면, "그 기쁘신 뜻대로 우리를 예정하사 예수 그리스도로 말미암아 자기의 아들들이 되게 하셨으니 이는 그가 사랑하시는 자 안에서 우리에게 거저 주시는 바 그의 은혜의 영광을 찬송하게 하려는 것"이라고 기록합니다. 하나님께서는 자신의 영원한 계획 가운데 예수 그리스도를 우리에게 보내신 것이며, 그 예수 그리스도 안에서 우리를 하나님의 아들로 삼고자 하셨던 까닭에 우리는 하나님의 자녀가 되는 은혜를 누립니다.

여러분, 하나님께서는 우리를 자신의 자녀로 삼으시는 이 놀라운 은혜를 베푸실 때 우리가 어떻게 이 은혜를 받습니까? 그것은 성령으로 말미암아 하나님의 자녀로서의 기쁨을 누리게 됩니다. 갈라디아서 4:6에 이르시기를 "너희가 아들이므로 하나님이 그 아들의 영을 우리 마음 가운데 보내사 아빠 아버지라 부르게 하셨다"고 하셨습니다. 죄인이었던 우리가 하나님을 지극히 친근한 표현인 "아바 아버지" 곧 "아빠"라고 부를 수 있는 것은 예수 그리스도 안에서 그의 대속의 은혜로 인하여 죄의 용서와 의인으로 여겨졌기 때문입니다. 그러한 우리에게 그 아들 예수의 영, 곧 "성령"을 우리 마음 가운데 보내시어 우리를 자녀로 삼으시는 하나님의 사랑을 확신하며 하나님을 "아빠"라고 부르게 하시기 때문입니다.

이렇듯이 성경은 예수 그리스도를 믿는 우리 모두 하나님의 자녀라고 분명하게 확증하고 있습니다. 여러분, 그런데 왜 사도신경은 예수님을 가리켜서 "하나님의 독생자" 곧 "하나님의 외아들"이라고 고백을 하는 것일까요? 그것은 예수님은 본래부터 하나님의 아들이시지만 우리는 하나님의 은혜로 하나님의 자녀로 입양된 자이기 때문입니다. 로마서

8:15을 보면, "너희는 다시 무서워하는 종의 영을 받지 아니하고 양자의 영을 받았으므로 아빠 아버지라 부르짖느니라"고 교훈합니다. 여기서 두 가지 사실에 주목할 필요가 있습니다. 하나는 우리는 종이 아니라 자녀라는 사실입니다. 예수 그리스도를 믿는 우리를 하나님께서 주인이 종을 부리듯이 대하는 것이 아니라 아버지로서 우리를 자녀로 대한다는 사실입니다. 또 다른 하나는 "양자의 영"이라는 표현입니다. 이것은 우리가 하나님의 자녀가 되는 것이 본래부터 그러한 것이 아니라 우리를 "예수 그리스도 안에서" 입양하시기 때문이라는 사실을 말해줍니다.

따라서 예수님을 믿는 모든 자들이 하나님의 아들이라 칭함을 받겠지만, 오직 예수님만이 하나님의 참 아들이십니다. 예수님을 믿는 모든 기독교인이 다 알고 사랑하는 말씀, 곧 요한복음 3:16은 이 사실을 분명하게 밝혀줍니다. "하나님이 세상을 이처럼 사랑하사 독생자를 주셨으니 이는 그를 믿는 자마다 멸망하지 않고 영생을 얻게 하려 하심이라." 또 요한일서 4:9에서도 "하나님의 사랑이 우리에게 이렇게 나타난 바 되었으니 하나님이 자기의 독생자를 세상에 보내심은 그로 말미암아 우리를 살리려 하심이라"고 말씀합니다. 우리를 하나님의 자녀로 삼는 은혜를 베풀기 위하여 하나님께서 행하신 일은 독생자 곧 외아들을 우리에게 보내시어 죽게 하신 것입니다. 로마서 8:32, "자기 아들을 아끼지 아니하시고 우리 모든 사람을 위하여 내주신 이가 어찌 그 아들과 함께 모든 것을 우리에게 주시지 아니하겠느냐"라고 말씀하신 것과 같이, 우리를 하나님의 자녀로 삼으시는 것은 자신의 참 아들이신 예수 그리스도를 내어 주심으로써 이루어진 일입니다.

　우리는 은혜로 입양된 하나님의 자녀일 뿐이지만, 예수 그리스도는 본래 하나님의 영원한 유일한 참 아들이십니다. 그런데 어떤 이들은 예수님이 우리와 같은 사람이었으며 하나님을 잘 믿은 까닭에 하나님의 아들이 된 것이 아니냐는 매우 잘못된 생각을 하는 분도 있습니다. 이들의 생각은 대체로 성경을 오해한 데에서 비롯됩니다. 로마서 1:3~4에 보면 "그의 아들에 관하여 말하면 육신으로는 다윗의 혈통에서 나셨고 성결의 영으로는 죽은 자들 가운데서 부활하사 능력으로 하나님의 아들로 선포되셨으니 곧 우리 주 예수 그리스도시니라"는 말씀이 있습니다. 어떤 이들은 이 말씀을 잘못 이해하여, 다윗의 후손으로 사람이었던 예수님이, 부활을 통하여 비로소 하나님의 아들이 된 것이라고 생각합니다. 그러나 이 말씀이 뜻하는 바는 예수님께서 본래 하나님의 아들이신데 그 분이 다윗의 혈통에 따라 사람으로 오셨지만 부활하심으로써 그가 본래 하나님의 아들이셨다고 선포하고 알리신 것입니다. 부활을 통해 하나님의 아들이 비로소 된 것이 아니라, 부활을 통해서 본래 하나님의 아들이시라고 증거하고자 함이 성경의 바른 뜻입니다.

　또 어떤 이들은 골로새서 1:15, "그는 보이지 아니하는 하나님의 형상이시요 모든 피조물보다 먼저 나신 이시니"라는 말씀을 오해하여 예수님도 우리와 같은 피조물인데 그 중에서 가장 뛰어난 자이며 그런 의미에서 하나님의 형상이라고 하는 거짓된 교훈을 하기도 합니다. 그러나 이 "모든 창조물보다 먼저 나신 자"라는 말씀은 모든 창조물이 있기도 전에 이미 계신 분이심을 뜻하는 말입니다. 이것은 마치 요한복음 8:58에 "아브라함이 나기 전부터 내가 있느니라"고 하신 말씀과도 같이 예수님이 하나님으로서 이 세상에 오시기 전부터 계셨으며 이 세상을 창조하시기 전부터 계신 분이심을 뜻합니다. 아울러 "모든 피조물보다 먼저 나신 이"라는 말씀은 그가 자신에게 속한 모든 백성을 대표하여 하나님 나라의 상속권을 가지신 분이시라는 뜻도 포함하고 있습니다. 이 말씀은 예수 그리스도께서 중보자로서 우리 모두 자신 안에서 하나님의 아들로 삼아 우리로 하여금 그리스도와 함께 하나님의 나라를 상속받는 후사가 되도록 하시는 분이라고 말합니다.

이러한 사실과 관련하여 히브리서 1:1~3은 "옛적에 선지자들을 통하여 여러 부분과 여러 모양으로 우리 조상들에게 말씀하신 하나님이 이 모든 날 마지막에는 아들을 통하여 우리에게 말씀하셨으니 이 아들을 만유의 상속자로 세우시고 또 그로 말미암아 모든 세계를 지으셨느니라 이는 하나님의 영광의 광채시요 그 본체의 형상이시라 그의 능력의 말씀으로 만물을 붙드시며 죄를 정결하게 하는 일을 하시고 높은 곳에 계신 지극히 크신 이의 우편에 앉으셨느니라"고 밝혀 줍니다. 예수님은 하나님의 아들이시며, 하나님께서 이 아들을 만유의 후사로 세우시고, 그를 믿는 자들을 그와 더불어 하나님의 아들로서 후사가 되게 하셨다는 것이 성경의 증언입니다.

여러분, 예수님께서 이 세상에 사람으로 오셨지만 그가

본래 하나님의 아들이셨다고 말해 주는 가장 간명한 성경의 구절은 갈라디아서 4:4일 것입니다. "때가 차매 하나님이 그 아들을 보내사 여자에게서 나게 하시고 율법 아래 나게 하셨다"고 말씀합니다. 로마서 8:3, "율법이 육신으로 말미암아 연약하여 할 수 없는 그것을 하나님은 하시나니 곧 죄로 말미암아 자기 아들을 죄 있는 육신의 모양으로 보내어 육신에 죄를 정하사"라는 말씀 또한 예수님이 본래 하나님의 아들이시라고 확증하여 줍니다.

물론 예수님이 하나님의 아들이라는 표현은 우리 사람들에게 있어서 아버지와 아들의 관계처럼 생식으로 인한 육체적 연결의 관계가 있다는 뜻이 아닙니다. 예수님이 하나님의 아들이시라는 것은 하나님께서 아버지, 아들, 그리고 성령의 세 위격으로 계신다는 매우 신비로운 관계를 표현하는 말일 뿐입니다. 예수님이 하나님의 아들이라는 계시로 말미암아 우리가 아는 것은 예수님이 하나님의 영광의 광채이시며 그 본체의 형상이시며 본래 하나님이시라는 사실입니다.

예수님은 하나님의 영원하신 참 아들이시며 한 분뿐인 외아들이십니다. 우리는 이 예수님을 믿음으로 하나님의 자녀로 입양되며 예수 그리스도에게 연합되어 하나님 나라를 기업으로 누리게 됩니다. 이 모든 일을 위하여 본래 하나님이신 예수님께서 이 땅에 인간으로 오셨습니다. 예수님은 금이나 은이 아니라 오직 그의 보혈로써 우리의 몸과 영혼을 우리의 모든 죄에서 구속하셨습니다. 우리를 마귀의 모든 권세에서 해방하시고 이제 사나 죽으나 주의 것으로 주께 속한 백성으로 삼으신 것입니다. "그러나 너희는 택하신 족속이요 왕 같은 제사장들이요 거룩한 나라요 그의 소유가 된 백성" (벧전 2:9)이라고 하셨으며 "내가 그들에게 영생을 주노니 영원히 멸망하지 아니할 것이요 또 그들을 내 손에서 빼앗을 자 없느니라"(요 10:28)고 하셨습니다. 예수님은 우리의 주님이십니다. 그러한 까닭에 우리는 사도신경에서 "하나님의 외아들 우리 주 예수 그리스도를 믿사오니"라고 고백하는 것입니다. 여러분 모두 하나님의 외아들 우리 주 예수 그리스도 안에서 하나님의 자녀 됨의 복을 충만히 누리기를 빕니다.

· · · 생각 나누기

되짚는 질문

1_ '예수 그리스도'라는 호칭에 담겨 있는 의미를 풀어내시기 바랍니다.

새로운 질문

2_ 사도신경은 우리 주 예수 그리스도께서 하나님 아버지에 대하여 어떤 관계를 가진 분이라고 고백합니까?

3_ 요한복음 1:12과 20:17을 살필 때, 예수님을 구주로 믿는 우리는 하나님 아버지에 대하여 어떤 관계를 갖습니까?

4_ 에베소서 1:5~6과 갈라디아서 4:6의 말씀은 하나님의 자녀로서 우리가 누리는 특별한 은혜와 관련하여 무엇을 교훈합니까?

5_ 예수 그리스도 안에서 구원을 받은 하나님의 백성들이 곧 하나님의 자녀이거늘 어찌하여 예수님을 가리켜서 "하나님의 독생자" 곧 "하나님의 외아들"이라고 고백을 하는 것입니까? 로마서 8:15, 요한복음 3:16, 요한일서 4:9, 로마서 8:32 등을 참고로 하여 설명하기 바랍니다.

6_ 로마서 1:3~4, "이 아들로 말하면 육신으로는 다윗의 혈통에서 나셨고 성결의 영으로는 죽은 가운데서 부활하여 능력으로 하나님의 아들로 인정되셨으니 곧 우리 주 예수 그

리스도시니라"의 말씀에서 "인정되었다"는 표현이 예수 그
리스도와 관련하여 뜻하는 바는 무엇입니까?

7_ 골로새서 1:15의 "모든 창조물보다 먼저 나신 자"라는 표현
을 어떻게 이해하여야 옳은지를 요한복음 8:58, 히브리서
1:1~3 등을 참조로 하여 설명하시기 바랍니다.

8_ 예수님이 참 하나님이시며 또한 참 사람이시라는 사실과
그가 이루시는 구원의 사역과 관련하여 갈라디아서 4:4과
로마서 8:3을 통해 어떠한 사실들을 알 수 있습니까?

9_ 예수님이 하나님의 아들이라는 고백을 하면서, 이것이 마
치 우리 사람들에게 있어서 아버지와 아들의 관계와 같은
것으로 이해하는 것에 대한 여러분의 생각은 어떠합니까?

10_ 오늘 공부를 통하여 여러분이 어떠한 신앙의 유익을 얻었
는지를 나누어 보십시오.

16. 동정녀에게서 성령으로 잉태

질문 35 "그는 성령으로 잉태되어 동정녀 마리아에게서 나시고"라는 고백이 뜻하는 바는 무엇입니까?

답 그 고백은 현재나 장래에나 언제나 동일하신 참되며 영원한 하나님이신(요 1:1, 10:30-36; 행 13:33; 시 2:7; 골 1:15-17; 요일 5:20)

하나님의 영원한 아들, 곧 성자 하나님께서

동정녀 마리아의 혈과 육으로부터, 참된 사람의 본질을 취하셨으며(마 1:18-23; 요 1:14; 갈 4:4; 히 2:14),

이러한 일은 성령 하나님께서 행하신 일임을 뜻합니다(눅 1:35).

그 결과 그는 다윗의 참된 후손이 되셨으며(삼하 7:12-16; 시 132:11; 마 1:1; 롬 1:3),

죄를 짓지 않으셨다는 면을 제외한(히 4:15, 7:26-27)

다른 모든 면에서 그의 형제들과 같이 되셨음을 뜻합니다(빌 2:7; 히 2:17).

질문 36 그리스도께서 거룩하게 잉태되어 탄생하심으로써 당신은 어떠한 유익을 누리게 됩니까?

답 그리스도는 우리의 중보자가 되시어(딤전 2:5-6; 히 2:17, 7:26-27,
    9:13-15),

    내가 잉태되었던 그 순간부터 범했던 모든 죄를
    그의 순전함과 온전한 거룩함으로
    하나님 앞에서 덮어 가려줍니다(롬 8:3-4; 고후 5:21; 갈 4:4-5; 벧전
    1:18-19, 3:18; 고전 1:31; 사 53:11; 시 32:1).

━ 우리는 예수님과 관련하여 "하나님의 외아들 우리
주"에 대해서 살펴보면서, 예수님이 하나님의 외아들이시며
또한 우리의 주님이시라는 고백이 무엇을 의미하는지에 대
해서 말씀드렸습니다.

예수님이 하나님의 외아들이시며 우리 주님이시라는 고
백은 예수님을 믿는 모든 자들이 하나님의 아들이라 칭함을
받겠지만, 오직 예수님만이 본래부터 하나님의 참 아들이심
을 뜻합니다. 예수님께서는 다윗의 혈통을 따라 사람으로 오
셨지만 본래 하나님의 아들이시라고 우리는 고백합니다. 이
는 예수님이 하나님으로서 이 세상에 오시기 전부터 계셨으
며 이 세상을 창조하시기 전부터 계신 분이심을 뜻합니다.
아울러 "모든 창조물보다 먼저 나신 자"라는 말씀은 그가 자
신에 속한 모든 백성을 대표하여 하나님 나라의 상속권을 가
지신 분이심을 뜻하기도 합니다. 그러므로 우리는 예수님을
믿음으로 하나님의 자녀로 입양되며 예수 그리스도에게 연합
되어 하나님 나라를 기업으로 누리게 됩니다. 그러한 까닭에
우리는 예수님을 우리의 주님이시라고 고백하는 것입니다.

여러분, 오늘은 본래부터 하나님의 참 아들이시며 이 세상을 창조하시기 전 영원부터 계신 성자 하나님께서 어떠한 경로로 사람으로 오셨는지에 대한 고백을 살피도록 하겠습니다. 초대 교회 때부터 어떤 사람들은 예수님이 참 하나님이시라는 사실을 의심하기도 했지만, 또 다른 어떤 사람들은 예수님이 참 사람이시라는 사실을 의심하기도 했습니다. 예수님이 참 하나님이심을 부인하는 사람들은 예수님이 본래 사람일 뿐인데 그가 하나님의 말씀에 절대적인 순종을 하여 하나님의 아들로 인정을 받아 영광을 누린 분이라는 매우 잘못된 생각을 합니다. 이미 앞에서 살펴본 대로 "예수님이 하나님의 외아들이시며 우리의 주님"이시라는 고백은 바로 이러한 오류를 교정하는 예수님의 신성에 대한 올바른 신앙고백입니다.

오늘은 기독교가 고백하는 신앙고백 가운데 하나인 사도신경에 나오는 세 번째 신앙 항목인 "이는 성령으로 잉태하사 동정녀 마리아에게 나시고"라는 내용을 살펴보도록 하겠습니다. 예수님께서 성령으로 잉태하셨으며 처녀인 마리아에게서 탄생하셨다는 고백은 예수님이 참 사람이 아니라는 잘못된 생각을 교정하여 줍니다. 어떤 이들은 예수님이 참 하나님이시라는 고백을 하면서 그만 예수님이 또한 참 사람이시라고 고백하지 않는 잘못을 범하기도 합니다. 사도신경의 신앙고백은 예수님이 참 하나님이시면서 또한 참 사람이시라고 분명히 고백합니다. 이러한 신앙고백을 하면서 유의하여야 할 몇 가지 중요한 사실들이 있습니다.

첫째, 예수님은 참 하나님이신 하나님의 아들, 곧 성자 하나님으로서 참 사람이 되셨지만, 그렇다고 하여 예수님이 참 사람이 되신 이후부터는 더 이상 하나님이 아니고 단지 사람이실 뿐이라는 잘못된 주장을 해서는 안 된다는 점입니다. 예수님은 영원한 하나님의 아들이십니다. 그렇기 때문에 그는 참 하나님이시며 또한 영원한 하나님이십니다. 마태복음 3:17에 "하늘로부터 소리가 있어 말씀하시되 이는 내 사랑하는 아들이요 내 기뻐하는 자라 하시니라"고 이르신 말씀, 그리고 요한복음 1:1, "태초에 말씀이 계시니라 이 말씀이 하나님과 함께 계셨으니 이 말씀은 곧 하나님이시니라"는 성경의 기록이 바로 이 사실을 증거합니다. 이 사실은 참으로 신령한 것인지라 세상에 속한 어떤 지식으로 아는 것이 아닙니다. 마태복음 16:16에 "시몬 베드로가 대답하여 이르되 주는 그리스도시요 살아계신 하나님의 아들이시니이다"라는 베드로 사도의 고백에 대하여 우리 예수님께서는 이르시기를 "바요나 시몬아 네가 복이 있도다 이를 네게 알게 한 이는 혈육이 아니요 하늘에 계신 내 아버지시니라"고 하셨습니다. 하나님께서 알게 하시는 은혜로 이러한 고백을 하게 되었다는 말씀입니다. 그렇기에 사도 요한은 요한일서 5:20에 "또 아는 것은 하나님의 아들이 이르러 우리에게 지각을 주사 우리로 참된 자를 알게 하신 것과 또한 우리가 참된 자 곧 그의 아들 예수 그리스도 안에 있는 것이니 그는 참 하나님이시요 영생이시라"고 말씀하고 있습니다.

따라서 예수님께서는 참된 사람의 본질, 곧 인성을 취하시어 참 사람이 되신 이후에도 여전히 참되시며 영원한 하나님이시기도 하다는 사실을 기억해야 합니다. 말하자면 예수님께서 참 사람이 되신 이후에도 여전히 하나님은 성부, 성자, 성령 삼위일체 하나님이십니다. 마치 삼위일체 하나님께서, 사람이 되심, 곧 성육신으로 말미암아 성자 하나님이 빠져버린 채, 성부, 성령의 이위일체 하나님이 되신 것이 아니라는 점을 깊이 유의해야 합니다. 이것은 성자 하나님께서 한편으로는 신성을 따라서 여전히 하나님이시면서, 다른 한편으로는 인성을 취하여 인성에 따라서는 사람이 되셨기 때문입니다. 그렇게 사람이 되신 성자 하나님을 우리는 역사 속에서 예수님을 통해 만나는 것입니다. 예수님은 인성을 취하여 사람이 되신 성자 하나님이십니다. 그와 동시에 예수님은 신성에 따라서는 성자 하나님으로서 참 하나님이신 것입니다.

둘째로 "성령으로 잉태되셨다"는 고백이 말하는 또 다른 사실은 본래 참 하나님이신 예수님이 사람이 되신 것은 오직 성령의 사역으로 인한 것입니다. 이 사실과 관련하여 마태복음 1:18, 20절은 이렇게 기록합니다. "예수 그리스도의 나심은 이러하니라 그의 어머니 마리아가 요셉과 약혼하고 동거하기 전에 성령으로 잉태된 것이 나타났더니……이 일을 생각할 때에 주의 사자가 현몽하여 이르되 다윗의 자손 요셉아 네 아내 마리아 데려오기를 무서워하지 말라 그에게 잉태된 자는 성령으로 된 것이라." 무엇을 말씀합니까? 예수님은 우리와 같은 사람들이 이 세상에 태어나는 것처럼 자연적인 방법에 의하여 잉태된 것이 아니라는 말씀입니다. 본래 참 하나님이시며 영원하신 하나님이신 성자 하나님께서 우리와 같은 인성을 가지고 사람으로 태어나시는 일은 성령 하나님께서 매우 신비로운 방식으로 일하심으로써 일어난 것입니다.

여러분, 여기서 유의해야 할 것은 "성령으로 잉태되셨다"는 말씀이 마치 하나님의 본질, 곧 신성이 사람의 본질, 곧 인성으로 바뀌었음을 뜻하는 것이 아닙니다. 신성이 인성으로 바뀌는 법은 없습니다. 뿐만 아니라 신성과 인성이 혼합되어 신성도 아니고 인성도 아닌 제삼의 성품으로 바뀌는 것도 아닙니다. 왜냐하면 하나님은 영원토록 하나님이실 뿐이시기 때문입니다. 그러면 무엇입니까? 영원토록 참 하나님이신 성자 하나님께서 사람의 본질인 영혼과 육체를 취하심으로써 잉태되신 것입니다. 이 때 성자 하나님의 신성이 인성으로 바뀐 것이 아니라, 여전히 신성을 영원토록 가지고 계시면서도 인성을 또한 취하신 것입니다. 그리고 성자 하나님께서 영혼과 육체라는 인성을 취하신 이 놀라운 일은 사람들의 경우처럼 아버지와 어머니의 육체적인 결합에 의하여 태어나는 자연적인 방식을 따라서 이루어진 것이 아니었습니다. 누가복음 1:35에서 보듯이 "천사가 대답하여 이르되 성령이 네게 임하시고 지극히 높으신 이의 능력이 너를 덮으시리니 이러므로 나실 바 거룩한 이는 하나님의 아들이라 일컬어지리라"하신 말씀에 따라서 이루어진 일이었습니다.

그렇다면, 다시 말해, 예수님의 탄생이 자연적인 생식의 방식을 따라 이루어진 것이 아니라 성령으로 말미암은 것이라면 예수님은 새롭게 창조된 인간이신 것이 아닌가? 이러한 질문이 가능합니다. 예수님은 인간의 죄를 대신 짊어지시고 죄인인 인간이 받아야 할 형벌을 대신 받으신 분이시며, 그러기 위하여 예수님 자신이 우리와 같은 인간이 되셔야 했다고 고백을 하는데, 만일 예수님이 자연적인 방식으로 태어나신 것이 아니라 성령으로 잉태되셨다면 예수님이 우리 인간과 다른 새로운 인간이 아닌가라는 질문입니다. 이 질문은 만일 제이의 새로운 인간이라면 예수님이 우리와 아무런 연관도 없지 않은가라는 의문으로 연결되며, 이어서 그렇다면 예수님의 죽으심은 우리와 아무런 상관도 없는 것이 아닌가라는 의문으로 연결됩니다.

여기서 "성령으로 잉태하사 동정녀 마리아에게서 나시고"라는 신앙고백에 담겨 있는 기억해야 할 중요한 세 번째 사실이 있습니다. 그것은 신앙고백이 "성령으로 잉태하사"라고 고백을 한 이후에 바로 이어서 "동정녀 곧 처녀인 마리아에게서 나시고"라는 말을 덧붙이고 있다는 사실입니다. "동정녀 마리아에게서 나시고"라는 고백은 예수님께서 성령으로 잉태되셨으나 마리아의 몸, 그러니까 좀 더 구체적으로 말해서 마리아의 자궁 안에서 나신 것이며, 그렇기 때문에 우리 인간들과는 다른 어떤 새로운 인간으로 형성되신 것이 아닙니다. 즉 예수님께서는 마리아의 자궁에서 잉태되실 때에 마리아의 살과 피를 취하는 방식으로 잉태되셨음을 뜻합니다.

마리아의 자궁만을 사용하신 것이 아니라, 마리아의 살과 피를 취하여 예수님께서 인성을 가지셨다는 것은 예수님께서 마리아를 통하여 우리 인간들과 연결되셨음을 뜻합니다. 마치 우리가 육신의 부모와 육체적인 유전적 연결을 갖고 있듯이, 그래서 부모의 혈액형과 유전적이며 생리적인 체질을 물려받고 있듯이, 예수님은 동정녀 곧 처녀인 마리아와 육체적인 연결을 갖고 계신다는 것입니다. 이러한 마리아와의 육체적인 연결을 따라서 예수님은 혈통적으로는 다윗의 후손이 되셨던 것이며, 또한 마리아와 혼인한 요셉과의 관계에 있어서는 육체적인 연결이 아니라 법적인 연결을 따라서 다윗의 후손이 되셨던 것입니다. 이러한 사실과 관련하여 마태복음은 시작하면서 1:1에 "아브라함과 다윗의 자손 예수 그리스도의 계보라"고 기록하고 있으며, 누가복음 1:32은 "그가 큰 자가 되고 지극히 높으신 이의 아들이라 일컬어질 것이요 주 하나님께서 그 조상 다윗의 왕위를 그에게 주시리니"라고 말씀하고 있습니다. 가장 간명하게는 로마서 1:3에 "그의 아들에 관하여 말하면 육신으로는 다윗의 혈통에서 나셨고"라고 하여 예수님께서 "마리아의 몸에서" 나신 바의 의미를 밝혀주고 있습니다.

여기서, 혹시 어떤 이는 이렇게 말할지 모릅니다. 마리아는 죄인이므로 예수님께서 죄인인 마리아의 혈통을 따라서 나셨다면 예수님도 죄인이 되는 것이 아니냐는 것이지요. 여기서 우리는 예수님께서 "성령으로 잉태되셨다"는 고백에 담겨 있는 중요한 네 번째 사실을 살펴보아야 합니다. "성령으로 잉태되셨다"는 고백은 예수님의 탄생의 방식 자체가 신비롭다는 것에만 관련되어 있는 것이 아닙니다. 그것은 예수님께서 동정녀 마리아를 통하여 완전한 인성을 취하셨지만, 그렇다고 하여 마리아의 원죄를 이어받은 것은 아니라는 사실을 아울러 고백하고 있기 때문입니다. 예수님은 마리아에게서 인성을 취하셨지만 그 모든 일이 거룩하신 성령 하나님에 의하여 이루어진 일이기 때문에 죄로 오염된 부패한 본성과는 상관없이 잉태되셨습니다. 오히려 예수님은 마리아의 복 중에서 잉태되었을 그 때부터 거룩하시며 순결하시어 성령으로 충만하시었습니다. 예수님의 잉태는 오직 성령의 임하심으로 이루어진 것이며 성령의 능력이 마리아를 덮음으로써 이루어진 것이기 때문입니다. 히브리서 4:15에 "우리에게 있는 대제사장은 우리의 연약함을 동정하지 못하실 이가 아니요 모든 일에 우리와 똑같이 시험을 받으신 이로되 죄는 없으시니라"는 말씀은 이러한 사실을 말해 줍니다.

그럼으로써 예수님은 자신의 순결함과 거룩함으로 우리가 나면서부터 가지고 있는 죄를 하나님 앞에서 가려 주십니다. 고린도전서 1:30~31에 이르듯이 예수님은 우리에게 지혜와 의로움과 거룩함과 구원함이 되시며 우리의 자랑과 위로가 되시는 우리의 유일하신 중보자이십니다. 다음에는 예수님의 고난에 대해서 생각해 보도록 하겠습니다.

...생각 나누기

되짚는 질문

1_ 예수님이 하나님의 외아들이시며 또한 우리의 주님이시라는 고백이 무엇을 의미하는지에 대해서 풀어보시기 바랍니다.

새로운 질문

2_ 사도신경의 신앙고백 항목 가운데 예수님이 참 사람이 아니라는 잘못된 생각을 교정하여 주는 항목은 무엇입니까?

3_ 예수님은 참 하나님이신 성자 하나님으로서 참 사람이 되셨으며, 이 땅에 계시는 동안에는 하나님의 영광을 버리셨기 때문에 성육신의 기간 동안에 예수님은 실질적으로는 더 이상 하나님이시지는 않았다는 주장에 대해 여러분은 무엇이라 답을 하시겠습니까? 또한 만일 그렇다면 삼위일체 신관에 어떠한 문제가 나타나겠습니까?

4_ "성령으로 잉태되셨다"는 고백은 본래 참 하나님이신 예수님이 사람이 되신 것과 관련하여 여러분은 어떠한 사실을 깨닫습니까? 마태복음 1:18, 20절을 참조하여 답하시기 바랍니다.

5_ 초대 교회 때에 "성령으로 잉태되셨다"는 고백을 하면서 예수님이 신성도 아니고 또 인성도 아닌 제삼의 성품을 갖게 되셨다고 주장을 한 이단에 대한 여러분의 대응은 무엇입니까?

6_ 예수님이 마리아의 몸에서 나신 방식은 사람이 부모에게서 태어나는 자연적인 방식과 비교하여 어떠한 차이점을 가지고 있습니까?

7_ 만일 예수님이 우리 사람들과는 달리 성령으로 잉태되셨다면 우리 인간과는 다른 새로운 인간이 되신 것이 아닌가라는 의문에 내포되어 있는 구원론적인 의미는 무엇입니까?

8_ 예수님께서 성령으로 잉태되셨다는 우리의 고백을 빙자하여 그렇다면 예수님은 우리와 다른 새로운 인간이라고 주장하는 사람들의 잘못이 나타나지 않도록 막아주는 사도신경의 신앙 항목은 무엇입니까? 그 신앙 항목의 의미를 풀어 설명하시기 바랍니다.

9_ 예수님께서 동정녀 마리아의 몸에서 나셨음에도 불구하고 죄가 없으신 까닭은 무엇입니까?

10_ 오늘 공부를 통하여 여러분이 어떠한 신앙의 유익을 얻었는지를 나누어 보십시오.

17. 그리스도의 수난

질문 37 **"그리스도께서 고난을 받으셨다"는 말은 무엇을 의미합니까?**

답 그리스도께서 이 땅에 오셔서 사시는 기간 동안 내내,
그리고 그가 이 땅에서 사셨던 마지막 때 즈음에,
모든 인류의 죄들을 향해 내리시는 하나님의 진노를
그의 몸과 영혼에 담으셨음을 의미합니다(사 53:4; 벧전 2:24, 3:18;
딤전 2:6).
그리스도께서 유일한 화목제로서 그가 고난을 당하심으로써
(사 53:10, 12; 엡 5:2; 고전 5:7; 요일 2:2, 4:10; 롬 3:25; 히 9:28, 10:14),
우리의 몸과 영혼을 영원한 저주에서 구속하시고(갈 3:13; 골 1:13;
히 9:12; 벧전 1:18-19),
우리를 위하여 하나님의 은혜와 의와 영원한 생명을 획득하기
위해
이 모든 고난을 받으셨습니다(롬 3:25; 고후 5:21; 요 3:16, 6:51; 히 9:15,
10:19).

질문 38   그리스도께서 "재판장 본디오 빌라도에게" 고난을 받으신
        까닭이 무엇입니까?

답   그리스도께서 그리하신 것은
     그 분 자신은 죄가 없으심에도 불구하고
     이 세상의 재판관에게 정죄를 받으심으로써(요 18:38; 마 27:24;
        행 4:27-28; 눅 23:14-15; 요 19:4)
     우리에게 내려질 하나님의 준엄한 심판에서
     우리를 구하여 내시기 위한 까닭 때문입니다(시 69:4; 사 53:4-5;
        고후 5:21; 갈 3:13).

질문 39   그리스도께서 십자가에 못 박혀 죽으셨습니다.
        그리스도께서 다른 방식으로가 아니라 "십자가에 못 박혀 죽
        으셨다"는 사실이 암시하는 어떤 특별한 의미가 있습니까?

답   그렇습니다.
     그리스도께서 십자가에 달려 죽으셨다는 사실로 인하여
     우리는 그가 과연 나에게 내려지는 죄의 저주를
     자신에게로 옮겨 친히 담당하셨음을 확신하게 됩니다(갈 3:13).
     왜냐하면 십자가의 죽음이란 바로 하나님에게서 저주를 받았
        음을 뜻하는 것이기 때문입니다(신 21:23).

━━   앞에서 우리는 예수님과 관련하여 "성령으로 잉태
하사 동정녀에게 나셨음"과 관련한 고백에 대해서 살펴보았
습니다. 이 고백에는 몇 가지 중요한 사실들이 담겨 있었습

니다. 첫째 참 하나님이신 하나님의 아들, 곧 성자 하나님이신 예수님께서는 참된 사람의 본질, 곧 인성을 취하시어 참 사람이 되신 이후에도 여전히 참되시며 영원한 하나님이시기도 하다는 사실을 기억하여야 한다는 사실입니다.

둘째로 "성령으로 잉태되셨다"는 고백이 말하는 또 다른 사실은 본래 참 하나님이신 예수님이 사람이 되신 것은 오직 성령의 사역으로 말미암았다는 것입니다. 성령으로 말미암아 영원토록 참 하나님이신 성자 하나님께서 사람의 본질인 영혼과 육체를 취하심으로써 잉태되신 것입니다. 그리고 성자 하나님께서 영혼과 육체라는 인성을 취하신 이 놀라운 일은 사람들의 경우처럼 아버지와 어머니의 육체적인 결합에 의하여 태어나는 자연적인 방식을 따라서 이루어진 것이 아니었습니다.

셋째로 예수님의 탄생이 자연적인 생식의 방식을 따라 이루어진 것이 아니라 성령으로 말미암은 것이지만 "동정녀 마리아에게서 나시고"라는 고백이 말하고 있듯이, 예수님께서는 마리아의 자궁에서 잉태되실 때에 마리아의 살과 피를 취하는 방식으로 잉태되셨습니다. 그럼으로써 예수님은 혈통적으로는 다윗의 후손이 되셨던 것이며, 또한 요셉과의 관계에 있어서는 법적인 연결을 따라서 다윗의 후손이 되셨다는 사실입니다.

그리고 끝으로 예수님께서는 동정녀 마리아를 통하여 완전한 인성을 취하셨지만, 그렇다고 하여 마리아의 원죄를 이어받은 것은 아니며 그 모든 일이 거룩하신 성령 하나님에 의하여 이루어진 일이기 때문에 죄로 오염된 부패한 본성과는 상관이 없이 잉태되셨다는 사실입니다.

오늘은 예수 그리스도께서 받으신 수난에 대해서 말씀을 드리도록 하겠습니다. 예수님께서는 성령으로 거룩하게 잉태되시어 부패한 죄의 성품이 없으시며 어떠한 죄도 범한 일이 없으십니다. 하지만 여러분이 모두 이미 알고 계시듯이 십자가에 못 박히어 참혹한 죽음을 당하셨습니다. 예수님은 왜 죄가 없으면서도 그렇게 죽으셔야 했을까요? 그 까닭이 무엇일까요?

예수님께는 사실 이 땅에 마리아에게서 잉태되어 출생하신 것부터 이미 고난의 시작입니다. 본래 참 하나님이시며 영원한 하나님이신 성자 하나님께서 연약한 피조물인 인간의 본질을 취하신 것은 그 자체가 낮아지심이며 그것은 또한 고난이기도 한 것입니다. 예수님은 이 땅에 오신 그 순간부터 십자가에서 죽으시는 그 순간까지 예수님의 육체와 영혼에 모든 비참함과 연약함과 괴로움과 고통과 치욕을 당하셨습니다. 이 땅에 계시는 동안 그 어느 순간에도 고난을 겪지 않으신 때가 없었습니다.

예수님 자신이 "인자는 머리 둘 곳이 없다"고 마태복음 8:20에 말씀하셨듯이 극도의 궁핍함과 슬픔과 괴로움을 당하셨으며 주리셨고 목마르셨으며 피로를 느끼셨습니다. 시편 22:6에 "나는 벌레요 사람이 아니라 사람의 비방거리요 백성의 조롱거리니이다"고 표현된 그대로 예수님은 사람들로부터, 자신이 창조한 피조물, 자신의 교훈에 불순종한 죄인들로부터 끝없는 모욕과 치욕과 비방과 조롱과 중상과 거부와 배척과 신성모독을 당하셨습니다. 실로 우리 예수님은 이사야 53:2의 말씀과 같이 "고운 모양도 없고 풍채도 없은 즉 우리가 보기에 흠모할 만한 아름다운 것이 없는" 그런 고난의 종이었으며 3절에 이른 바처럼 "멸시를 받아 사람들에게 버림 받았으며 간고를 많이 겪었으며 질고를 아는 자"이었습니다. 영광의 주님께서 고난의 종으로 오셨던 것입니다. 참 하나님이시며 영원한 성자 하나님이신 예수님께서 마태복음 4장에서 보듯이 사단에게 시험을 받으신 것도 고난의 한 모습입니다. 사단은 피조물이며 타락한 영적 존재에 불과합니다. 예수님께서 사람이 되심으로 말미암아 피조물에 불과한 사단이 감히 시험을 하였던 것이며, 지존하신 성자 하나님께서 사단에게 시험받는 고난을 당하신 것입니다.

하지만 예수님은 성령의 충만함 가운데 성령의 능력을 좇아 시험을 이기셨으며 죄를 범치 않으셨습니다. 히브리서 4:15은 이와 관련하여 "모든 일에 우리와 똑같이 시험을 받으신 이로되 죄는 없으시니라"고 말씀합니다. 이것은 참으로 중요한 말씀입니다. 예수님이 시험을 받으셨다는 것은 우리가 시험을 받는 것과는 다르다는 것을 유의해야 합니다. 우리는 우리 안에 있는 죄의 정욕으로 말미암아 어떤 계기가 있을 경우 죄를 짓고자 하는 경향성을 자극받으며, 이러한 것을 가리켜 시험을 받는다고 말합니다. 그러나 예수님은 성령으로 충만하시어 거룩하시기 때문에 이처럼 죄를 짓고자 하는 심령의 이끌림을 받지 않습니다. 따라서 우리가 말하는 시험은 받지 않으시며 오히려 그것을 이겨내십니다. 그렇다면 성경에서 예수님이 우리와 똑같이 시험을 받으셨다는 의미는 무엇일까요? 그것은 예수님도 육체 가운데 계시는 동안 우리를 시험 들게 하는 계기를 우리와 마찬가지로 경험하셨다는 뜻입니다. 예를 들어 예수님께서 광야에서 굶주리시며 기도할 때, 돌로 떡이 되게 하라는 시험은 굶주림의 고통을 자극하여 죄를 범하게 하는 계기를 제시하는 시험입니다. 예수님도 우리와 똑같이 굶주림의 고통을 받으셨다는 의미에서 시험을 받으셨던 것입니다. 그러나 예수님은 성령의 충만으로 시험을 이기셨으며 죄를 범치 않으셨습니다.

예수님께서 겪으신 고난 가운데 이러한 모든 고난보다도 더욱 고통스럽고 수치스러운 고난은 특별히 생애의 마지막 순간인 십자가의 고난입니다. 예수님이 십자가에서 당하신 고난은 예수님께서 이 땅에 계시는 동안 당하신 그 어떤 고통과도 다른 특별한 것이었습니다. 그것은 육체의 고통이 극심하였다는 점이나 예수님이 십자가에 옷이 벗긴 채 달려 조롱을 당하셔야 했다는 극도의 수치심 때문만이 아닙니다. 십자가의 고난의 특별성은 예수님이 받으셔야 했던 영혼의 고통 때문이었습니다.

그 영혼의 고통은 두 가지 면에서 설명이 됩니다. 하나는 예수님 자신이 하나님과 누렸던 지극한 화평의 교통이 깨어지고 상실됨으로 인한 고통입니다. 이 장을 시작하며 처음에 말씀드렸던 바처럼 예수님은 성령의 지극한 충만 가운데 죄의 부패한 성품이 없이 의롭고도 거룩하며 진실한 영혼으로 탄생하셨으며, 이 땅에 계시는 동안 하나님 아버지와 지극한 교통 가운데 평강을 누리셨습니다. 하지만 십자가에 달리신 예수님은 더 이상 하나님의 사랑하며 기뻐하시는 아들로서 누리는 평강의 교통을 누리실 수가 없었습니다. 그는 이미 죄인을 대신하여 죄인으로서 하나님 앞에 서 있었기 때문입니다.

또 다른 하나는 예수님이 십자가에서 당하신 영혼의 고통은 자신이 누렸던 하나님과의 사귐이 상실되었다는 것에 그치는 것이 아니었습니다. 그는 자신이 대신하고 있는 하나님의 택함을 입은 모든 죄인들을 대신하여 하나님의 진노의 형벌을 받는 속죄 제물로서 십자가에 달렸던 것입니다. 예수님은 하나님의 극심한 진노의 형벌을 온 영혼에 받으시면서 말로 다할 수 없는 쓰라린 고뇌 가운데서 마태복음 27:46에 기록된 바처럼 "나의 하나님, 나의 하나님, 어찌하여 나를 버리셨나이까"라고 크게 소리치셨습니다. 이 외침은 "하나님께서 나를 버리실 줄 몰랐는데 이렇게 버리실 수가 있는가"라는 당황함에서 비롯된 것이 아닙니다. 이 절규는 하나님과의 지극한 평강의 교통이 완전히 상실되어 하나님으로부터 끊어져버린 영혼의 고뇌를 나타내시는 외침입니다.

우리는 순교자들이 당한 엄청난 고난에 대해서 알고 있습니다. 신앙 때문에 육체의 고통과 죽음을 당당하게 맞이한 순교자들의 용기에 대해서 우리는 존경과 놀라움을 표합니다. 성경에도 그러한 모습에 대해서 기록하고 있으니, 히브리서 11:35~38에 "어떤 이들은……심한 고문을 받되 구차히 풀려나기를 원하지 아니하였으며 또 어떤 이들은 조롱과 채찍질뿐 아니라 결박과 옥에 갇히는 시련도 받았으며 돌로 치는 것과 톱으로 켜는 것과 시험과 칼에 죽임을 당하고 양과 염소의 가죽을 입고 유리하여 궁핍과 환난과 학대를 받았으니……그들이 광야와 산과 동굴과 토굴에 유리하였느니라"

고 말씀합니다.

　그런데 예수님께서는 그들에 비해서 그러한 담대함과 용기를 보여주지 않으셨습니다. 예수님께서는 자신이 십자가에 달려 죽으실 때가 가까이 옴을 아시고 제자들에게 "내 마음이 매우 고민하여 죽게 되었으니 너희는 여기 머물러 나와 함께 깨어 있으라"(마 26:38)고 말씀하셨습니다. 그리고 땀이 떨어지는 것이 핏방울같이 되기까지 기도하셨습니다. "내 아버지여 만일 할 만하시거든 이 잔을 내게서 지나가게 하옵소서 그러나 나의 원대로 마시옵고 아버지의 원대로 하옵소서"(마 26:39). 예수님은 이러한 기도를 잡히시기 전날 밤에 무려 세 번에 걸쳐서 드렸다고 성경은 기록합니다. 여러분, 무엇 때문에 예수님은 십자가 죽음 앞에서 그토록 마음에 근심과 슬픔이 가득차서 죽을 정도로 번민하셨으며, 땀방울이 핏방울과 같이 되도록 기도를 세 번에 걸쳐서 드려야 했던 것일까요? 단지 육체의 고통뿐이었을까요? 예수님이 십자가 처형을 당하던 날에 함께 처형당했던 다른 두 강도들도 그들이 받을 십자가의 고통 때문에 몹시 두려워하며 전날 밤에 잠을 이루지 못했을지 모릅니다.

　그러면 예수님은 그들과 마찬가지로 그렇게 십자가의 죽음을 두려워했던 것일까요? 결코 그렇지 않습니다. 여기서 우리가 기억해 두어야 할 중요한 사실이 있습니다. 예수님이 받으시는 십자가의 고통은 육체의 고통에 그치는 것이 아니었습니다. 예수님이 마음에 번민하였던 십자가의 고통은 예수님께서 대신 짊어져야 하는 죄인들을 향한 하나님의 처절한 진노를 받으셔야 한다는 사실에서 비롯된 것입니다. 이것이 순교자들이 당한 고난과 예수님이 당하신 고난의 차이입니다. 순교자들은 비록 육체의 고통 가운데 죽음을 당해야 했지만, 그들에게는 하늘의 위로를 바라며 하나님과 화평한 가운데 죽음을 맞이할 수 있었습니다. 그러나 예수님은 단한순간의 위로도 맛볼 수 없었으며, 단 한 번의 평강의 비춰임도 없었습니다. 하나님의 아들이신 예수님에게 그와 같은 처절한 형벌이 송두리째 가해졌던 것입니다. "나의 하나님, 나의 하나님, 어찌하여 나를 버리셨나이까"(마 27:46b)라고 크게 소리를 지르신 예수님의 절규는 이러한 고통의 상황을 말해줍니다. 예수님께서는 죄인들이 당하여야 할 하나님의 저주와 지옥의 형벌을 경험하셨지만, 순교자들은 오히려 하늘의 상급을 바라며 큰 위로를 경험할 수 있었습니다. 이러한 상급과 위로가 순교자들이 겪어야 했던 육체적 고난과 죽음의 고통을 결코 가볍게 하거나 소홀히 할 수 없는 것이지만, 이러한 차이점을 생각해 봄으로써 육체적 고난에 더하여 예수님이 당하셔야 했던 영혼의 고통을 조금은 이해하는 데에 도움이 될 수 있을 것입니다.

예수님께서 십자가에 달려 죽으신 것은 바로 우리의 죄를 대신 짊어지시고 그 죄의 형벌을 대신 받으심으로 우리를 죄에서 구원하여 내시기 위함입니다. 이 사실과 관련하여 이사야 53:4~5은 이렇게 기록합니다. "그는 실로 우리의 질고를 지고 우리의 슬픔을 당하였거늘 우리는 생각하기를 그는 징벌을 받아 하나님께 맞으며 고난을 당한다 하였노라 그가 찔림은 우리의 허물 때문이요 그가 상함은 우리의 죄악 때문이라 그가 징계를 받으므로 우리는 평화를 누리고 그가 채찍에 맞으므로 우리는 나음을 받았도다." 죄를 알지도 못하신 예수님을 죄인을 삼으시고 십자가에 달려 죽게 하심은 나무에 달려 죽은 자마다 저주 아래 있는 자라 하신 율법의 말씀대로 죽게 하시어 우리를 위하여 율법의 저주를 대신 받게 하신 것입니다. 그리하여 예수님의 죽으심으로 우리는 하나님과 화목케 되는 은혜를 누립니다.

이 모든 일은 고린도후서 5:21 말씀에 이른 바와 같이, "하나님이 죄를 알지도 못하신 이를 우리를 대신하여 죄를 삼으신 것은 우리로 하여금 그 안에서 하나님의 의가 되게 하려" 하시는 하나님의 사랑 때문입니다. 예수님의 모든 고난은 우리를 향하신 하나님의 사랑과 긍휼에서 비롯된 것입니다. 요한일서 4:10에 기록된 바와 같이 "사랑은 여기 있으니 우리가 하나님을 사랑한 것이 아니요 하나님이 우리를 사랑하사 우리 죄를 속하기 위하여 화목 제물로 그 아들을 보내셨던" 것입니다. 이 글을 읽는 모든 분에게 주의 평안을 빕니다.

. . . 생각 나누기

1_ 예수님은 성령으로 잉태되셨기 때문에 사람들의 경우처럼 자연적인 방식을 따라서 잉태되신 것이 아니었습니다. 그렇다면 어떻게 예수님은 혈통적으로나 법적으로 다윗의 후손이 되실 수가 있습니까?

2_ 예수님께서 마리아의 몸에서 나셨기 때문에 우리와 같이 완전한 참 인간이시라면 예수님도 또한 모든 인류가 그러하듯이 원죄를 가지고 계시다는 주장에 대하여 여러분의 대답은 무엇입니까?

새로운 질문

3_ 예수님께서 이 땅에 오셔서 겪으신 고난에 대해서 생각을 나누어 보십시오. 다음의 성경 구절을 읽으며 예수님의 고난이 어떠한 것들이었는지를 설명해 보시기 바랍니다.
  – 마태복음 4:1~11, 8:20, 시편 22:6, 이사야 53:2~3

4_ 예수님도 우리와 똑같이 시험을 받으셨다면 이미 마음에서 죄를 범한 것이 아닌가라는 의심에 대하여 히브리서 4:15을 읽고 우리가 받는 시험과 그리스도의 시험을 비교하여 설명해 보십시오.

5_ 예수님이 십자가에서 당하신 고난은 어떤 점에서 예수님께서 이 땅에 계시는 동안 당하신 그 어떤 고통과도 다른 특별한 것이었습니까?

6_ 예수님이 십자가에서 당하신 영혼의 고통을 두 가지 면에서 이야기해 보십시오.

7_ 신앙 때문에 육체의 고통과 죽음을 당당하게 맞이한 순교자들의 용기에 대해서 우리는 존경을 표하며 놀라움을 표합니다. 성경에도 그러한 모습에 대해서 기록하고 있으니, 히브리서 11:35에서 보듯이 순교자들도 육체의 고통과 죽음을 당당하게 맞은 것을 생각하면서, 마태복음 26장에서 보듯이 예수님께서 잡히시기 전날 어찌하여 그토록 죽을 정도로 번민하셨는지 자신의 생각을 서로 나누어 보십시오.

8_ 죽음은 죄에 대한 형벌로 주어지는 것입니다. 예수님은 죄가 없으십니다. 그럼에도 예수님은 십자가에서 참혹한 죽음을 겪으셨습니다. 그 까닭이 무엇인지를 이사야 53:4~5, 고린도후서 5:21, 요한일서 4:10 등을 읽고 여러분의 신앙고백으로 간단히 말해 보십시오.

9_ 오늘 공부를 통하여 여러분이 어떠한 신앙의 유익을 얻었는지를 나누어 보십시오.

18. 그리스도의 죽음이 우리에게 주는 유익

제16주일 | 40~44문

질문 40 어찌하여 그리스도께서 그처럼 자신을 낮추시어 죽음까지 당하셔야만 합니까?

답 그것은 하나님은 공의로우시며 진리이시기 때문에(창 2:17) 우리의 죄를 만족하기 위하여서는 하나님의 아들이 죽으시는 길 이외에 다른 방법이 있을 수가 없기 때문입니다(롬 8:3-4: 빌 2:8: 히 2:9, 14-15).

질문 41 그리스도께서 또한 장사되셔야만 했던 이유는 무엇입니까?

답 그것은 장사되심으로써 과연 그리스도께서 참으로 죽으셨음을 확증하기 위함입니다(마 27:59-60; 눅 23:52-53: 요 19:38-42; 행 13:29).

질문 42 과연 그리스도께서 우리를 대신하여 그렇게 죽으셨는데 왜 우리들도 또한 죽어야만 합니까?

답 우리가 죽는 것은 우리의 죗값을 갚기 위한 것이 아닙니다(시 49:7).
그것은 더 이상 죄를 짓지 않고
영원한 생명의 길로 들어가기 위한 것입니다(요 5:24; 빌 1:21-23;
살전 5:9-10).

질문 43 **그리스도께서 십자가에서 자신을 희생 제물로 드리시고 죽으**
신 일로 인하여 우리들이 누리게 되는 또 다른 유익은 어떠한
것입니까?

답 그리스도께서 죽으심으로 말미암아
우리의 옛 사람이 그리스도와 함께 십자가에 못 박혀 죽게 되며
장사됩니다(롬 6:5-11; 갈 2:20; 골 2:11-12).
그리하여 우리들은 더 이상 육신의 악한 정욕들에
끌려 다니지 않을 수 있을 뿐만 아니라(롬 6:12-14),
오히려 그리스도께 우리 자신을 감사의 제물로 드릴 수 있게 됩
니다(롬 12:1; 엡 5:1-2).

질문 44 **사도신경 가운데 어떤 것은**
"음부에 내려가셨으며"라는 말을 덧붙이고 있기도 한데,
그러한 말이 첨가되어 있는 까닭은 무엇입니까?

답 그것은 나의 주 그리스도께서
이 땅에 계시는 동안 그리고 십자가 위에서
말할 수 없는 번민과 아픔과 영혼의 고뇌와 지옥과 같은 고통을
당하심으로써(시 18:5-6, 116:3; 사 53:10; 마 26:38; 마 27:46; 히 5:7)
나를 지옥의 격통과 고문에서 구하여 내셨다는 사실을 확신하며

내가 당하는 시련과 시험이 제아무리 크더라도
위로를 얻을 수 있도록 하기 위함입니다(시 53:5).

━ 앞에서 우리는 예수님과 관련하여 "빌라도에게 고
난을 받으사 십자가에 못 박히시고"와 관련한 고백에 대해서
살펴보았습니다. 예수님께서는 성령으로 거룩하게 잉태되시
어 부패한 죄의 성품이 없으시며 어떠한 죄도 범한 일이 없
으십니다. 하지만 지난 번에 말씀드린 바처럼 십자가에 못
박히셨습니다. 예수님은 십자가에 달리시어 죄인들을 향한
하나님의 무서운 진노를 홀로 받으셨습니다. 그리하여 하나
님의 처절한 형벌의 고통을 받으시며 "나의 하나님, 나의 하
나님, 어찌하여 나를 버리셨나이까"(마 27:46)라고 절규를 하
신 것입니다. 예수님은 그러한 고통 가운데 큰 소리로 "아버
지 내 영혼을 아버지 손에 부탁하나이다"(눅 23:46)라고 외치
시고 숨을 거두셨습니다. 죄인들을 구원하시기 위하여 하나
님의 무서운 진노를 자발적으로 담당하신 예수님은 숨을 거
두시기 직전 커다란 고통 가운데에서도 자신의 영혼을 하나
님 아버지께 의탁하심으로 하나님 아버지께 대한 순종의 의
를 이루신 것입니다. 거룩한 성령으로 충만하신 의인이 그
어떤 죄인보다도 더 참혹한 죽음을 당하신 것입니다.

여러분, 한 번 생각해보시기 바랍니다. 예수님은 왜 죄가
없으면서도 그렇게 죽으셔야 했을까요? 그 까닭이 무엇일까
요? 그 까닭은 오직 이 하나의 이유 때문입니다. 예수님을 구
주로 믿는 여러분의 죄를 대신 짊어지시고, 그 죄의 형벌을

226　　　　　　　소그룹 양육을 위한 하이델베르크 요리문답 I

대신 받으심으로써 여러분을 죄에서 구원하여 내시기 위함입니다. 이사야 53:4~5에 이른 바처럼 예수님이 찔린 것은 우리의 허물을 인함이었고 또 예수님이 상한 것은 우리의 죄악을 인함이었습니다. 예수님이 징계를 받음으로 우리가 평화를 누리고 예수님이 채찍에 맞음으로 우리가 나음을 입은 것입니다.

오늘은 사도신경의 네 번째 신앙고백 항목인 그리스도의 수난에 대해서 좀 더 살펴보도록 하겠습니다. 예수 그리스도께서 죽지 않으시면 우리는 구원받을 수 없는 것이었을까요? 그렇습니다. 하나님의 아들이 죽으시는 것 외에는 우리가 구원받을 다른 길이 없습니다. 우리가 구원을 받는다는 것은 우리의 죗값을 대신 치른다는 것을 전제로 합니다. 그런데 우리의 죗값을 죄인인 우리가 치를 수 없기 때문에 누군가 우리의 죗값을 대신 치러주어야 합니다. 하나님께서는 창세기 2:17에서 "네가 먹는 날에는 반드시 죽으리라"고 선언하셨고, 로마서 6:23에 이른 바와 같이, 죗값은 사망이라 하셨으므로, 만일 죽음을 당하지 않은 채 죗값이 갚아진다면, 죗값은 사망이라고 선언하신 하나님의 공의로움과 신실하심에 어긋나게 됩니다. 이러한 이유로 인하여 빌립보서 2:8에서 말씀하고 있듯이 우리 예수님께서는 자기를 낮추시고 죽기까지 복종하셨으며 그리하여 십자가에 죽으셨습니다.

그런데 예수 그리스도의 죽으심은 누구를 위한 것일까요? 요한복음 3:16에 "누구든지 그를 믿으면 멸망치 않는다"는 말씀, 또 로마서 3:22에 "예수 그리스도를 믿음으로 말미암아 모든 믿는 자에게 미치는 하나님의 의니 차별이 없느니라"고 하는 말씀에서 알 수 있듯이, 예수 그리스도는 예수님을 구주로 믿고 주로 섬기는 모든 자를 구원하기 위하여 죽으셨습니다.

만일 우리 예수님께서 예수님을 구주로 믿는 우리들의 죗값을 대신 치르셨다면, 우리는 왜 죽음을 맛보아야 하는 것일까요? 어떤 경건한 신자라 할지라도 죽음을 당하지 않는 사람은 없습니다. 그렇다면 예수님을 구주로 고백하는 자는 영원한 생명을 누린다는 복음의 약속을 어떻게 이해하여야 하는 것일까요? 예수님께서는 "나는 부활이요 생명이니 나를 믿는 자는 죽어도 살겠고 무릇 살아서 나를 믿는 자는 영원히 죽지 아니하리니 이것을 네가 믿느냐." 이 요한복음 11:25~26에서 말씀하신 것을 어떻게 이해하여야 하는 것일까요?

이 말씀은 예수님을 믿는 자가 죽는 것은 죗값을 치르기 위한 것이 아니며, 죄의 형벌로 주어지는 영원한 사망에서 이미 놓임을 받았다는 사실을 의미합니다. 우리의 죽음이 죄의 값을 치르기 위한 것이 아니라면 무엇 때문에 신자인 우리도 죽어야 하는 것일까요? 그 까닭은 이제 죄의 성품에서 벗어나 죄짓는 일을 그치고 영원한 생명에로 옮겨가도록 하기 위함입니다. 심판이 아니라 영생으로 옮겨가는 과정인 것입니다. 예수님께서 요한복음 5:24에 "내가 진실로 진실로 너희에게 이르노니 내 말을 듣고 또 나 보내신 이를 믿는 자는 영생을 얻었고 심판에 이르지 아니하나니 사망에서 생명으로 옮겼느니라"고 말씀하신 것이 바로 이 사실을 말해줍니다. 아울러 죽음을 통해서 우리는 이 죽음이 우리의 죄로 인하여 온 것이라는 사실을 상기하면서 본래 우리가 영원한 사망의 심판을 받아야 하는 자들이었음을 깊이 새기고, 그로 인하여 하나님 앞에서 겸손케 되며 구원의 은혜를 찬양하게 됩니다. 결국 신자들은 예수님을 믿지 않는 자들과는 전혀 다른 죽음의 의미를 갖습니다. 믿지 않는 사람들은 자기의 죗값을 치르는 과정으로서 육체의 죽음을 당하는 것이지만, 예수님을 구주로 믿는 신자들은 영원한 생명에 참여하기 위하여 죽는 것입니다.

신자가 참여하는 영원한 생명은 사실 죽어서만 시작되는 것이 아닙니다. 신자가 육신 가운데서 사는 이 땅에서 이미 영원한 생명의 누림은 시작됩니다. 그것은 예수 그리스도께서 십자가에서 죽으심으로 우리에게 베푸신 은택 때문입니다. 예를 들어, 하나님께서는 예수님께서 받으신 죽음의 형벌로 인하여 우리의 죄를 용서하셨으며 우리를 더 이상 죄인이 아니라 의인으로 간주하십니다. 아울러 그리스도께서는 우리에게 죄 사함의 은혜를 베푸실 뿐 아니라 우리의 본성조차도 새롭게 될 수 있도록 성령님을 보내주시고, 그 결과 하나님과 함께 교통을 누릴 수 있도록 하셨습니다. 로마서 6:6에 "우리가 알거니와 우리의 옛사람이 예수와 함께 십자가에 못 박힌 것은 죄의 몸이 죽어 다시는 우리가 죄에게 종노릇하지 아니하려 함이니"라는 말씀이 교훈하는 바처럼, 신자는 예수님이 십자가에 죽으실 때에 예수님과 함께 십자가에 달려 죽은 자입니다.

그럼으로써 신자는 옛사람, 곧 죄의 정욕이 더 이상 자신을 지배하지 못하도록 하기 위한 소망을 갖고, 자신에게 보내주신 성령님의 은혜로 죄와 싸워 나아갑니다. 로마서 6:8, 11~12에 "만일 우리가 그리스도와 함께 죽었으면 또한 그와 함께 살 줄을 믿노니" "이와 같이 너희도 너희 자신을 죄에 대하여는 죽은 자요 그리스도 예수 안에서 하나님께 대하여는 살아 있는 자로 여길지어다 그러므로 너희는 죄가 너희 죽을 몸을 지배하지 못하게 하여 몸의 사욕에 순종하지 말고"라는 말씀은 바로 이러한 사실을 교훈합니다. 그럼으로써 예수님을 십자가의 죽음에 내어 주심으로써 우리를 의롭다 하시고 거룩케 하시는 하나님의 사랑을 찬양하고 하나님께 감사의 제물을 드리는 삶을 살아갑니다. 이러한 사실과 관련하여 사도 바울은 로마서 12:1에서 "그러므로 형제들아 내가 하나님의 모든 자비하심으로 너희를 권하노니 너희 몸을 하나님이 기뻐하시는 거룩한 산제물로 드리라 이는 너희가 드릴 영적 예배니라"고 권면합니다.

신자는 이미 이 땅에서부터 영생을 누리고 있습니다. 왜냐하면 요한복음 17:3에서 교훈하고 있듯이, 영생이란 "곧 유일하신 참 하나님과 그가 보내신 자 예수 그리스도를 아는 것"이기 때문입니다. 그러므로 예수님의 십자가 죽음으로 인하여 우리에게 베풀어 주신 이 모든 은택들, 곧 하나님 앞에서 의로운 자로 여김을 받고, 그 결과 성령 하나님이 우리 각각의 심령 안에 내주하시어 우리로 하여금 죄와 더불어 싸우게 하시는 모든 은혜의 역사는, 다름이 아니라 이미 영원한 생명이 우리 안에 시작되었음을 말하여 주는 증거들입니다.

여기서 사도신경에 있는 다음의 신앙 항목, 곧 그리스도의 부활에 대해 설명을 드리기에 앞서, 우리 말 사도신경에는 나타나 있지 않으나 영어로 쓰인 사도신경에 나오는 한 표현에 대해서 설명을 덧붙여 보겠습니다. 그것은 다름이 아니라 "음부에 내려가셨으며"라는 표현입니다. 영어 사도신경에는 있는 표현이 한국어 사도신경에 없는 것을 놓고 한국어 사도신경이 부정확하거나 불완전하다고 말할 수는 없습니다. 왜냐하면 사도신경의 사본들 가운데 어느 것은 예수님께서 음부에 내려가셨다는 표현을 담고 있지만, 또 어느 것은 그렇지 않기 때문입니다.

여기서 "음부"란 그리스도의 대속의 은혜를 받지 못하여 죗값대로 심판을 받을 자들의 영혼들이 머물러 있는 처소를 가리킵니다. 사람이 죽으면 죽은 자들의 영혼들은 두 곳으로 나뉘게 됩니다. 그리스도 안에 있는 자들의 영혼은 "낙원"이라는 곳에 이르게 되며, 죗값의 심판을 받을 자들의 영혼은 "음부"라는 곳에 이르게 됩니다. 그곳에서 각각 예수님의 재림의 때에 있을 부활을 기다리게 됩니다. 부활한 이후에 각각 최후의 심판을 받게 되는데, 그리스도 안에 있는 의인은 영생을, 그리고 악인들은 영벌의 심판을 받게 됩니다.

그렇다면 "음부에 내려가셨다"는 표현은 무엇을 의미하는 것일까요? 만일 그 표현이 사실적인 표현이라면, 예수님께서는 십자가에서 죽으시고 예수님은 심판을 받을 자들의 영혼들이 머무는 처소에 가셨다는 뜻이 됩니다. 천주교회에서는 예수님이 실제로 음부에 가셨다고 믿습니다. 그들은 구약성도들의 영혼들이 음부에 머물고 있다고 믿고 있는데, 예수님이 구약 성도들을 그곳에서 해방시키기 위하여 가셨다고 생각하기 때문입니다. 그러나 이러한 해석은 성경적 근거가 없습니다. 구약 성도들의 영혼이 갇혀 있는 음부, 천주교회에서는 이를 가리켜 림보라고 하는데, 이러한 설명은 성경에 있지도 않은 잘못된 가르침이기 때문입니다.

베드로전서 4:6에 "죽은 자들에게도 복음이 전파되었다"는 말씀이 나옵니다. 이 말씀은 죽은 자들에게 예수님이 복음을 전하신다는 것을 말하지 않습니다. 그것은 복음을 받았을 때에는 살아 있었으나 지금은 죽어 있는 자들을 생각하며 지금은 죽어 있는 자들에게도 그들이 살아 있을 때에 복음이 전파되었다는 것을 말하고 있습니다. 베드로전서 3:19에 "그가 또한 영으로 가서 옥에 있는 영들에게 선포하시니라"는 말씀도 사람들이 흔히 오해를 하는 구절입니다. 이 말씀도 노아의 날에 하나님의 심판이 있을 것을 들었으나 회개치 않아 멸망을 당하여 지금은 옥, 곧 음부에 있는 영혼들에 대해서 말씀하는 구절입니다. 그러니까 예수님께서 죽으시고 음부에 내려가 비로소 그들에게 전파하셨다는 뜻을 가르치는 것이 아닙니다.

그렇다면 "음부에 내려가셨다"는 표현은 어떻게 이해되어야 옳을까요? 그것은 예수님께서 실제로 심판을 받는 영혼들의 처소에 내려가셨다는 것을 뜻하는 것이 아니라, 예수님이 받으신 십자가의 고통이 실로 극심하였음을 뜻하는 비유적인 표현으로 이해하여야 합니다. 왜냐하면 예수님께서 십자가의 한 강도에게 "내가 진실로 내게 이르노니 오늘 네가 나와 함께 낙원에 있으리라"(눅 23:43)고 하신 말씀에서 보듯이, 십자가에서 죽으신 후에 예수님의 영혼은 바로 낙원에 가셨기 때문입니다. 낙원을 바라보시면서, 예수님께서는 "아버지 내 영혼을 아버지 손에 부탁하나이다"(눅 23:46)라고 말씀하셨습니다. 여기서 주님께서 자신의 영혼을 부탁하신 '아버지 손'은 영광과 은혜로 충만하신 하나님 아버지의 긍휼의 손을 의미하며, 구원받은 성도들이 복을 누리는 상태를 가리키는 말을 뜻합니다. 그런 의미에서 다윗(시 31:5)도, 스데반(행 7:59)도 자신의 영혼을 주의 손에 의탁한 것이며, 베드로는 그의 서신에서 "영혼을 미쁘신 창조주께 의탁할지어다"(벧전 4:19)고 말하였던 것입니다.

여러분, 다음 주는 예수님의 부활에 대해 말씀을 드리겠습니다. 이번 한 주간 동안도 주님의 평강이 충만하시기를 기원합니다.

...생각 나누기

● ● 되짚는 질문

1_ "나의 하나님, 나의 하나님, 어찌하여 나를 버리셨나이까"
(마 27:46)라고 크게 외치신 예수님의 절규를 통해 알 수 있
는 예수님의 고난을 설명하시기 바랍니다.

2_ "아버지여 내 영혼을 아버지 손에 부탁하나이다"(눅 23:46)
라고 크게 외치고 숨을 거두신 예수님을 통해 알 수 있는
예수님의 고난을 설명하시기 바랍니다.

3_ 죄가 없으신 예수님이 그토록 무서운 진노의 형벌을 당해
야 했던 이유에 대해 성경의 근거를 제시하며 설명하시기
바랍니다.

4_ 예수님이 죄가 없으면서도 그렇게 죽으신 이유가 무엇일
까요?

새로운 질문

5_ 예수 그리스도께서 죽지 않으셨다면 우리는 구원을 받을
길이 없었을까요? 여러분의 생각을 이유를 덧붙여 밝히시
기 바랍니다.

6_ 예수님께서 이미 우리의 죗값을 다 치르셨다면, 우리는 왜
죽음을 맛보아야 하는 것입니까?

7_ 예수 그리스도 안에 있는 자들과 그렇지 못한 자들에게 있어서 죽음의 의미는 어떻게 다릅니까?

8_ 예수 그리스도 안에 있는 자들이 누리는 영원한 생명이란 어떠한 것인지를 설명하시기 바랍니다.

9_ 신자가 이 세상에 사는 동안에도 영원한 생명을 누린다는 것을 어떻게 설명할 수 있습니까?

10_ "음부에 내려가사"라는 표현을 담고 있는 사도신경의 경우, 여기서 '음부'란 무엇을 가리킵니까?

11_ 사도신경의 "음부에 내려가사"라는 표현은 그리스도께서 실제로 음부에 가셨음을 뜻합니까?

12_ 베드로 전서 3장 19절과 4장 6절의 바른 해석을 제시하기 바랍니다.

13_ 그렇다면 "음부에 내려가사"라는 표현은 어떻게 이해하는 것이 올바른 해석이겠습니까?

14_ 오늘 공부를 통하여 여러분이 어떠한 신앙의 유익을 얻었는지를 나누어 보십시오.

19. 그리스도의 부활이 우리에게 주는 유익

질문 45 그리스도께서 부활하신 일로 인하여 우리들은 어떠한 유익을 누립니까?

답 그리스도께서 부활을 하심으로써 죽음을 이기셨으니,

그로 인하여, 첫째, 그리스도께서는 죽음의 값을 치르고 우리를 위해 획득하신 그 의로움에 우리들로 하여금 참여하는 자들이 되도록 하셨습니다(고전 15:16; 롬 4:25; 벧전 1:3).

둘째로, 우리들도 또한 그의 능력에 힘입어 다시 살아나 새로운 생명을 누리는 자들이 되도록 하셨습니다(롬 6:4; 골 3:1-3; 엡 2:5-6; 벧전 1:3).

끝으로, 그리스도의 부활은 장래에 우리가 영광스러운 부활을 하게 될 것임을 보증하여 줍니다(고전 15:12, 20-21; 롬 8:11; 빌 3:20-21).

─── 　앞에서 우리는 사도신경의 네 번째 신앙 항목인 "십자가에 못 박혀 죽으시고"에 대해서 살펴보면서 예수님의 죽으심으로 인한 은택들에 대해서 알아보았습니다. 성령으로 거룩하게 잉태되시어 죄의 성품이 없으시며 어떠한 죄도 범한 일이 없으신 예수 그리스도께서 십자가에 달려 참혹한 죽음을 당하신 것은 오직 예수님을 구주로 믿는 우리를 죄에서 구원하여 내시기 위함입니다. 이것은 예수 그리스도의 죽음을 통해서만 우리가 구원을 받을 수 있기 때문입니다. 만일 죽음을 당하지 않은 채 죗값이 갚아진다면, 죗값은 사망이라고 선언하신 하나님의 공의로움과 신실하심에 어긋나게 되기 때문입니다.

이처럼 예수님께서 자신을 구주로 믿는 우리의 죗값을 대신 치르셨기 때문에 신자의 죽음은 죗값을 치르기 위한 형벌의 심판이 아닙니다. 신자의 죽음은 죄짓는 것을 그치고 이제는 오직 영원한 생명을 누리기를 위한 것입니다. 신자는 이미 이 땅에서 사는 동안에도 죄의 정욕과 싸우며 우리 자신을 주님께 감사의 제물로 드림으로써 영원한 생명을 맛보며 살아가기를 시작합니다.

이처럼 우리의 구원은 예수님의 십자가 죽으심을 전제로 실현됩니다. 그러나 이에 더하여 우리의 구원은 예수님의 부활을 통해서 완성됩니다. 십자가의 죽으심으로 인하여 우리의 죗값이 치러졌지만, 우리는 예수님의 부활로 인하여 죽음의 권세를 이기신 영원한 생명에 참여할 의를 누리게 되는 것입니다. 우리가 함께 살펴보고 있는 사도신경은 다섯 번째 신앙 항목에서 "장사한지 사흘 만에 죽은 자 가운데서 다시 살아나셨음"을 고백합니다. 우리 주 예수 그리스도는 영광의 하늘 보좌에 계신 성자 하나님께서 연약한 인성을 취하시어 사람이 되신 분이십니다. 예수님은 갖은 고난과 수욕을 당하시고 죽으심으로 구속의 사역을 완성하신 후에, 이제는 자신의 영광으로 높아지심을 우리 가운데 나타내 보이셨습니다. 영광의 첫 모습이 "부활"인 것입니다.

그런데 예수님께서 부활하셨다는 사실을 믿을 수는 있는 것일까요? 세상에 속하여 예수님을 믿지 않는 사람들은 예수님께서 죽으셨다는 것은 믿지만, 그의 부활은 좀처럼 믿지 않으려 합니다. 그러나 영원한 생명을 받은 우리는 예수님의 부활을 믿습니다. 우리의 믿음의 근거는 바로 성경에 있으며, 성경이 예수님의 부활에 대하여 확증하고 있기 때문입니다. 예수님은 십자가 형벌로 죽기 이전에 이미 자신의 부활에 대하여 예언하셨습니다. "너희가 이 성전을 헐라 내가 사흘 동안에 일으키리라"는 요한복음 2:19의 말씀에서 사흘 동안에 일으키시겠다는 성전은 바로 참 성전이며 성전의 원형인 자신의 육체를 가리켜 말한 것이었습니다. 곧 부활을 예고하신 것입니다. 또 마태복음 16:21에 "이때로부터 예수 그리스도께서 자기가 예루살렘에 올라가 장로들과 대제사장들과 서기관들에게 많은 고난을 받고 죽임을 당하고 제 삼일에 살아나야 할 것을 제자들에게 비로소 나타내시니"라는 말씀에서 보듯이, 예수님은 자신이 십자가에 죽으실 것을 미리 말씀하셨을 뿐만 아니라 또한 부활하실 것도 말씀하셨습니다.

그러면 과연 그 말씀대로 예수님은 다시 살아나셨습니까? 그렇습니다. 예수님은 다시 살아나셨습니다. 예수님께서는 부활하신 후에 제자들에게 나타나시어 "손과 옆구리를 보이시면서" 자신의 부활을 확인시켜 주셨습니다. 그러나 부활하신 예수님을 친히 뵙지 못하여 이를 믿지 못하던 도마라 하는 제자에게도 나타나시어 부활을 확인시켜 주셨습니다. "네 손가락을 이리 내밀어 내 손을 보고 네 손을 내밀어 내 옆구리에 넣어 보라 그리하여 믿음 없는 자가 되지 말고 믿는 자가 되라"(요 20:27)고 하셨습니다. 예수님의 말씀이 무엇을 뜻하십니까? 먼저 예수님의 부활을 확인하였던 동료 제자들의 말을 믿지 못하던 도마에게 부활의 증거를 친히 보여주시면서 예수님께서는 도마에게 믿음이 있는 자가 될 것을 당부하셨습니다. 이것은 예수님께서 그의 교훈과 예언을 통해 이미 부활을 말씀하셨으나 믿지 못하고, 또 과연 예수님의 말씀대로 부활하셨다는 제자들의 말을 믿지 못하는 불신앙을 책망하시는 말씀입니다.

부활은 하나의 사건이기 때문에 그 사건을 목격한 증인들의 증언과 기타 증거들에 의하여 그 사건의 사실성이 입증됩니다. 예수님 자신이 부활을 예고하셨다는 사실과 제자들이 부활을 목도하고 이 사실을 죽음으로 전하였다는 사실들에 담겨 있는 증언들, 그리고 예수님과 제자들의 인격과 성품, 그리고 성경 전체의 신학적 구조 등은 부활을 사실이라고 말해줍니다. 예수님께서 도마에게 하신 말씀은 부활 사건 이후에 사는 모든 이후의 세대들에게 성경의 증거에 의하여 의심이 없이 부활을 믿도로 교훈하시는 말씀입니다.

예수님의 부활에 대한 제자들의 증언들은 어떠하였나요? 사도 베드로는 오순절 성령 강림에 즈음한 자신의 설교에서 이르기를 "너희가 법 없는 자들의 손을 빌려 못 박아 죽였으나 하나님께서 그를 사망의 고통에서 풀어 살리셨으니 이는 그가 사망에 매여 있을 수 없었음이라"(행 2:23~24)고 하였습니다. 사도 바울도 비시디아 안디옥에서 행한 설교에서 "성경에 그를 가리켜 기록한 말씀을 다 응하게 한 것이라 후에 나무에서 내려다가 무덤에 두었으나 하나님이 죽은 자 가운데서 그를 살리신지라"고 하였습니다(행 13:29~30). 사도 바울은 이러한 부활의 증언을 잘 요약하여 교훈하고 있습니다. "성경대로 그리스도께서 우리 죄를 위하여 죽으시고 장사 지낸 바 되셨다가 성경대로 사흘 만에 다시 살아나사 게바에게 보이시고 후에 열두 제자에게와 그 후에 오백여 형제에게 일시에 보이셨나니 그 중에 지금까지 대다수는 살아 있고 어떤 사람은 잠들었으며 그 후에 야고보에게 보이셨으며 그 후에 모든 사도에게와 맨 나중에 만삭되지 못하여 난 자 같은 내게도 보이셨느니라"(고전 15:3~8). 결국 무엇입니까? 예수님의 부활을 믿지 않는다는 것은 예수님과 사도들의 증언을 믿지 않는다는 뜻이며, 이것은 결국 예수님과 사도들을 거짓말하는 자 또는 과대망상증 환자로 취급하는 것과 같습니다. 우리가 부활에 대한 의심을 좇아 예수님과 사도들을 거짓말 하는 자로 간주해야겠습니까 아니면 예수님과 사도들의 증언을 믿어야 하겠습니까? 어느 것이 옳겠습니까? 구원을 받는 자는 부활을 믿으며, 그렇지 못한 자는 부활을 믿지 못합니다.

부활을 믿는다는 것과 믿지 않는다는 것의 차이는 결코 단순한 믿음의 차이에 그치지 않습니다. 부활에 대한 믿음의 차이는 부활의 유익을 받는가 아니면 받지 못하는가의 차이로 이어집니다. 그리스도께서 부활하심으로써 그리스도를 구주로 믿고 주님으로 섬기는 자들에게 주시는 유익과 은택들은 무엇입니까? 첫째는 그리스도께서 부활하심으로써 과연 주님께서 우리의 죗값을 완전히 치르셨음을 확증해 줍니다. 죗값으로 치르게 되는 사망의 심판은 털끝만큼도 모자람이 없이 완전히 죗값이 치러지기 전에는 면케 될 수 없는 완전한 심판이기 때문입니다. 그리스도께서는 그의 부활로써 우리의 죗값을 완전히 치르시고 죽음을 이기셨으며 그 죽으심으로써 얻으신 의에 우리로 참여하게 하시는 유익을 예수님을 구주로 믿는 우리에게 주십니다. 사도 바울은 이와 관련하여 로마서 4:25에 "예수는 우리가 범죄한 것 때문에 내줌이 되고 또한 우리를 의롭다 하시기 위하여 살아나셨느니라"고 교훈합니다.

아울러 둘째로 예수님의 부활로 말미암아 우리는 성령님께서 우리에게 임하시는 은택을 받게 됩니다. 우리를 영원한 생명으로 이끄시려고 예수님께서는 우리의 죗값을 치르시기 위하여 먼저 사망을 맛보시고 이를 부활의 권세로 이기시고 우리를 자신과 연합시켜 우리를 부활에 참여케 하셨습니다. 우리가 어떻게 그리스도의 부활에 참여할 수 있을까요? 오직 그리스도와 연합함으로써만 가능합니다. 그렇다면 그리스도와의 연합이 어떻게 가능할까요? 그것은 우리가 성령의 임재로 인하여 거듭남의 은혜를 누리고, 믿음으로 그리스도를 영접함으로 가능하게 됩니다. 우리가 성령님의 중생케 하시는 은혜를 받아 믿음으로 주님께로 나가는 일은 오직 그리스도의 부활로 인하여 우리에게 주어지는 은덕입니다. 베드로전서 1:3에 이러한 영적 사실이 증거됩니다. "우리 주 예수 그리스도의 아버지 하나님을 찬송하리로다 그의 많으신 긍휼대로 예수 그리스도를 죽은 자 가운데서 부활하게 하심으로 말미암아 우리를 거듭나게 하사 산 소망이 있게 하시며"라는 교훈입니다.

셋째로 예수님의 부활로 인하여 성령님께서 우리에게 임하시어 중생케 하는 은혜를 베푸시는 일은 우리로 하여금 이 땅에서 영원한 생명을 맛보며 살도록 하는 은택을 부어 줍니다. 곧 우리가 죄에 대하여 더 이상 종노릇하지 않고 그리스도의 의에 대하여 산 자로 살아가는 은혜를 누리게 됩니다. "그러므로 우리가 그의 죽으심과 합하여 세례를 받음으로 그와 함께 장사되었나니 이는 아버지의 영광으로 말미암아 그리스도를 죽은 자 가운데서 살리심과 같이 우리로 또한 새 생명 가운데서 행하게 하려 함이라"(롬 6:4)고 하신 말씀을 생각해 보시기 바랍니다. 그리스도의 부활은 우리로 하여금 "새 생명"의 삶을 살도록 하는 은택을 베풀어 주십니다.

골로새서 3:1~3 말씀은 이와 관련하여 이렇게 교훈합니다. "그러므로 너희가 그리스도와 함께 다시 살리심을 받았으면 위의 것을 찾으라 거기는 그리스도께서 하나님 우편에 앉아 계시느니라 위의 것을 생각하고 땅의 것을 생각지 말라 이는 너희가 죽었고 너희 생명이 그리스도와 함께 하나님 안에 감추어졌음이라." 위엣 것을 생각하고 땅엣 것을 생각지 말라는 이 말씀은 신자는 그리스도와 연합하여 부활한 자가 되었으므로, 로마서 6:12~13에서 교훈하는 바처럼, 죄가 다시는 우리에게 왕노릇 하지 못하게 하여 몸의 사욕에 순종치 말고 오직 하나님의 의에 따라 살라고 교훈합니다. 말하자면 이미 이 땅에서 부활의 삶을 살도록 하는 은택을 약속하시며 권면하시는 교훈인 것입니다.

끝으로 예수님의 부활로 인하여 우리는 예수님과 같이 영광스러운 부활의 몸을 입으리라는 확실한 보증을 받는 유익을 누리게 됩니다. 예수님의 부활은 예수님 자신만을 홀로 위한 것이 아니었습니다. 골로새서 1:18에 이르듯이 그는 "죽은 자들 가운데서 먼저 나신 이"시기 때문입니다. 그는 먼저 부활하신 것입니다. 뒤에 그리스도와 연합하여 부활할 우리의 부활을 위하여 먼저 부활하신 분이십니다. 우리의 영광스런 부활과 관련하여 로마서 8:11은 이렇게 증거합니다. "예수를 죽은 자 가운데서 살리신 이의 영이 너희 안에 거하시면 그리스도 예수를 죽은 자 가운데서 살리신 이가 너희 안에 거하시는 그의 영으로 말미암아 너희 죽을 몸도 살리시리라." 성령으로 말미암아 그리스도와의 연합을 누리고 그리스도를 살리신 성령의 능력이 그리스도와 연합한 우리에게도 역사하여 우리 또한 그리스도처럼 다시 살아난다고 약속하고 있는 말씀입니다.

부활 신앙은 십자가 대리속죄의 신앙과 함께 복음의 핵심이며 본질입니다. 성경의 증언을 굳게 믿으시어 부활의 영광을 모든 성도와 함께 누리시기를 바랍니다.

1_ 예수 그리스도께서 십자가에 달려 참혹한 죽음을 당하신 것은 그가 죄의 성품을 가지고 있기 때문이거나 어떠한 죄를 범한 적이 있기 때문입니까? 예수님의 죽음은 무엇을 위한 것입니까?

2_ 예수님의 죽음이 없이는 하나님께서 죄인을 용서하실 수 없는 것입니까? 만일 그렇다면 그 까닭은 무엇입니까?

3_ 예수님께서 예수님을 구주로 믿는 우리들의 죗값을 대신 치르셨다면, 우리 신자들은 어찌하여 죽음을 겪어야 합니까? 신자가 죽음을 겪어야 하는 이유와 목적은 무엇입니까?

4_ 우리의 구원과 관련하여 예수님의 죽음이 주는 의미와 예수님의 부활이 주는 의미를 구별하여 설명하시기 바랍니다.

5_ 어떤 사람도 죽었다가 살아난 사람이 없거늘, 참 사람이신 예수님께서 부활하셨다는 것을 어떻게 믿을 수 있겠습니까? 여러분이 믿는 근거를 말씀하여 주시기 바랍니다.

6 자신이 부활할 것을 말씀하신 예수님의 약속들이 어떠한지를 밝히시고, 이 약속들이 과연 성취되었는지를 말씀하시기 바랍니다. 또한 도마의 의심과 관련하여 여러분은 어떠한 교훈을 받으십니까?

7 예수님의 부활에 대한 사도들의 증언들을 성경에서 살펴보고 이 증언들이 어떠한 식으로 부활의 사실성을 밝히고 있는지를 살피시기 바랍니다.

8 부활을 인정하지 않는다는 것은 예수님과 사도들을 거짓말하는 자로 판단하는 것입니다. 여러분은 예수님과 사도들의 증언이 진실하다고 믿으십니까?

9 그리스도께서 부활로 말미암아 그리스도를 구주로 믿고 주님으로 섬기는 자들이 누리게 되는 영적 유익과 은택 네 가지를 성경 구절들을 제시하면서 말해 보십시오.

10 오늘 공부를 통하여 여러분이 어떠한 신앙의 유익을 얻었는지를 나누어 보십시오.

20. 그리스도의 승천

제18주일 | 46~49문

질문 46 **"그리스도께서 하늘에 오르셨다"**는 말로써 당신이 고백하는 바는 무엇입니까?

답 그것은 그리스도께서 제자들이 보는 가운데 땅에서 하늘로 올라 가셨으며(행 1:9; 마 26:64; 막 16:19; 눅 24:51),

우리를 위하여 그 곳에서 계시다가(히 7:25, 4:14, 9:24; 롬 8:34; 엡 4:10; 골 3:1),

후에 살아 있는 자들과 죽은 자들을 심판하기 위하여

다시 오실 것을 고백합니다(행 1:11; 막 24:30).

질문 47 그리스도께서 하늘에 오르셨다면,

그리스도는 우리에게 약속한 바와 달리

세상 끝 날까지 우리와 함께 계시지 않은 것이 아닙니까?

(마 28:20)

답 그리스도께서는 참 사람이시면서 또한 참 하나님이십니다.

따라서 인성의 측면에서 본다면, 그리스도는 더 이상 이 땅에

소그룹 양육을 위한 하이델베르크 요리문답 I

계시지 않습니다(히 8:4; 마 26:11; 요 16:28, 17:11; 행 3:21).

하지만 그리스도의 신성, 위엄, 은혜 그리고 영의 측면에서 본
다면,

그리스도는 단 한순간도 우리를 떠나 계시지 않습니다(요 14:17-
19, 16:13; 마 28:20; 엡 4:8, 12).

질문 48 만일 그리스도께서 그의 신성이 계신 모든 곳마다
그의 인성이 또한 계신 것이 아니라면,
그리스도의 신성과 인성이라는 두 본질들이 결국 서로 떨어져
있는 것입니까?

전혀 그렇지 않습니다.
신성은 제한을 받지 않으시고 또한 어디에나 계십니다(행 7:49;
사 66:1; 렘 23:24).
그렇기 때문에 그리스도의 신성은
그가 취하신 인성의 한계를 초월하여 계실 뿐만 아니라,
동시에 인성 안에도 계시며
그리스도의 인격 안에서 그 인성과 연합하여 계시다는 것은
너무도 분명합니다(골 2:9; 요 1:24, 11:15; 마 28:6; 골 2:9).

질문 49 그리스도께서 하늘에 오르신 일로 인하여 우리는 어떠한
유익을 누립니까?

답   답: 첫째로, 그리스도께서는 하늘에 오르시어
하늘에 계신 그의 아버지 앞에서
우리를 위하여 대언자로서 간구하여 주십니다(요일 2:1; 롬 8:34).
둘째로, 그리스도께서는 하늘에 계시므로

우리들 자신의 몸도 하늘에 있습니다.

그것은 머리이신 그리스도께서

그의 지체인 우리를 자신에게로 확실히 받아주실 것임을

확실하게 보증하여 줍니다(요 14:2, 17:24, 20:17; 엡 2:6).

셋째로, 그리스도께서는 하늘에 오르시어

확실한 보증을 더하여 주시기 위하여(요 14:16; 행 2:1, 4, 33; 고후
   1:21-22, 5:5),

곧 그의 성령을 이 땅에 있는 우리들에게 보내주십니다.

성령의 능력을 힘입어서 우리는 땅에 속한 것이 아니라,

그리스도께서 하나님 우편에 앉아 계시는 위에 속한 것들을

   구합니다(골 3:1-4).

━━   우리는 사도신경의 신앙 항목인 "장사한 지 사흘 만에 죽은 자 가운데서 다시 살아나셨음"에 대해서 알아보았습니다. 본래 영광의 하늘 보좌에 계시는 성자 하나님께서 연약한 인성을 취하시어 사람이 되셨으니, 그 분이 곧 우리 주 예수 그리스도이십니다. 갖은 고난과 수욕을 당하시고 죽으심으로 구속의 사역을 완성하신 우리 주님은 부활을 통해서 자신의 영광의 모습을 드러내셨습니다. 예수님의 부활을 믿는 우리의 근거는 성경에 있습니다. 예수님 자신이 받을 고난과 부활을 스스로 예고하셨던 주님은 과연 자신의 말씀대로 부활하셨습니다.

하지만 예수님의 제자들이라고 아무런 어려움이 없이 쉽게 믿은 것은 아닙니다. 자신들의 눈으로 직접 목도하고 나서야 그들은 비로소 예수님의 부활을 믿었습니다. 예를 들

어, 예수님의 부활을 먼저 확인하였던 동료들의 증언을 의심하며 믿지 못하던 도마에게 예수님은 친히 나타나시어 부활의 사실을 확증하여 주시면서 도마에게 믿음이 있는 자가 되라고 당부하시며 제자들의 증언을 믿지 못하는 불신앙을 책망하셨습니다.

예수님의 부활을 믿는 사람들은 그리스도의 부활로 인한 유익과 은택들을 받게 됩니다. 그것은 무엇보다도 그리스도의 부활이란 주님께서 우리의 죗값을 완전히 치르셨음을 확증해 주는 사건이라는 사실에서 비롯되는 것들입니다. 우리의 죗값을 완전히 치르심으로써 죽음의 권세를 이기신 예수님의 부활은 이제 죄인이었던 우리로 하여금 그리스도의 의에 참여하게 하십니다. 그리스도의 부활을 믿는 자는 그리스도의 의를 자신의 의로 누리게 됩니다. 아울러 예수님의 부활의 능력은 그의 부활을 믿는 자들을 또한 새로운 생명으로 다시 살아나도록 하시며, 이 땅에 사는 동안 중생자로서 믿음의 삶을 살아갑니다. 이뿐 아니라 예수님께서 재림하실 그날에 예수님을 구주로 믿는 우리도 예수님과 같이 영광스럽게 부활하리라는 사실을 확실히 보증하여 줍니다.

부활하신 예수님은 사십 일 동안 제자들과 함께 계시면서 하나님 나라의 일에 관한 교훈을 가르치시다가 제자들이 보는 가운데 땅에서 하늘로 오르셨습니다. 사도신경은 "장사한지 사흘 만에 죽은 자 가운데 다시 살아나시며 하늘에 오르사"라고 고백을 함으로써 이 사실을 분명하게 확증합니다. 우리 주님께서는 하늘에 오르시어 그곳에 계시다가 장차 때가 되면 살아 있는 자들과 죽은 자들을 심판하러 다시 오실 것입니다.

그러면 예수님께서 오르신 하늘이란 어디를 가리키는 것일까요? 성경에서 하늘이라고 일컬어지는 뜻은 대체로 세 가지로 구분됩니다. 하나는 예수님께서 "공중의 새를 보라"(마 6:26)고 말씀하실 때처럼, "공중"을 가리킵니다. 또 다른 하나는 시편 기자가 시편 8편에서 "주의 손가락으로 만드신 주의 하늘과 주께서 베풀어 두신 달과 별들을 내가 보오니"(시 8:3)라고 노래한 것처럼, 눈에 보이는 하늘을 가리킵니다.

끝으로 앞서 말한 "눈에 보이는 이 세계의 하늘"과는 전혀 다른 것을 가리키는 하늘이 있습니다. 이것은 구원을 받은 성도들의 영혼들이 거하는 곳을 가리키는 하늘입니다. 육신의 삶을 살고 난 이후에 성도들의 몸은 썩어져 사라질 것이지만, 그들의 영혼은 낙원 또는 아브라함의 품이라고 일컬어지는 곳으로 가게 됩니다. 이 낙원은 하나님께서 영원토록 자신의 영광을 찬란하게 드러내시는 곳이며 그리스도 안에 있는 거룩한 영혼들이 복락을 누리는 곳입니다. 예수님께서 부활하신 후에 오르신 하늘은 바로 이 낙원을 가리킵니다.

물론 이 낙원이 물리적이며 자연적인 어느 장소에 있는 것은 아닙니다. 그것은 육체로 아는 어떤 특정한 지역을 가리키는 공간이 아니기 때문입니다. 그렇지만 예수님께서 "내가 너희를 위하여 거처를 예비하러 가노니 가서 너희를 위하여 거처를 예비하면 내가 다시 와서 너희를 내게로 영접하여 나 있는 곳에 너희도 있게 하리라"(요 14:2,3)고 말씀하신 바처럼, 죽은 후에 성도의 영혼들이 가게 될 어느 장소가 있다는 것은 틀림없는 사실입니다. 죽은 후에 성도의 영혼은 곧 바로 예수님과 함께 있게 됩니다. 그러하기 때문에 예수님은 요한복음 17장에서 기도하시기를 "아버지여 내게 주신 자도 나 있는 곳에 나와 함께 있어 아버지께서 창세 전부터 나를 사랑하시므로 내게 주신 나의 영광을 그들로 보게 하시기를 원하옵나이다"(24절)고 하였던 것입니다. 우리는 예수님께서 십자가에 못 박히던 그 때에 주님이 어느 한 편에 있던 강도에게 "오늘 네가 나와 함께 낙원에 있으리라"고 말씀하셨던 사실을 기억합니다. 주님의 말씀은 그리스도 안에 있는 성도의 영혼이 이르는 복락의 장소가 있다는 사실을 말해줍니다. 따라서 우리는 예수님께서 승천하시어 가신 곳은 어느 지역과 공간을 가리키며 그곳이 바로 복락의 장소인 낙원이라는 사실을 확신할 수 있습니다.

그런데 사람들이 흔히 오해하는 한 가지 점이 있습니다. 예수님께서 낙원으로 올라가셨다는 말이 마치 예수님이 이전에는 한 번도 계시지 않았던 곳을 처음으로 올라가셨음을 뜻하는 것으로 오해하는 이들이 있습니다. 예를 들어, 천주교인들은, 구약의 성도들의 경우에 이들이 죽었을 때에는 아직 예수님께서 낙원으로 올라오지 않으셨기 때문에, 구약 성도들의 영혼들은 소위 림보라는 곳에 모여 있었다고 말합니다. 그러나 이것은 매우 잘못된 생각입니다. 예수님은 본래 성자 하나님께서 인성을 취하심으로써 인간이 되신 분이십니다. 그렇기 때문에 신성에 따라서는 항상 하나님이셨으며, 하나님이시기를 그치신 적이 없습니다. 말하자면 성자 하나님께서 인성을 취하여 마리아의 몸에서 잉태되어 나신 이후에도 여전히 하나님은 성부, 성자, 성령 삼위일체 하나님이셨습니다. 그러므로 예수님은 신성을 따라서는 낙원에 항상 계셨습니다. 이 낙원에 구약의 성도들도 이미 머물러 있었던 것입니다.

그렇다면 예수님께서 하늘에 오르셨다는 것은 인성에 따라서 하늘에 오르셨음을 뜻합니다. 다시 말해서 부활의 육신을 가지신 그대로 이 땅에서 하늘에 있는 낙원으로 장소를 옮기어 올라가셨다는 사실을 말합니다. 그렇기 때문에 예수님은 승천하신 이후에 육체로는 어디나 계신 것이 아니라 오직 낙원에만 계십니다. 예수님께서 하신 말씀들, "내가 떠나가는 것이 너희에게 유익이라 내가 떠나가지 아니하면 보혜사가 너희에게로 오시지 아니할 것이요 가면 내가 그를 너희에게로 보내리니"(요 16:7), 또 "가난한 자들은 항상 너희와 함께 있거니와 나는 항상 있지 아니하리라"(요 12:8)는 말씀들은 예수님께서 승천하신 이후에는 더 이상 육체로 이 땅에 있는 우리와 함께 계시지 않는다는 것을 분명하게 말해줍니다.

그렇다면 "세상 끝 날까지 우리와 함께 있으리라"는 예수님의 약속은 어떻게 되는 것일까요? 이 질문에 대한 올바른 답을 얻기 위한 첫걸음은 예수님께서는 인성에 따라서 육체가 낙원에 오르셨기 때문에 이 땅에 계시지 않으므로 육체적으로는 우리와 함께 하지 않으신다는 사실을 확실하게 기억하는 것입니다. 그렇다면 예수님이 세상 끝 날까지 우리와 함께 한다는 약속은 육체적으로 함께 하신다는 것이 아닌 다른 뜻이라는 것입니다. 그것이 무엇일까요?

그것은 예수님 참 하나님이시자 또한 참 사람이시라는 신비로운 사실에서 설명됩니다. 인성을 가지신 참 사람으로서

소그룹 양육을 위한 하이델베르크 요리문답 I

의 예수님은 이 땅에 있는 우리와 함께 육체적으로는 거하시지 않으십니다. 그러나 신성을 가지신 참 하나님으로서의 예수님은 우리와 함께 영적으로 거하십니다. 예수님이 신성에 따라서 영적으로 우리와 함께 계시다는 것은 마치 성부 하나님께서 우리와 함께 계시는 것과 동일한 방식으로 우리와 함께 계신다는 것을 의미합니다. 좀 더 구체적으로 말해서, 예수님께서 그의 신성과 위엄과 은혜와 성령으로 우리와 늘 함께 하십니다. 우리가 믿음으로 예수님을 바라볼 때, 예수님께서는 우리를 사랑으로 대하시며 우리에게 보내신 성령으로 우리와 연합하시며, 구원의 완성이 이루어지는 날을 바라보는 소망 가운데 늘 함께 하십니다.

여기서 잠깐 다소 어렵게 여겨지는 질문을 다루어 보도록 할까요? 앞서 말씀드린 것처럼 성자 하나님이신 예수님은 인성과 신성을 모두 가지고 계십니다. 그런데 인성에 따라서 예수님은 낙원에 계시지만, 신성에 따라서는 이 땅에 있는 우리와 함께 계신다면, 예수님의 인성과 신성이 서로 분리된 것이 아닌가라는 질문이 가능합니다. 이 질문에 대한 답은 무엇일까요? 답은 "결코 그렇지 않습니다." 왜 그렇겠습니까? 신성은 어떠한 제한도 받지 않으시며 어디나 계시기 때문입니다. 그러니까 신성은 인성을 초월하면서도, 예수님의 인성이 있는 곳에는 항상 함께 계시기 때문에, 인성과 신성이 분리되는 경우는 없습니다. 그렇지만 물론 예수님의 인성은 신성이 어디나 계신 것처럼 어디나 있지는 않습니다. 결국 믿음의 성도는 신성으로 우리와 늘 함께 계신 예수님의 은혜를 누리면서, 인성으로는 우리와 떨어져 계시는 예수님을 다시 뵈옵기를 소망하며 살아간다고 말할 수 있습니다.

그리스도께서 하늘에 오르심으로 우리에게 베푸시는 유익들은 어떠한 것들일까요? 몇 가지를 말할 수 있는데, 첫째는 그리스도께서 우리의 대언자가 되시어 우리를 위해 그의 아버지 앞에서 간구하여 주신다는 점입니다. 요한일서 2:1에 "나의 자녀들아 내가 이것을 너희에게 씀은 너희로 죄를 범하지 않게 하려 함이라 만일 누가 죄를 범하여도 아버지 앞에서 우리에게 대언자가 있으니 곧 의로우신 예수 그리스도시라"고 말씀합니다. 우리의 허물을 덮으시고 우리를 변호하여 줌으로써 하나님 아버지 앞에서 우리를 마귀의 정죄로부터 보호하여 줍니다. 이 말은 그리스도께서 승천하시기 이전에는 우리의 대언자로서 간구하심이 없었다는 뜻이 아닙니다. 그리스도께서는 승천하시기 이전에도 우리를 위하여 대언 기도를 행하셨으나, 그 모든 것은 승천 이후에 행하실 간구에 근거하여 행하여졌습니다.

둘째로, 그리스도의 승천은 우리의 몸도 그리스도와 연합하여 하늘에 오르게 될 것임을 확실하게 보증하여 줍니다. 왜냐하면 예수님께서 "내 아버지 집에 거할 곳이 많도다 그렇지 않으면 너희에게 일렀으리라 내가 너희를 위하여 거처를 예비하러 가노니 가서 너희를 위하여 거처를 예비하면 내가 다시 와서 너희를 내게로 영접하여 나 있는 곳에 너희도 있게 하리라"(요 14:2~3)고 말씀하신 바를 통해서 이러한 영광을 보증하시기 때문입니다.

셋째로, 그리스도께서는 하늘에 오르심으로써 우리에게 성령을 보내십니다. 요한복음 16:7에서 예수님께서는 친히 이르시기를 "그러나 내가 너희에게 실상을 말하노니 내가 떠나가는 것이 너희에게 유익이라 내가 떠나가지 아니하면 보혜사가 너희에게로 오시지 아니할 것이요 가면 내가 그를 너희에게로 보내리니"라고 하셨습니다. 보혜사 성령님은 우리도 예수님처럼 하늘에 오를 것을 보증하여 주며, 이 땅에 사는 우리로 하여금 그리스도께서 계신 위엣 것, 곧 하늘의 영광과 거룩함을 구하도록 이끌어 주십니다.

여러분, 예수님께서 하늘에 오르시었으나 성령을 보내심으로 우리와 함께 계십니다. 이 약속을 굳게 믿으시고 주님이 계신 하늘의 소망을 바라며 한 주간도 복된 믿음의 삶을 살아가시기 바랍니다.

··· 생각 나누기

되짚는 질문

1_ 갖은 고난과 수욕을 당하시고 십자가에서 처참한 죽음을 당하신 분이 죄인을 구원하고 세상을 새롭게 하실 영광의 구세주라는 사실을 예수님은 무엇을 통해 나타내 보이셨습니까?

2_ 예수님의 제자들은 자신이 받을 고난과 부활을 스스로 예고하셨던 주님의 말씀을 별다른 어려움이 없이 쉽게 믿었습니까? 여러분의 생각은 어떠하십니까?

3_ 예수님께서 우리의 죄를 대속하기 위하여 죽으신 십자가의 죽음을 믿는 것에 더하여 부활을 믿는 것도 구원을 받기 위하여 필요한 믿음입니까? 부활을 믿는 사람들은 그리스도의 부활로 인한 유익과 은택들은 무엇입니까?

새로운 질문

4_ 예수님께서는 부활하신 이후에 이 땅에 머무르셨던 사십 일 동안에 무엇을 하셨습니까? 또 그 후에는 어떠한 일이 있었습니까?

5_ 사도신경은 "장사한 지 사흘 만에 죽은 자 가운데 다시 살아나시며 하늘에 오르사"라고 고백을 하는데, 여기서 하늘이란 어디를 가리키는 것입니까?

6_ 예수님께서 십자가 위에서 한 편의 강도에게 "오늘 네가 나와 함께 낙원에 있으리라" 말씀하신 것에서 보듯이(요 14:2~3도 함께 참조할 것), 성경은 그리스도 안에 있는 성도의 영혼이 이르는 복락의 장소가 있다는 사실을 말해줍니다. 그런데 이 장소는 어떠한 것이며 또 우주의 물리적 공간 가운데 어디에 있을 것이라고 여러분은 생각하십니까?

7_ 예수님이 이 세상에 오셔서 죄인을 구원하시기 위한 일을 이루시기 이전에 죽었던 구약의 성도들은 죽은 후 어디에가 있습니까?

8_ 예수님은 부활하신 후 육체를 가지시고 낙원에 오르셨습니다. 따라서 이 땅에는 계시지 않습니다. 그렇다면 "세상 끝날까지 우리와 함께 있으리라"는 예수님의 약속은 어떻게 이해해야 하겠습니까?

9_ 인성에 따라서 예수님은 낙원에 계시지만, 신성에 따라서는 이 땅에 있는 우리와 함께 계신다면, 예수님의 인성과 신성이 서로 분리되어 있다는 것을 뜻합니까?

10_ 그리스도께서 하늘에 오르심으로 우리에게 베푸시는 유익들은 어떠한 것들이 있는지 말해 보시기 바랍니다.

11_ 오늘 공부를 통하여 여러분이 어떠한 신앙의 유익을 얻었는지 나누어 보십시오.

21. 하나님 우편에 앉으심과
　　재림과 심판

질문 50　"하나님 우편에 앉아 계시며"라는 말을 신앙고백 가운데
　　　　　덧붙이고 있는 까닭은 무엇입니까?

　답　그리스도께서 하늘에 오르셨다는 사실을 고백함으로써
　　　그가 하늘에 오르신 목적 곧 그가 자기 교회의 머리라는 것과
　　　(엡 1:20-23; 골 1:18)
　　　그를 통하여 하나님 아버지께서 만물을 다스리신다는 것을
　　　나타내 보이기 위함입니다(마 28:18; 요 5:22-23).

질문 51　우리의 머리이신 그리스도의 이와 같은 영광으로 인하여
　　　　　우리는 어떠한 유익을 누립니까?

　답　첫째로, 그리스도께서 그의 성령으로 그의 지체인 우리에게
　　　하늘의 은혜를 부어주십니다(행 2:23; 엡 4:7-12).
　　　둘째로, 그리스도는 그의 능력으로 모든 원수들에게서 우리를
　　　　보호하시고 지켜주십니다(시 2:9, 110:2; 요 10:27-30; 계 19:11-16).

질문 52 "산 자와 죽은 자를 심판하시기 위하여 그리스도께서 하늘로부터 다시 오실 것"이라는 고백이 당신에게는 주는 유익은 어떠합니까?

답 내가 그 어떠한 슬픔 가운데 처하게 될지라도
또 그 어떠한 핍박을 당하는 일이 있더라도,
하늘을 향해 눈을 들어
나를 대신하여 하나님 앞에서 이미 심판을 받으시고
내가 받아야 할 모든 저주를 내게서 제하여 주신
바로 그 그리스도께서 다시 오셔서
이 모든 일을 심판해 주실 것을 확신을 가지고 기다립니다(눅 21:
28: 롬 8:22-25: 빌 3:20-21: 살전 4:16: 딛 2:13-14).
그리스도는 그의 원수인 나의 모든 원수에게 저주의 형벌을 내리시어
영원히 멸망시키실 것입니다(살후 1:6-10: 마 25:41-42).
그러나 그가 택하신 모든 자들과 더불어 나를
하늘의 기쁨과 영광 가운데로 이끌어 들이시어
그와 함께 거하도록 하실 것입니다(마 25:34: 살전 4:16-17: 살후 1:7).

━ 앞에서 우리는 사도신경의 신앙 항목 가운데 그리스도께서 "하늘에 오르신" 승천에 대해서 알아보았습니다. 우리 주 예수 그리스도께서는 인성을 취하여 사람이 되셨던 성자 하나님이십니다. 따라서 예수님은 사람이 되기 이전부터, 본래 하나님이십니다. 그러한 예수님께서 인성을 취하시고 십자가의 고난과 죽음을 당하심으로써 낮아짐의 길을 스스로 겪으셨습니다. 그리고 이제 다시 본래의 영광의 상태로

변화를 하셨으니, 곧 부활하시고 하늘에 오르신 것입니다.

예수님께서 오르신 하늘이란 어디를 가리키는 것일까요? "눈에 보이는 이 세계의 하늘"과는 전혀 다른 하늘을 가리킵니다. 이 하늘은 구원받은 성도들의 영혼들이 거하는 곳입니다. 이 곳은 하나님께서 영원토록 자신의 영광을 찬란하게 드러내시며 그리스도 안에 있는 거룩한 영혼들이 복락을 누리는 곳입니다. 예수님께서 부활하신 후에 오르신 하늘은 바로 이 낙원을 가리킵니다.

하늘에 오르셨기 때문에, 당연히 예수님께서는 육체적으로는 이 땅에 있는 우리들과 함께 하시지 않습니다. 그러나 신성을 가지신 참 하나님으로서의 예수님은 우리와 함께 영적으로 계십니다. 하늘에 오르시어 신성과 위엄과 은혜와 성령으로 우리와 늘 함께 하시는 예수님은 우리의 대언자가 되시어 우리를 위해 하나님 아버지 앞에서 간구하시며 우리를 변호하여 주십니다. 그리고 하늘에 오르신 예수님은 또 다른 보혜사 성령님을 우리에게 보내주심으로써 우리도 주님처럼 하늘에 오를 것을 보증하여 주셨으며, 아울러 이 땅에서 사는 동안에도 죄의 정욕을 이기고 거룩한 위엣 것을 찾으며 살 수 있도록 은혜를 베풀어 주십니다.

그런데 하늘에 오르신 예수님은 어디에 계실까요? 사도신경에서 고백하고 있듯이 하늘에 오르신 예수님은 "전능하신 하나님 우편에 앉아" 계십니다. 여기서 "하나님 우편"이란 지극히 높으시고 전능하신 하나님의 존엄과 영광과 위엄을 가리키는 표현입니다. 하나님의 무한하시며 완전한 영이시므로 사람의 경우처럼 왼편, 오른편이라는 어느 공간을 지정하는 뜻이 아닙니다. 예수님께서 하늘에 오르시어 하나님 우편에 앉아 계신다는 것은 결국 예수님께서 권능과 영광을 하나님 아버지와 동등하게 취하심을 뜻하며, 동시에 하나님께서는 예수님을 통하여 만물을 다스리신다는 것을 뜻합니다.

그렇지만 예수님이 누리시는 신성의 영광과 위엄은 하늘에 오르시어 하나님 우편에 앉으실 때에 비로소 누리시게 되는 것이 아닙니다. 왜냐하면 예수님은 인성을 가지고 이 땅에 거하실 때에도 항상 신성에 따라서는 완전한 하나님이시기 때문입니다. 따라서 "전능하신 하나님 우편에 앉아 계신다"는 신앙고백이 교훈하는 초점은 이 땅에 계시는 동안 감추어 있어 드러나지 않았던 그리스도의 신성의 권능과 영광이 이제는 분명하게 나타나고 있음을 말씀하는 데 있습니다. 신성의 영광을 그의 인성 가운데 감추고 자신을 낮추셨던 그리스도께서 본래 항상 계시며 영원히 계시는 하나님 아버지와 동등한 하나님이심을 고백하는 것입니다.

예수 그리스도께서 하나님 우편에 앉아 계신다는 사실은 예수님이 만물을 다스리시는 분이라는 사실뿐 아니라, 바로 교회의 머리이심을 또한 말해줍니다. 다소 길지만 에베소서 1:20~23을 보면 이 사실이 명확하게 제시되어 있습니다. "그의 능력이 그리스도 안에서 역사하사 죽은 자들 가운데서 다시 살리시고 하늘에서 자기의 오른편에 앉히사 모든 통치와 권세와 능력과 주권과 이 세상뿐 아니라 오는 세상에 일컫는 모든 이름 위에 뛰어나게 하시고 또 만물을 그 발아래 복종하게 하시고 그를 만물 위에 교회의 머리로 삼으셨느니라 교회는 그의 몸이니 만물 안에서 만물을 충만케 하시는 이의 충만함이니라." 무엇을 말씀합니까? 이것은 선지자 직분과 제사장 직분과 왕의 직분을 통하여 중보자의 직분을 온전히 담당하시는 예수 그리스도께서 이제 영광을 입으신 교회의 머리로서 교회를 위하여 간구하시고, 성령을 베푸시며, 또한 교회를 영광스럽게 보존하고 보호하고 계심을 뜻합니다.

다시 말해서, 하나님 우편에 계신 그리스도께서 교회의 머리로서 교회를 위하여 하시는 사역은 크게 두 가지로 요약할 수 있습니다. 첫째로, 그리스도께서는 그리스도의 몸인 교회의 각 지체들에게 성령의 은사를 베푸시어 교회를 양육하시며 다스리시는 일을 하십니다. 에베소서 4:8, 10~12에 "그러므로 이르기를 그가 위로 올라가실 때에 사로잡혔던 자들을 사로잡으시고 사람들에게 선물을 주셨다 하였도다" "내리셨던 그가 곧 모든 하늘 위에 오르신 자니 이는 만물을 충만하게 하려 하심이라 그가 어떤 사람은 사도로, 어떤 사람은 선지자로, 어떤 사람은 복음 전하는 자로, 어떤 사람은 목사와 교사로 삼으셨으니 이는 성도를 온전하게 하며 봉사의 일을 하게 하며 그리스도의 몸을 세우려 하심이라"고 하신 말씀은 바로 하나님 우편에서 우리 주님께서 하시는 일을 말하여 줍니다.

둘째로 그리스도께서는 교회를 모든 원수로부터 보호하고 보존하십니다. 시편 110:1~2을 보면 "여호와께서 내 주에게 말씀하시기를 내가 네 원수들로 네 발판이 되게 하기까지 너는 내 오른쪽에 앉아 있으라 하셨도다 여호와께서 시온에서부터 주의 권능의 규를 내보내시리니 주는 원수들 중에서 다스리소서"라는 말씀이 나옵니다. 이 말씀은 예수 그리스도 께서 자신의 권능으로 우리 주 그리스도의 몸인 교회의 지체 한 사람 한 사람을 끝까지 보호하신다는 것을 말하고 있습니다. 요한복음 10:28에 우리 주님께서는 "내가 그들에게 영생을 주노니 영원히 멸망치 아니할 것이요 또 그들을 내 손에서 빼앗을 자가 없느니라"고 말씀하신 것도 바로 교회를 보호하시고 보존하시는 주님의 권능과 약속을 말하고 있습니다.

이러한 고백을 통하여 우리는 말로 다 표현할 길이 없는 참으로 커다란 위로, 고귀한 위로를 받습니다. 왜냐하면 우리의 왕이시요 우리의 머리이시면서도 우리의 형제이신 예수님이 하늘에 오르사 하나님 우편에 앉으시므로 우리를 향하여 모든 선한 것을 베풀어 주실 것이기 때문입니다. 다시 말해 그리스도께서는 우리에게 성령을 보내시고, 그로 인하여 우리에게 하나님을 아는 참된 지식과 믿음과 회개를 비롯한 하늘의 은사들을 베푸실 것입니다. 그리하여 마지막 날에 이르기까지 우리를 보호하시고 우리의 구원을 보존하심으로 그의 몸인 교회를 지키실 것입니다.

하나님 우편에 계신 예수님은 때가 되면 다시 오실 것이며 심판을 행하실 것입니다. 이 사실과 관련하여 사도신경은 일곱 번째 신앙 항목에서 "하나님 우편에 앉아 계시다가 저리로서 산 자와 죽은 자를 심판하러 오시리라"고 고백합니다. 여기서 "저리로서"라는 말은 "그곳으로부터"라는 뜻입니다. 즉 하늘에 오르사 낙원에 계신 예수님께서 그곳으로부터 이 세상에 다시 오시어 의인과 악인을 구분하는 심판을 행하실 것입니다.

그런데 예수님의 십자가 대속의 죽음과 그의 부활을 믿지 않는 사람들은 또한 예수님의 재림과 심판을 믿지 않습니다. 믿지 않는 자들의 말에 대하여 베드로후서 3:4에 "주께서 강림하신다는 약속이 어디 있느냐 조상들이 잔 후로부터 만물이 처음 창조될 때와 같이 그냥 있다"고 기록되어 있는 바처럼, 예수님의 재림과 심판에 대한 조롱은 성경이 기록되었던 옛적이나 오늘에나 항상 있어 왔습니다. 그러나 성경은 예수님의 재림과 심판에 관하여 확정적으로 예언하고 있습니다. 무엇보다도 예수님께서 친히 재림하실 것이라고 말씀하셨습니다. 누가복음 18:8에서 "내가 너희에게 이르노니 속히 그 원한을 풀어 주시리라 그러나 인자가 올 때에 세상에서 믿음을 보겠느냐 하시니라"고 말씀하셨습니다. 심판과 관련해서는 마태복음 25:34에서 "그때에 임금이 그 오른편에 있는 자들에게 이르시되 내 아버지께 복 받을 자들이여 나아와 창세로부터 너희를 위하여 예비된 나라를 상속받으라"고 하셨으며, 41절에서 "또 왼편에 있는 자들에게 이르시되 저주를 받은 자들아 나를 떠나 마귀와 그 사자들을 위하여 예비된 영원한 불에 들어가라"고 하셨습니다.

거듭 말씀드리지만 예수님의 재림과 심판에 관한 사실은 성경이 명확하게 확증하고 있는 교훈입니다. 우리는 방금 예수님께서 친히 하신 말씀을 살펴보았는데, 이 사실에 대하여 바울 사도가 기록한 말씀은 이러합니다. "너희로 환난을 받게 하는 자들에게는 환난으로 갚으시고 환난을 받는 너희에게는 우리와 함께 안식으로 갚으시는 것이 하나님의 공의시니 주 예수께서 자기의 능력의 천사들과 함께 하늘로부터 불꽃 가운데에 나타나실 때에 하나님을 모르는 자들과 우리 주 예수의 복음에 복종하지 않는 자들에게 형벌을 내리시리니 이런 자들은 주의 얼굴과 그의 힘의 영광을 떠나 영원한 멸망의 형벌을 받으리로다"(살후 1:6~9). 그렇습니다. 예수님의 재림과 심판은 하나님께서 공의의 하나님이심을 부정할 수 없다는 사실에 기초하는바 확실하며 반드시 이루어질 사건입니다.

요한계시록 20:11~12의 말씀을 살펴보겠습니다. "또 내가 크고 흰 보좌와 그 위에 앉으신 이를 보니 땅과 하늘이 그 앞에서 피하여 간 데 없더라 또 내가 보니 죽은 자들이 큰 자나 작은 자나 그 보좌 앞에 서 있는데 책들이 펴 있고 또 다른 책이 펴졌으니 곧 생명책이라 죽은 자들이 자기 행위를 따라 책들에 기록된 대로 심판을 받으리라." 사람이 죽는 것은 정해진 이치입니다. 누구도 죽음을 피할 수 없습니다. 그런데 그 후에는 심판이 있습니다. 심판과 관련한 성경의 여러 본문들은 "행위에 따라" 심판이 달라질 것이라고 교훈합니다. 여기서 오해하지 말아야 할 것은 "행위에 따라서" 구원이 결정이 된다는 말이 아닙니다. 하나님께서는 악인들에게 그들이 악함을 드러내어 영원한 형벌의 심판을 하시며, 의인들에게는 그들이 참 믿음에 따라 맺은 열매를 드러내어 영원한 생명을 주신다는 것을 뜻하는 말입니다. 누구도 자신의 행위로 구원을 받지 못합니다. 다만 예수 그리스도의 공로를 믿고 하나님의 은혜에 감사하는 자는 믿음을 주신 성령님의 도움을 받아 성령의 열매를 이루게 될 따름입니다. 하나님께서는 악인을 심판하실 때에, 의인에게 있는 이러한 열매를 들어, 악인들의 입을 막고 그들을 심판하시는 하나님의 공의를 드러내시는 것입니다.

예수님이 언제 재림하실까요? 마가복음 13:32에 답이 있습니다. "그 날과 그 때는 아무도 모르나니 하늘에 있는 천사들도 아들도 모르고 아버지만 아시느니라." 하나님께서는 우리에게 재림의 때를 계시하여 주시지 않으셨습니다. 그 까닭은 우리로 하여금 재림의 소망을 믿고 바라며 인내하게 하시며, 육신의 안일에 빠지지 않고 하나님의 교훈 앞에 늘 깨어 있게 하시며, 불경건한 자들이 회개를 미루지 않도록 하게 하시기 위함입니다. 악인들은 심판의 말씀을 듣기를 싫어하며 두려워합니다. 그러한 그들의 태도를 통해 그들은 자신들이 불경건한 자임을 스스로 드러냅니다.

그러나 의인은 하나님의 심판의 교훈을 듣고 회개를 하며 그리스도의 은혜를 찬송합니다. 그가 다시 오셔서 교회를 구원하시고 하늘과 땅을 새롭게 하시며 하나님 나라의 의를 충만히 하실 것을 바라며, 현재의 고난 속에서도 미래의 영광을 바라봅니다. 이것이 성도에게 주시는 하나님의 위로입니다. 여러분 모두 이 위로를 넉넉히 누리시는 성도의 복을 충만히 누리시기 바랍니다.

...생각 나누기

되짚는 질문

1_ 예수님께서 오르신 하늘은 어디에 있는지, 또 어떠한 곳인지에 대해 여러분들의 생각을 나누어 보시기 바랍니다.

2_ 예수님께서 하늘에 오르셨으니, 예수님께서는 어떻게 이 땅에 있는 우리와 함께 하실 수 있는 것입니까?

3_ 하늘에 오르신 예수님께서 우리를 위하여 행하시는 일들에 대해 생각을 나누어 보십시오.

새로운 질문

4_ 사도신경은 하늘에 오르신 예수님께서 "전능하신 하나님 우편에 앉아 계신다"고 고백을 합니다. "전능하신 하나님 우편에 앉아 계신다"는 말의 의미에 대한 생각을 서로 나누어 보십시오.

5_ 예수님은 성자 하나님이시며 완전한 참 하나님이십니다. 그런데 사도신경은 왜 "하늘에 오르시어 하나님 우편에 앉아 계신다"고 고백을 함으로 예수님의 신성의 영광과 위엄을 특별히 고백하는 것입니까?

6_ 에베소서 1:20~23을 읽고, 이 말씀이 예수님께서 하나님 우편에 앉아 계신다는 사실과 관련하여 밝혀주는 의미에 대해서 나누어 보십시오.

7_ 하나님 우편에 계신 그리스도께서 교회의 머리로서 교회를 위하여 하시는 사역을 크게 두 가지로 요약하여 보십시오.

8_ 그리스도께서 전능하신 하나님 우편에 앉아 계신다는 사실이 우리에게 주는 위로에 대해서 서로 생각을 나누어 봅시다.

9_ 예수님의 재림과 심판을 믿지 않는 사람들에게 대하여 여러분은 무엇을 말씀해 주시겠습니까? 성경은 예수님의 재림과 심판에 대하여 무엇이라 말씀합니까?

10_ "행위에 따라" 심판이 달라질 것을 교훈하는 성경의 여러 본문들과 관련하여 흔히 사람들이 오해하는 것은 무엇입니까? 여러분은 이러한 오해를 어떻게 바르게 풀어 주겠습니까?

11_ 예수님의 재림과 관련하여 우리가 알 수 있는 바와 알 수 없는 바는 무엇입니까?

12_ 오늘 공부를 통하여 여러분이 어떠한 신앙의 유익을 얻었는지를 나누어 보십시오.

구원: 성령 하나님에 관하여

필립 멜란히톤 1497-1560 ┃ 마르틴 루터의 조력자이며 후계자로 루터파 종교개혁의 중요한 리더였다. 성만찬을 놓고 루터와 츠빙글리가 첨예하게 갈라섰지만 멜란히톤은 이 양자의 주장을 잘 조화시켜 칼빈의 성찬관과 거의 동일한 교리를 제시했다. 그 결과는 멜란히톤이 작성한 아우구스부르크 신앙고백에 잘 나타나 있다. 멜란히톤은 종교개혁에 적극적인 팔츠에 많은 조언을 함으로써 개혁을 도왔고 만년에 비텐베르크 대학에서 자카리우스 우르시누스를 가르치도 했다. 하이델베르크 사람들은 종교개혁에서 자신들의 도시에 많은 조언을 한 멜란히톤을 가리켜 '우리의 개혁자'라고 부르기도 했다.

22. 성령 하나님

질문 53   성령 하나님에 관하여 당신이 믿는 바는 무엇입니까?

답   첫째로, 성령 하나님께서 성부 하나님 그리고 성자 하나님과 더
불어 참되시며 영원하신 하나님이심을 믿습니다(요일 5:7;
창 1:2; 사 48:16; 고전 3:16, 6:19; 행 5:3; 마 28:19; 행 5:3-4).

둘째로, 성령 하나님께서 또한 나에게도 주어져(갈 4:6; 마 28:20;
고전 6:19; 고후 1:21-22; 엡 1:13)

나로 하여금 참된 믿음을 가지고 그리스도와 그가 주시는 모든
은택들에 참여하게끔 하십니다(갈 3:14; 벧전 1:2; 고전 6:17).

그리하여 성령 하나님께서는 나를 위로하실 뿐만 아니라(행 9:31;
요 15:26) 나와 더불어 영원토록 함께 거하십니다(요 14:16; 벧전
4:14).

━━   우리는 그리스도께서 "하늘에 오르신" 후에 "전능하신 하나님 우편"에 앉아 계신 것과 "그곳으로부터 산 자와 죽은 자를 심판하러 오실 것"이라는 고백에 대해서 알아보았습니다. 예수님께서 하나님 우편에 계시다는 고백은 예수님께서 하나님 아버지와 동등한 권능과 영광을 취하시고 계심을 뜻합니다. 이 땅에 오시어 인성 가운데 감추고 계셨던 신성의 영광을 부활하고 승천하시어 나타내셨음을 뜻하는 고백입니다. 따라서 "하나님 우편에 앉아 계시다"는 고백은 예수님께서 전능하신 하나님의 영광과 권능으로 온 만물을 다스리심을 말할 뿐 아니라 특별히 교회의 머리이시라는 사실을 말합니다. 성령을 보내시어 교회를 양육하고 다스리시며 또한 원수로부터 교회를 보호하고 보존하십니다.

사도신경은 이어서 예수님께서는 다시 오셔서 심판을 행하실 것이라고 고백합니다. 예수님의 재림과 심판은 하나님께서는 공의로우신 분이시므로 반드시 이루어질 사건입니다. 그 심판의 때에 예수님께서는 악인들의 악함을 드러내시어 영원한 형벌을 명하시며, 의인들에게는 영원한 생명을 선언하십니다. 의인은 어떠한 사람들입니까? 예수 그리스도께서 당하신 십자가의 죽음이 자신의 죄를 대신 속한다는 복음을 믿고 하나님의 교훈에 순종하여 산 자들이 의인입니다. 이들은 자신들에게 주신 하나님의 은혜에 감사하며 성령님의 선한 열매를 맺습니다. 그러므로 하나님께서는 악인들을 심판하실 때에, 의인들의 열매를 들어, 악인들로 변명하지 못하게 하시며 하나님의 공의를 드러내십니다. 언제쯤 주님께서 다시 오시어 심판을 하시겠습니까? 아무도 모릅니다.

하나님께서는 우리에게 미리 그 때를 알게 하시지 않았기 때문입니다. 다만 우리로 하여금 그 날이 오늘일 수도 있음을 생각하며, 날마다 교회를 새롭게 하고 하나님 나라의 의를 이루실 그 날을 소망하며 살라고 교훈하셨습니다.

주님께서는 다시 오실 때까지 이 세상에 있는 자신의 백성들을 홀로 내버려 두지 않으십니다. 마태복음 28:18~20에서 예수님은 "하늘과 땅의 모든 권세를 내게 주셨으니 그러므로 너희는 가서 모든 족속을 제자로 삼아 아버지와 아들과 성령의 이름으로 세례를 베풀고 내가 너희에게 분부한 모든 것을 가르쳐 지키게 하라 볼지어다 내가 세상 끝날까지 너희와 항상 함께 있으리라 하시니라" 말씀하셨습니다. 이 말씀에서 이르신 것처럼, 예수님께서는 승천하시어 하늘에 계시는 동안도 여전히 우리와 함께 계십니다. 어떻게 그러하실 수가 있을까요? 승천하신 예수님의 몸은 분명 하늘의 낙원에 계십니다. 그러므로 예수님은 그의 부활의 육신이 아니라 눈에 보이지 않는 영으로 우리와 함께 하십니다.

예수님께서는 자신이 하늘에 오르신 이후에도 자신과는 다른 보혜사 곧 성령님을 우리에게 보내주시겠다고 약속하셨습니다. 제자들에게 너희와 항상 함께 있으리라 말씀하신 주님께서는 사도행전 1:4에서 "예루살렘을 떠나지 말고 내게서 들은 바 아버지께서 약속하신 것을 기다리라"고 당부하셨습니다. 하나님 아버지께서 약속하신 바는 "성령"의 보내심을 뜻합니다. 성령님을 보내실 것과 관련하여 예수님께서는 요한복음 14:16에 "내가 아버지께 구하겠으니 그가 또 다른 보혜사를 너희에게 주사"라고 말씀하셨으며, 또 요한복음 16:7에서는 "……내가 떠나가는 것이 너희에게 유익이라 내가 떠나가지 아니하면 보혜사가 너희에게로 오시지 아니할 것이요 가면 내가 그를 너희에게로 보내리니"라고 말씀하셨습니다. 요컨대 성부 하나님께서 성자 하나님을 통하여 성령 하나님을 우리에게로 보내주심으로 성령님은 우리와 함께 계시며, 그 성령님을 통하여 예수님께서는 우리와 함께 하시는 것입니다.

이러한 이해를 바탕으로 사도신경이 고백하는 신앙 항목 가운데 여덟째 항목인 "성령을 믿사오며"에 대해서 좀 더 알아보도록 하겠습니다. 성령님은 삼위일체 가운데 성부 하나님과 성령 하나님이 아닌 제 삼위 하나님을 가리킵니다. 하나님은 본질상 형체가 없으시며 눈에 보이지 않으신 분이시므로 "하나님은 영이시다"고 고백을 합니다. 그렇지만 하나님의 영은 창조함을 입은 피조물인 선한 천사나 악한 천사 또는 인간의 영과는 다른 영입니다. 영이신 하나님은 이 세상에 있는 그 어떤 피조물과도 다르신 창조주이시기 때문에, 천사들과 같이 유한한 영이 아니라, 무한한 영이시며, 신성을 신적 본질로 가지고 계신 영이십니다.

삼위일체 하나님이 영이시라는 사실은 성부 하나님께서도 영이시며, 성자 하나님께서도 영이시며, 성령 하나님께서도 영이심을 뜻합니다. 그런데 삼위일체 가운데 제 삼위 하나님만을 특별히 성부, 성자와 구별하여 성령님으로 부르는 까닭은 무엇일까요? 첫째는 성령 하나님은 성부와 성자 하나님에게서 보냄을 받으신 분으로 성부와 성자와는 구별이 되시는 분이시기 때문입니다. 신적 본질에 따라서는 성부, 성자, 성령 모두 영이시며, 성령 하나님께서는 성부, 성자 하나님에게서 보냄을 받으신 분이시기 때문에 성령님은 성부 하나님의 영(롬 8:9, 14; 고전 12:3; 고후 3:3; 벧전 4:14) 또는 성자 하나님의 영(롬 8:9; 갈 4:6)으로 불리기도 합니다. 그렇지만 성령님은 성부, 성자 하나님과는 구별이 되시는 제 삼위 하나님이십니다. 여기서 조심할 점은 성령 하나님께서 성부, 성자 하나님에게서 보냄을 받으셨다고 하여 성부, 성자 하나님이 먼저 계시고 성령 하나님은 나중에 계시게 된 분이라고 생각해서는 안 됩니다. 성령 하나님도 영원하신 하나님이시기 때문입니다. 성부, 성자 하나님께서 성령 하나님을 보내신다는 것이 정확하게 무엇을 뜻하는지 우리 피조물로서는 알 수 없으며, 다만 거룩하신 삼위 하나님의 관계들을 나타내는 매우 신비로운 표현이라는 사실을 기억해두어야 하겠습니다.

삼위일체 가운데 제 삼위 하나님을 성령 하나님이라 일컫는 또 다른 이유는 성부, 성자와 동일하게 영원하시며 신적 본질이 동일하신 분으로 그 자신이 거룩하신 분이시기 때문입니다. 자신만 거룩하실 뿐 아니라, 아울러 성부와 성자 하나님에게서 보냄을 받아 믿는 자들의 심령에 일하심으로 그들을 거룩하게 하시고 그들로 하여금 영생을 받기에 합당하도록 하시는 분이시기 때문입니다.

여기서 주의해 할 이단적 오류를 한 가지 지적하도록 하겠습니다. 이단들 가운데 어떤 이들은 성령님이 하나님께서 은혜로 주시는 선물, 곧 은사라고 불리는 것을 볼 때(마 7:22; 눅 11:13), 성령님이 성부, 성자 하나님과는 달리 인격이 아니며 성부, 성자 하나님의 능력일 뿐이라고 말합니다. 그러나 이것은 매우 잘못된 주장입니다. 고린도전서 12:4에 "은사는 여러 가지나 성령은 같다"고 말씀하며, 또 11절에 "이 모든 일은 같은 한 성령이 행하사 그의 뜻대로 각 사람에게 나누어 주시는 것이니라"고 말씀합니다. 여기서 명확하게 드러나듯이, 은사들이란 성령님께서 베푸시는 것들이며, 성령님께서는 이러한 은사들을 베푸시는 분으로서 그가 베푸시는 은사와는 완전히 다른 분입니다. 다만 성령님은 성부 하나님께서 성자 하나님을 통하여 우리에게 주신다는 의미에서 선물 또는 은사라 일컬어지기도 합니다.

성령님께서 인격체이시라는 것은 성경의 몇 구절들을 통하여 분명하게 증거됩니다. 사도행전 5:3~4 "어찌하여 사탄이 네 마음에 가득하여 네가 성령을 속이고 땅 값 얼마를 감추었느냐······사람에게 거짓말한 것이 아니요 하나님께로다"고 기록된 말씀에서 보듯이, 성령님이 하나님으로 불린다는 사실은 그가 성부, 성자 하나님처럼 인격체이심을 말해줍니다. 이러한 사실은 예수님께서 "아버지와 아들과 성령의 이름으로" 세례를 주라고 말씀하신 것에서도 확인됩니다. 그렇기 때문에 성령님은 우리에게 마땅히 할 말을 가르쳐 주시기도 하시며(눅 12:12), 사도들을 부르시고 보내시며 따로 세우기도 하시며(행 16:7), 우리가 하나님의 자녀인 것을 친히 증거하시며, 하나님을 아바 아버지라 부르게 하시며(롬 8:16), 우리의 죄로 인하여 근심하시기도 하십니다(엡 4:30).

성부와 성자 하나님에게서 보냄을 받으신 성령 하나님께서 우리의 심령에 오셔서 하시는 일은 무엇일까요? 한마디로 요약을 하면 거룩하게 하시는 일입니다. 좀 더 구체적으로 성령님은 우리의 심령에 진리의 빛을 비추어 깨닫도록 하십니다. "그가 너희에게 모든 것을 가르치시고 내가 너희에게 말한 모든 것을 생각나게 하리라"(요 14:26) 하신 예수님의 말씀이나, "그가 너희를 모든 진리 가운데로 인도하시리니"(요 16:13)라는 말씀이 바로 이 사실을 가리킵니다. 우리를 조명하시며 교훈하시는 성령님은 또한 우리를 중생케 하십니다. 예수님께서는 "사람이 물과 성령으로 나지 아니하면 하나님의 나라에 들어갈 수 없느니라"(요 3:5)고 말씀하셨습니다.

성령님께서는 우리를 진리로 이끄시고 중생케 하시어 우리 마음에 회개와 믿음을 주실 뿐 아니라, 우리를 그리스도와 연합하게 하셔서 우리로 하여금 그리스도로 말미암아 영원한 생명을 얻게 하시고 그리스도께서 베푸시는 모든 영적 은택들을 누리게 하십니다. "그의 계명을 지키는 자는 주 안에 거하고 주는 그의 안에 거하시나니 우리에게 주신 성령으로 말미암아 그가 우리 안에 거하시는 줄을 우리가 아느니라"(요일 3:24)는 말씀이나 "주 예수 그리스도의 이름과 우리 하나님의 성령 안에서 씻음과 거룩함과 의롭다 하심을 받았느니라"(고전 6:11)는 말씀에서 보듯이 그리스도와 연합케 하심으로 성령님은 우리로 하여금 의로우며 거룩하게 하십니다. 그럼으로써 성령님은 우리로 하여금 율법에 순종하게 하심으로써 우리의 생각과 행위를 다스리십니다. 누구든지 그가 하나님의 아들이라면 "하나님의 영으로 인도함을 받는다"는 로마서 8:14의 말씀은 이 사실을 밝혀줍니다.

그렇지만 만일 우리가 믿음이 흔들리고 연약할 경우에는 어떻게 될까요? 성령님께서 끝까지 도우십니다. 이것은 "이와 같이 성령도 우리 연약함을 도우시나니 우리는 마땅히 기도할 바를 알지 못하나 오직 성령이 말할 수 없는 탄식으로 우리를 위하여 친히 간구하시느니라"(롬 8:26)는 말씀이 약속하는 바입니다. 고린도후서 1:21에 "우리를 너희와 함께 그리스도 안에서 굳건하게 하시고 우리에게 기름을 부으신 이는 하나님이시니 그가 또한 우리에게 인치시고 보증으로 우리 마음에 성령을 주셨느니라"는 말씀에서 보듯이 성령님은 우리의 구원과 천국 기업의 보증이십니다.

하지만 데살로니가전서 5:19에 "성령을 소멸치 말며"라고 말씀하신 것을 볼 때, 우리의 믿음이 약할 경우 성령님께서 우리를 떠나시는 경우가 일어나겠습니까? 중생자에게는 결코 그런 일이 일어날 수 없습니다. 다윗이 밧세바와 간음을 하고 나단의 꾸짖음을 받고 회개하며 이르기를 "주의 성령을 내게서 거두지 마소서 주의 구원의 즐거움을 내게 회복시켜 주시고"(시 51:11~12)라고 하였습니다. 이때 다윗이 두려워 한 것은 성령님의 완전한 상실이 아니라 성령님께서 주시는 은사와 기쁨의 상실입니다. 그가 성령님을 완전히 상실하였다면 그와 같은 참회의 고백을 할 수가 없는 것입니다. "성령을 소멸치 말며"라는 말씀도 "교회의 사역을 귀히 여기고" "복음에 대하여 학습하고 묵상하며" "육신의 안일에 빠지지 말고" "기도에 열중하며" "성령의 은사를 선용하여 주님의 영광과 이웃의 구원을 위해" 힘쓰라는 교훈을 주는 데에 중점이 있습니다. 성령님은 회개와 믿음으로 그리스도의 의를 붙드는 모든 자들을 끝까지 도우십니다. 여러분 모두 이 사실을 굳게 믿으시고 성령님이 주시는 심령의 평강을 누리시기를 빕니다.

1_ "하나님 우편에 앉아 계시다"는 고백에 담겨 있는 예수님
에 관한 두 가지 중요한 영적 사실들이 무엇인지를 말해 보
십시오.

2_ 예수님께서 재림하시어 행하실 심판이 그리스도 안에 있는
의인들과 그리스도 밖에 있는 악인들에게 각각 어떻게 나
타나는지 설명해 보십시오.

3_ 주님께서 재림하실 때를 미리 알지 못하는 우리는 어떠한
신앙의 자세로 살아야 합니까?

4_ 주님께서는 다시 오실 때까지 이 세상에 있는 자신의 백성
들을 홀로 내버려 두지 않으시겠다고 약속하셨습니다. 주
님께서는 하늘에 오르시어 낙원에 계신데, 어떻게 이 약속
을 지키시겠습니까?

5_ 하나님은 영이시므로, 삼위일체 하나님은 영이십니다. 즉
성부 하나님께서도 영이시며, 성자 하나님께서도 영이시
며, 성령 하나님께서도 영이십니다. 또한 하나님은 거룩하
십니다. 그렇기 때문에 성부, 성자, 성령 하나님 모두 거룩
한 영이십니다. 그렇다면 성령 하나님은 왜 성부, 성자와
구별되어 '성령' 하나님으로 일컬어지는 것이겠습니까?

6 _ 성경에 보면(마 7:22; 눅 11:13), 성령님은 하나님께서 은혜로 주시는 선물, 곧 은사라고 불립니다. 따라서 성령님이 성부, 성자 하나님의 능력이라고 주장하는 것에 대해 여러분의 응답은 어떠합니까?

7 _ 성령님께서 인격체이심을 어떻게 알 수 있는지, 성경의 구절들을 들어 말해 보십시오.

8 _ 성령 하나님께서 우리의 심령에 오셔서 하시는 일은 무엇입니까? 성령님의 사역을 크게 두 가지로 구별하여 말해 보십시오.

9 _ 우리가 믿음이 흔들리고 연약할 경우에는 성령님께서 우리를 떠나실 것이므로 믿음을 굳건히 하여야 한다는 주장에 대해 여러분의 생각은 어떠합니까?

10 _ 데살로니가전서 5:19의 "성령을 소멸치 말며"라는 말씀이 뜻하는 바를 풀어 말해 보십시오.

11 _ 오늘 공부를 통하여 여러분이 어떠한 신앙의 유익을 얻었는지를 나누어 보십시오.

23. 거룩한 보편 교회,
   성도의 교통, 죄사함

질문 54   그리스도의 "거룩한 보편교회"를 고백할 때, 당신이 믿는 바는
무엇입니까?

답   하나님의 아들께서(엡 5:26; 요 10:11; 행 20:28; 엡 4:12-13)

세상이 시작되는 날부터 끝나는 날까지(시 71:17-18; 사 59:21; 고전 11:26)

모든 인류들 가운데서(창 26:4; 사 49:6; 롬 10:12-13; 계 5:9)

영원한 생명을 주기 위해 그가 택하신(롬 8:29-30; 엡 1:11-13; 벧전 2:9)

교회를(시 111:1; 행 20:28; 딤전 3:15; 히 12:22-23)

그가 보내시는 성령과 그의 말씀으로(사 59:21; 요 10:14-16; 롬 1:16,
10:14-17; 엡 5:26)

참된 믿음 안에서 서로 일치를 이루게 하심으로써(요 17:21; 행 2:42,
46; 엡 4:3-6)

자신에게로 모으시고 보호하시고 보존하십니다(마 16:18; 요 10:16,
28-30; 시 129:1-5).

그리하여 내가 바로 지금 그리고 앞으로도 영원히(시 23:6; 고전 1:8;
요 10:28; 요일 2:19)

이 교회의 살아있는 지체이며 그러할 것임을 믿습니다(고전 12:27;
벧전 2:5).

질문 55 "성도가 서로 교통하는 것"을 고백하면서 당신이 믿는 바는 무엇입니까?

답 첫째로, 믿는 성도 모두 그리고 각각이 그리스도의 지체로서
다 함께 그리스도와 그가 주시는 모든 부요와 은사들에 참여함을 믿습니다(롬 8:32; 요일 1:3; 고전 1:9, 6:17, 12:13).
둘째로, 다른 지체들을 유익하게 하며 그들을 구원하기 위하여,
신자들 각각은 그리스도께서 주신 은사들을 기꺼이 그리고 즐거이
사용하여야 할 의무를 지고 있음을 믿습니다(롬 12:4-8; 고전 12:21, 13:1, 5; 빌 2:5-8).

질문 56 "죄를 사하여 주시는 것"을 고백할 때 당신이 믿는 바는 무엇입니까?

답 그리스도께서 죄를 심판하시는 하나님의 공의를 만족시키셨으므로
하나님께서는 나의 모든 죄를(시 103:3-4, 10, 12; 렘 31:34; 미 7:18-19; 고후 5:18-21; 요일 1:7, 2:2),
그리고 내가 평생 싸워야만 하는 나의 부패한 본성을(롬 7:21-25)
더 이상 기억하지 않으실 것이며,
오히려 그리스도의 은혜를 나에게 전가시키는 은혜를 베푸실 것이므로(롬 3:23-24; 롬 5:18-19; 고후 5:21; 요일 1:7, 2:1-2),
나는 하나님의 심판을 받아 정죄 받게 될 일이
결코 있지 않을 것임을 고백합니다(롬 8:1-4; 요 3:18, 5:24).

— 앞에서 우리는 그리스도께서, "전능하신 하나님 우편으로부터 산 자와 죽은 자를 심판하러 오실" 그 때까지, 성령을 보내시어 교회를 양육하고 다스리시며 또한 원수로부터 교회를 보호하고 보존하신다는 사실에 대하여 알아보았습니다. 주님께서는 다시 오실 때까지 이 세상에 있는 자신의 백성들을 홀로 내버려 두지 않으십니다. 하지만 예수님께서는 승천하시어 하늘에 계시는데, 어떻게 자신의 백성들과 함께 하실 수가 있을까요? 그것은 예수님께서 육신으로 아니라 바로 성령님을 통하여 우리와 함께 하시기 때문입니다.

성령 하나님은 성부와 성자 하나님에게서 보냄을 받으신 분으로 성부와 성자와는 구별되시는 분이시면서, 또한 성부, 성자 하나님과 신적 본질이 동일하시며 영원하신 분으로서 거룩하신 분이십니다. 자신만 거룩하실 뿐 아니라, 믿는 자들의 심령에 역사하시어 그들을 거룩하게 하시고 그들로 하여금 영생을 받기에 합당하도록 하시는 인격적 하나님이십니다. 성령 하나님은 택한 주님의 백성들을 거룩하게 하실 뿐 아니라, 이들이 연약하여 믿음이 흔들릴 때에도 연약함을 도우시며 이들의 구원과 천국 기업의 보증이 되십니다. 진실로 거듭난 자에게는 "성령이 떠나시는 일"이 결코 없습니다. 다만 진실로 거듭난 자라 할지라도, 성령의 은사와 기쁨을 상실하는 경우가 있을 수 있습니다. 그러므로 성경은 육신의 안일에 빠지지 말고, 복음의 교훈을 학습하고 순종하며 성령의 은사를 선용하고 기도에 힘쓸 것을 권면합니다.

성령의 교훈을 듣고 회개하며 믿음 위에 서고, 중생의 은혜를 입고, 성령의 은사를 통해 성도를 섬기며, 성령의 충만함을 누리는 신령한 복을 우리가 어떻게 받으며 전할 수 있을까요? 이 질문에 대한 답을 사도신경은 아홉 번째 신앙 항목에서 밝히고 있습니다. 그것은 "거룩한 보편교회와 성도가 서로 교통하는 것"에 대한 고백입니다. 즉 거룩한 보편교회에 속하여 있으며, 그 안에서 성도가 서로 교통함으로써 성령의 충만함을 누릴 수 있게 됩니다. 그러면 "거룩한 보편교회와 성도의 교통"에 대한 고백이 뜻하는 바가 무엇인지를 살펴보도록 하겠습니다.

먼저 "거룩한 보편교회"라는 표현은 "거룩한 보편적 교회"를 가리킵니다. "보편교회"에 대한 영어의 표현이 "카톨릭 교회"이지만, 천주교회라 불리는 로마 가톨릭 교회를 가리키는 것이 아님에 주의해야 합니다. "카톨릭"이라는 뜻은 "보편적" 또는 "우주적"이라는 뜻인데, 천주교회가 자신만이 진정한 "보편적 교회"라고 주장하기 위해 그 명칭을 자신에게 적용하였을 뿐입니다. 그러나 천주교회의 그러한 주장은 잘못된 것입니다. 하나님께서 인정하시는 참된 보편적 교회는 천주교회가 아닙니다. 진정한 거룩한 보편적 교회, 곧 거룩한 보편교회란 "하나님의 아들이 창세로부터 세상의 마지막 날까지 온 인류 가운데서 영생을 누릴 수 있도록 택하여 참된 믿음으로 하나가 되게 하시며, 또 그의 말씀과 성령으로 그에게로 불러 모으시고 보호하시고 보존하시는 무리"를 가리킵니다. 간단히 말씀드리면, 하나님께서 영생을 주시기 위하여 택하신 성도의 모임이라고 말할 수 있습니다.

어디에서 이 거룩한 보편적 교회를 볼 수 있겠습니까? 사도신경에서 고백하는 "거룩한 보편적 교회"는 눈으로 볼 수 있는 교회가 아닙니다. 교회는 눈으로 볼 수 있는 교회도 있고 또 눈으로 볼 수 없는 교회도 있습니다. 두 종류의 서로 다른 교회가 있다는 말이 아니라 하나의 교회가 두 가지 측면을 모두 가지고 있다는 말씀입니다. 먼저 눈에 보이는 교회, 곧 가시적 교회는 율법과 복음의 교리 전체를 올바르게 고백하고 그리스도께서 제정하신 성례, 곧 세례와 성찬을 바르게 시행하며 하나님의 말씀의 교훈에 순종할 것을 고백하는 사람들의 모임을 통해서 드러납니다. 가시적 교회에는 참으로 중생한 신자들 외에 중생치 못한 자들과 외식하는 자들도 포함되어 있을 수 있습니다. 예수님께서 "나더러 주여 주여 하는 자마다 다 천국에 들어갈 것이 아니요"(마 7:21) 하신 말씀은 이러한 점을 염두에 두신 교훈입니다. 반면에 중생한 자임에도 불구하고 중생한 이후에 바로 하늘의 부름을 받거나, 아니면 교회의 조직이 구성되어 있지 않은 지역이어서 가시적 교회에 속하지 못한 자가 있을 수 있습니다.

하나님의 교회는, 이와 같은 가시적 보편 교회로서의 측면 이외에도, 보이지 않는 교회, 곧 불가시적 교회의 측면을 아울러 가지고 있습니다. 바로 이 불가시적 교회가 사도신경에서 고백하는 "거룩한 보편적 교회"입니다. 앞서 말씀드린 것처럼 "거룩한 보편적 교회"는 하나님께서 그의 아들 예수 그리스도 안에서 택하였으며 또 중생하게 하신 성도들을 가리키는데 이것은 사람의 눈으로 확인하여 구분할 수 없습니다. 물론 성도들은 눈에 보입니다. 하지만 그들의 믿음의 진실성은 다른 사람의 눈에는 보이지 않습니다. 진정한 성도들의 믿음과 경건은 오직 그것을 소유한 자신들만이 알 수 있는 것이기에 누가 참된 중생자이며 또 외식자인지를 사람이 눈으로 보아 분명하게 정확히 구별할 수 없기 때문에 "거룩한 보편적 교회"는 불가시적 교회라고 일컫습니다.

하나님의 교회가 가시적으로도 불가시적으로도 존재한다는 사실 이외에 하나님의 교회를 설명하는 또 다른 측면에서 두 가지 모습이 있습니다. 한편으로 하나님의 교회는 이 세상에 있는 동안에는 그리스도의 복음을 위해 거룩한 싸움을 감당해가는 전투하는 교회의 성격을 지니는 지상교회를 통해 그 모습을 드러내기도 합니다. 다른 한편으로 하나님의 교회는 하늘의 복된 천사들과 함께 구원을 얻은 성도들이 그리스도의 승리를 누리며 또 장차 올 종말을 바라며 그리스도의 왕권에 참여하는 승리한 교회로서의 천상의 교회를 통해 그 모습을 드러내기도 합니다. 여러분과 저는 지금 지상교회의 회원으로서 전투하는 교회에 속하였으나, 주님께서 부르시어 하늘의 낙원에 이르게 되는 날에는 천상 교회의 회원으로서 승리한 교회에 속하게 될 것입니다.

하나님께서 예수 그리스도 안에서 택하신 성도의 모임으로서의 "거룩한 보편교회, 곧 보편적 교회"는 단 하나뿐입니다. 물론 모든 교회 회원들이 함께 거주하거나 예배하는 의식 등이 모두 동일하기 때문이 아니라, 하나님의 교회의 회원들이 믿는 '교리와 신앙'이 동일하다는 의미에서 하나입니다. 그리스도의 영에 의하여 다스림을 받으며 공통된 신앙을 고백하고 같은 성례에 참여하는 영적 동일성에 기초합니다. 따라서 복음의 말씀을 바르게 교훈하고 예수님께서 제정하신 성례를 정당하게 시행하며 죄를 벌하는 교회의 권징을 시행하는 교회의 표지가 하나님의 말씀에 따라서 이루어지고 있다면 그러한 교회는 교회의 머리이신 예수 그리스도에게 속한 참 교회로 인정이 됩니다. 이러한 의미에서 교회는 비록 외형적으로는 차이가 있을지라도 오직 하나의 교회일 뿐입니다.

하나님의 교회를 "거룩한" 보편교회라고 부를 때, 왜 "거룩하다"고 하는 것일까요? 그것은 무엇보다도 교회가 그리스도의 몸이며, 그리스도의 의를 덧입고 있기 때문입니다. 그리스도의 영이신 성령님을 통하여 교회가 죄의 더러움을 씻고 새롭게 되어 거룩함을 이루어 나아가기 때문입니다. 또한 하나님의 교회는 "보편적인 교회"입니다. 그 까닭은 하나님의 교회가 어느 특정한 장소에만 국한되어 있지 않고 온 세상에 퍼져 있기 때문입니다. 또 어느 특정한 민족에게만 제한되어 있지 않고 이 세상의 모든 민족들에게 퍼져 있기 때문이요 창세로부터 세상 끝 날까지 모든 역사에 걸쳐 있기 때문입니다.

사도신경은 단 하나의 거룩한 보편교회에 대한 고백에 바로 이어 "성도가 서로 교통하는 것"에 대해서 고백을 합니다. "성도의 교통"에 대한 고백은 교회에 대한 고백과 서로 분리되는 것이 아닙니다. 앞서 말씀드린 바와 같이 하나님의 교회는 눈에 보이지 않는 불가시적 교회뿐 아니라 눈에 보이는 가시적 교회로서도 그 존재를 드러내는데, 가시적 교회는 다시 두 가지 모습으로 나타납니다.

우선, 가시적 교회는 교회의 여러 직분들과 같은 제도적 형식을 통해서 말씀과 성례라는 은혜의 방편들이 시행되는 조직체 또는 제도로서의 교회로 나타납니다. 하지만 가시적 교회는 조직체의 기관으로서만 그 존재를 드러내는 것이 아닙니다.

가시적 교회는 하나의 유기체로서 자신의 모습을 드러냅니다. 신자들이 동일한 신앙고백을 하며 각각 은사를 사용하여 주님의 사업을 위해 연합하는 활동 가운데 유기체로서의 모습을 드러냅니다. 이러한 유기체의 모습으로서의 교회는 성도가 각각 홀로 존재하는 것이 아니라 그리스도 안에서 서로 연합이 되어 있다는 사실에 기초합니다. 성도는 그리스도를 믿음으로 구원을 받을 때에 그리스도와 연합을 이루는데, 그리스도와의 연합은 곧 서로들 간에 서로 연합되어 있음을 뜻합니다. 성도가 서로 연합되지 않은 채 그리스도와의 연합이란 있을 수 없는 법입니다.

따라서 성도들 각각의 은사는 그 성도 개인만을 위한 것이 아니라 교회를 위하여 봉사하기 위한 것입니다. 성도는 마땅히 또 기쁨으로 자신의 은사들을 다른 지체의 유익과 구원을 위하여 사용할 의무가 있습니다. 이러한 사실을 가리켜 사도신경은 '성도가 서로 교통하는 것을 믿사오며' 라고 고백을 하는 것입니다.

사도신경은 성령 하나님이 누구시며 그가 행하시는 일이 무엇인가와 관련하여 교회에 관한 고백을 한 이후에, 예수 그리스도가 이루신 구원의 은택과 적용을 요약하여 "죄 사함"과 "부활"과 "영생"에 관한 고백을 마지막에 덧붙입니다. 이 가운데서 열 번째 항목인 "죄를 사하여 주시는 것"에 관한 설명을 덧붙여 보겠습니다.

성도가 사도신경에서 죄 사함에 대한 신앙을 고백하므로 성도는 오직 그리스도의 구원이 "은혜로 주어지는 것"이라고 고백합니다. "죄 사함"이란 그리스도 안에 있는 택한 자에게 어떠한 죄도 전가시키지 않을 뿐 아니라, 그에 따른 죄책과 또 마땅히 받아야 할 형벌을 완전히 면하여 주시는 것을 말합니다. 더 나아가서 그리스도의 의를 우리에게 전가시켜 그 의를 우리로 하여금 덧입게 하심도 포함합니다.

죄 사함은 오직 하나님께서 베푸시는 것입니다. 하지만 하나님께서는 공의로우신 분이시므로 죄를 벌하심이 없이 그냥 자신의 자비에 따라서 죄 사함의 용서를 행하시지 않습니다. 하나님께서는 그리스도에게 이미 택하신 모든 백성들의 죄와 형벌을 다 받도록 하심으로써 자신의 공의를 만족시키며, 그리스도의 대속의 공로를 근거로 하여 그리스도를 믿는 자들을 용서하십니다. 그리스도 안에서 하나님은 택한 그의 백성들의 모든 죄와 그들이 일평생 동안 싸워야할 죄악된 본성을 더 이상 기억하지 않으시고, 오히려 그들을 절대적이며 완전한 그리스도의 의로 덧입혀 "의인"으로 받아 주십니다.

물론 그렇다고 하여 하나님께서 죄를 미워하지 않으신다고 생각해서는 안 됩니다. 이 땅에 사는 동안 성도들이 죄를 범할 때 하나님께서 어려움을 내리시기도 하십니다. 이것은 성도를 벌하시기 위한 것이 아니라 징계하시기 위한 것입니다. 하나님께서 그리스도 안에서 죄를 용서하시지만 죄를 미워하신다는 것을 깊이 인식하고, 죄 사함의 은혜를 받은 자로서 죄와 싸워 가는 것이 그 은혜를 받은 성도가 하나님께

드리는 감사의 찬양이라 할 것입니다.

이 땅의 교회는 전투하는 교회라고 말씀드렸습니다. 그것은 죄 사함의 은혜를 입은 교회이기 때문입니다. 그리스도를 믿을 때에 베풀어지는 이 놀라운 죄의 용서에 대한 복음을 굳게 믿고 그로 인하여 기뻐하며 주님을 찬양하는 전투하는 교회의 성도 여러분 모두에게 주님의 위로와 격려와 하늘의 상급이 충만히 임하기를 빕니다.

...생각 나누기

● ● 되짚는 질문 ◢

1_ 우리 구주이신 주 예수 그리스도께서는 재림하시어 심판을 하실 때까지 하나님 우편에서 교회를 위하여 어떠한 일들을 하십니까?

2_ 하늘에 오르시어 하나님 우편에 계신 예수님께서 어떻게 세상 끝 날까지 우리와 함께 계실 수 있습니까?

3_ 성령 하나님은 성부 하나님 및 성자 하나님과 어떤 점에서 다르시며 또 어떤 점에서 같으십니까?

4_ 성령 하나님께서 성도들에게 어떠한 일들을 행하십니까?

5_ 진실로 거듭난 성도에게서 성령이 떠나시는 일이 있을 수 있습니까? 성령을 소멸치 말라는 말씀의 뜻은 무엇입니까?

6_ 성도들이 성령의 충만함을 누리기 위하여 알아야 할 신앙 항목은 무엇입니까?

● ● 새로운 질문 ● ●

7_ 하나님께서 인정하시는 참된 보편교회란 무엇을 뜻합니까?

8	거룩한 보편적 교회를 눈으로 볼 수 있습니까? 거룩한 보편 교회는 어떻게 알 수 있습니까?

9	이 세상에 있는 교회와 낙원에 있는 교회의 특징을 설명해 보시기 바랍니다.

10	거룩한 보편교회는 어떤 의미에서 단 하나뿐입니까?

11	거룩한 보편교회를 가리켜 '거룩한' 교회라 부르며, 또한 '보편' 교회라고 부르는 까닭은 무엇입니까?

12	성도의 교통이란 무엇을 가리키며, 거룩한 보편교회에 대한 고백과 어떻게 연결되는 지를 설명하시기 바랍니다.

13	'죄 사함' 이란 무엇을 뜻하는지에 대해서 서로 생각을 나누어 보십시오.

14	성도들은 죄 사함을 받았는데, 죄를 범하는 성도들에게 하나님께서 벌을 내리시는 까닭이 무엇입니까?

15	오늘 공부를 통하여 여러분이 어떠한 신앙의 유익을 얻었는지를 나누어 보십시오.

질문 57 **"몸이 다시 살 것"이라는 사실을 믿음으로 고백할 때 당신은 어떠한 위로를 받습니까?**

답 이 세상에서 인생을 다 살고 난 후에

나의 영혼이 교회의 머리이신 그리스도에게로 즉시 올려질 것

이며(눅 16:22, 23:43; 빌 1:21, 23; 계 14:13),

또한 나의 이 몸도 그리스도의 능력으로 부활하게 되어

내 영혼과 다시 결합을 하게 되어

그리스도의 영화로운 몸과 같이 될 것입니다(고전 15:53, 54; 욥 19:25,

26; 요일 3:2; 빌 3:21).

질문 58 **"영원히 살 것"을 믿음으로 고백할 때 당신이 누리는 위로는 무엇입니까?**

답 이 땅에서 살고 있는 지금에도

이미 나의 심령 안에서 영원한 기쁨을 누리고 있는 바와 같이

(롬 14:17; 요 17:3),

이 세상을 인생을 다 살고 난 이후에,

눈으로도 보지 못하였으며,

귀로도 듣지 못하였고,

사람의 마음으로도 생각지 못하였던

완전한 구원의 복을 받아 영원토록 하나님을 찬양하는 복을 누

릴 것입니다(요 17:24; 고전 2:9; 고후 5:2-3).

━━　　지난 과에서 우리는 그리스도께서, 성령을 보내시
어 양육하고 다스리시며 원수로부터 보호하고 보존하시는
"하나뿐인 거룩하고 보편인 교회"에 대하여 알아보았습니
다. 우리 말 사도신경에 번역되어 있는 "거룩한 공회"는 "거
룩한 보편교회"를 가리키는 말입니다. 이 교회는 "하나님의
아들이 창세로부터 세상의 마지막 날까지 온 인류 가운데서
영생을 주시기 위하여 택하여 불러 모으시고 보존하시는 성
도의 모임"이라고 말할 수 있습니다.

　　사람의 눈으로는 중생한 자와 그렇지 못한 자를 확실하게
구분할 수 없기 때문에 사도신경에서 고백하는 "거룩한 보편
교회"는 눈으로 볼 수 있는 교회가 아닙니다. 우리가 눈으로
보는 교회는 하나의 조직체로서 복음을 가르치며 세례와 성
찬을 행하는 하나의 기관으로서의 모습을 가지고 있습니다.
또한 눈으로 보는 교회는 동일한 신앙고백을 하며 각각 은사
를 사용하여 주님의 사업을 위해 연합하는 성도들의 활동을
통하여 하나의 유기체로서의 모습을 드러냅니다. 이러한 사
실들은 성도가 그리스도 안에서 낱낱이 홀로 존재하는 것이

아니라 항상 그리스도의 지체로 서로 연결되고 연합되어 있다는 영적 원리에 그 기반을 두고 있습니다. 성도의 은사는 그 어떤 것도 자신만을 위한 것이 아니며 항상 다른 지체들을 위하여 봉사하기 위한 것임을 기억하여야 합니다. 이러한 사실을 가리켜 사도신경은 '성도가 서로 교통하는 것을 믿사오며'라고 고백합니다.

이 땅에서 사는 동안 성도는 눈에 보이는 가시적 교회의 조직에 참여하고, 성도의 교통을 통해 유기체인 교회의 영적 활동에 참여함으로써, 그리스도를 믿음으로 택하여 부르시는 "단 하나의 거룩한 보편 교회"에 속한 자로서 영적 행복을 누립니다. 그 행복은 하나님의 은혜로 "죄 사함"을 입은 그 은혜에 감사하며, 죄와 싸워가는 "전투하는 교회"의 회원으로 살아가는 부르심을 통해 누려집니다.

오늘은 사도신경을 통해 우리의 믿음의 내용을 살펴보는 마지막 시간입니다. 사도신경이 고백하고 있는 열한 번째 항목 "몸이 다시 사는 것"과 열두 번째 항목 "영원히 사는 것을 믿사옵나이다"에 대해서 말씀드리도록 하겠습니다. 성경은 "몸이 다시 사는 것" 곧 "육신의 부활"에 대해서 분명하게 교훈하고 있습니다. 사도 바울은 부활이 없다 하는 자들의 잘못에 대하여 고린도전서 15장에서 이렇게 지적하였습니다. "그리스도께서 죽은 자 가운데서 다시 살아나셨다 전파되었거늘 너희 중에서 어떤 사람들은 어찌하여 죽은 자 가운데서 부활이 없다 하느냐 만일 죽은 자의 부활이 없으면 그리스도도 다시 살아나지 못하셨으리라"(12~13절). 무슨 말입니까? 그리스도께서 부활하셨다는 사실이 너무나 명백하다는 것이

숱한 증인들에 의하여 확인되고 있음을 지적한 바울 사도는 이제 이러한 사실에 근거하여 그리스도의 부활뿐 아니라 우리도 또한 부활할 것임을 교훈하는 것입니다. 정말로 사람이 죽은 다음에 부활하게 될 것인가? 이 질문에 대한 답은 이미 그리스도께서 친히 부활하심으로써 분명하게 주셨음을 바울 사도는 밝히고 있습니다.

육신의 부활이란 어떠한 것일까요? 사람이 죽은 후에 그의 영혼과 육신은 일시적으로 분리가 됩니다. 의인의 영혼은 낙원에 이르며, 악인의 영혼은 음부에서 고통을 받으며 영원한 형벌을 기다립니다. 여기서 주의할 것은 천주교회에서 말하는 "연옥"이란 없다는 것입니다. 천주교회에서는 성도의 영혼이 육체로부터 분리된 이후에 이 세상에서 지은 죄를 정결케 하기 위해 연옥이라는 곳을 가게 되며, 그곳에서 영혼의 정결을 위한 심판과 고통을 받게 된다고 말합니다. 그러나 이것은 성경에 없는 잘못된 주장입니다.

예수님께서 십자가 위에서 운명하시기에 앞서서 "아버지 내 영혼을 아버지 손에 부탁하나이다"(눅 23:46)고 말씀하신 것이나, 스데반이 순교에 앞서 "주 예수여 내 영혼을 받으시옵소서"(행 7:59)라고 기도한 것이나, 바울 사도가 "차라리 세상을 떠나서 그리스도와 함께 있는 것이 훨씬 더 좋은 일이라"(빌 1:23)에서 말했던 것을 볼 때, 성도가 죽은 이후에 영혼은 있지도 않은 연옥을 통과하여 낙원에 이르는 것이 아니라 곧바로 낙원에 이르게 되는 것임을 알 수 있습니다. 반면에 악인의 경우 그 영혼은 고통의 장소로 가게 됩니다. 이러한 사실은 "죄의 삯은 사망이요"(롬 6:23)라고 말씀하고 있기 때문이며, 또한 예수님께서 "오직 몸과 영혼을 능히 지옥에 멸하실 수 있는 이를 두려워하라"(마 10:28)로 교훈하신 바에 의해 분명하게 확인됩니다.

부활이란 죽은 이후에 각각 낙원과 음부에 가 있던 영혼들이 다시 본래의 몸과 결합하여 살아나는 것을 가리켜 말합니다. 이때에 주의해야 할 것은 예수 그리스도 안에 있는 의인과 예수 그리스도 밖에 있는 악인 모두 부활을 한다는 것입니다. 다만 그 부활의 성질이 서로 다를 뿐입니다. 예수님께서는 요한복음 5:28~29에서 "이를 놀랍게 여기지 말라 무덤 속에 있는 자가 다 그의 음성을 들을 때가 오나니 선한 일을 행한 자는 생명의 부활로 악한 일을 행한 자는 심판의 부활로 나오리라"(참조, 단 12:2)고 말씀하셨습니다. 영원한 생명을 누리는 부활인가 아니면 영원한 심판을 받기 위한 부활인가 하는 정 반대되는 운명의 차이가 의인과 악인의 부활의 차이입니다.

요한계시록은 20:13~15에서 악인의 부활이 영원한 심판을 위한 것이라는 사실에 대해 밝히기를 "바다가 그 가운데서 죽은 자들을 내주고 또 사망과 음부도 그 가운데서 죽은 자들을 내주매 각 사람이 자기의 행위대로 심판을 받고 사망과 음부도 불못에 던져지니 이것은 둘째 사망 곧 불못이라 누구든지 생명책에 기록되지 못한 자는 불못에 던져지더라"고 하였습니다. "둘째 사망" 곧 영원한 사망을 위하여 악인들은 부활하게 되는 것입니다. 그러니까 악인의 부활은 구원을 위한 예수 그리스도의 속죄의 공로에 근거하여 이루어지는 것이 아니라, 하나님의 공의에 따른 주권에 의하여 이루어지는 것이라 하겠습니다. 그러나 예수 그리스도 안에 있으므로 생명책에 그 이름이 기록되어 있는 신자들의 부활은 주 예수 그리스도의 구속의 은혜에 따라 이루어지는 생명의 부활입니다. 이 부활과 관련하여 로마서 8:11은 "예수를 죽은 자 가운데서 살리신 이의 영이 너희 안에 거하시면 그리스도 예수를 죽은 자 가운데서 살리신 이가 너희 안에 거하시는 그의 영으로 말미암아 너희 죽을 몸도 살리시리라"고 확증합니다.

의인이 부활로 인하여 어떤 상태의 몸을 갖게 되는 것일까요? 어떤 이들은 우리가 부활 시에 입게 될 몸은 현재의 몸과 아무런 관련이 없으며 완전히 새롭게 창조된 것이라고 주장합니다. 하지만 이러한 주장은 옳지 않습니다. 성경에 따르면 우리가 부활에 입을 몸은 현재의 몸과 연속적이면서 또한 커다랗게 변화된 두 가지 성격들을 모두 지닙니다. 예수님께서 예수님의 부활을 의심한 도마에게 "내 손을 보고……내 옆구리에 넣어보라"(요 20:27)고 말씀하신 내용이나, 고린도전서 15장에서 바울 사도가 "누가 묻기를 죽은 자들이 어떻게 다시 살아나며 어떠한 몸으로 오느냐 하리니 어리석은 자여 네가 뿌리는 씨가 죽지 않으면 살아나지 못하겠고 또 네가 뿌리는 것은 장래의 형체를 뿌리는 것이 아니요 다만 밀이나 다른 것의 알맹이 뿐이로되 하나님이 그 뜻대로 그에게 형체를 주시되 각 종자에게 그 형체를 주시는니라"(35~38절)고 말씀한 바를 기억할 필요가 있습니다. 각 종자마다 뿌린 후에 그것에게 형체를 새롭게 주신다는 것은 뿌려진 종자와 주어지는 형체 사이에 어떤 의미에서의 연속성이 있음을 말해 줍니다. 종자와 형체는 서로 다른 형체를 가지고 있으면서도 여전히 동일한 실체적 연속성을 지니고 있기 때문입니다.

그러면서도 물론 바울 사도의 말씀은 동시에 새로운 변화가 있음을 말해 줍니다. 새로운 형체를 입은 부활의 몸에는 썩지 않는 영광의 상태가 덧입혀져 있습니다. 고린도전서 15:52~53에 "나팔 소리가 나매 죽은 자들이 썩지 아니할 것으로 다시 살아나고 우리도 변화되리라 이 썩을 것이 반드시 썩지 아니할 것을 입겠고 이 죽을 것이 죽지 아니할 것을 입으리로다"고 말씀하신 내용은 부활의 몸이 영광을 입게 될 것임을 말해줍니다. 빌립보서 3:21에 "그가 만물을 자기에게 복종하게 하실 수 있는 자의 역사로 우리의 낮은 몸을 자기 영광의 몸의 형체와 같이 변하게 하시리라"는 교훈도 이 사실을 확증하여 줍니다.

성도의 궁극적 희락은 영원한 생명을 누리는 데에 있습니다. 사도신경은 신앙고백의 마지막 항목으로 "영원히 사는 것을 믿사옵나이다"고 고백합니다. 영생이란 무엇일까요? 우선 영생은 말 그대로 영원히 사는 것을 뜻합니다. 그런데 이것이 생명이 영원히 유지된다는 말을 단순하게 가리키는 것일 수 없음은 방금 앞서 살펴본 악인의 부활을 생각해 보면 쉽게 알 수 있습니다. 악인도 영원한 형벌을 받기 위하여 부활합니다. 그리고 하나님의 공의의 심판에 따라서 영원한 형벌을 받기 때문에 영원히 생명이 존속이 된다고 말할 수도 있을 것입니다. 여기서 악인이 누리는 생명은 바로 그가 입은 부활 육체의 영원한 존속을 의미합니다. 그러나 의인이 누리는 영원한 생명은 단순히 육체의 존속을 의미하지 않습니다. 영생이란 그저 부활한 육체와 영혼의 불멸성을 뜻하는 것이 아닙니다.

그렇다면 의인이 누리는 영생이란 무엇입니까? 그것은 예수 그리스도로 말미암아 성령님께서 우리에게 특별히 역사하심으로써 하나님 안에서 영원한 즐거움을 누리고, 하늘의 영광의 기쁨 가운데, 완전한 복락을 누리기에 필요한 모든 선한 것들을 충만히 누리며, 지극히 존귀하신 하나님의 형상의 고상함을 완전히 회복한 상태를 가리켜 말합니다. 의인에게 주시는 영원한 생명은 단순한 양적 측면의 불멸성이 아니라, 질적 측면에서 하나님과 화평한 가운데 누리는 영원하고 참된 기쁨의 교통입니다. 결국 하나님께서 우리 안에 거하시며 우리로 하여금 하나님의 선하시고 지극히 참되신 진리를 깨닫고 그의 지혜와 의를 찬미하며 그의 뜻을 마음과 뜻과 힘을 다하여 순종하며 하나님의 영광을 찬미하는 삶이 영원한 생명이라고 말할 수 있겠습니다. 예수님께서 요한복음 17:3에서 "영생은 곧 유일하신 하나님과 그가 보내신 자 예수 그리스도를 아는 것이니라"고 교훈하신 것이나, 바울 사도가 로마서 14:17에서 "하나님의 나라는 먹는 것과 마시는 것이 아니요 오직 성령 안에 있는 의와 평강과 희락이라"고 말씀하신 것은 영원한 생명의 질적 측면을 밝혀줍니다. 예수님은 우리가 누릴 영생의 기쁨이 얼마나 놀라운 것인가를 주님의 기도에서 암시하여 주셨습니다. "아버지에 내게 주신 자도 나 있는 곳에 나와 함께 있어 아버지께서 창세 전부터 나를 사랑하시므로 내게 주신 나의 영광을 그들로 보게 하시기를 원하옵나이다"(요 17:24).

성도는 이 땅에서도 이미 영생의 시작을 맛봅니다. 또 죽을지라도 바로 이 영생을 낙원에서 더 풍족히 누립니다. 그리고 부활한 이후에는 영생의 완전한 충만을 누리게 될 것입니다. 여러분, 이 영생을 누리게 될 것을 확신하십니까? 만일 여러분이 복음을 들을 때에 심령이 기쁨으로 충만케 되면, 그것은 바로 영생이 여러분 안에 주어졌음을 말하여 주는 증거입니다. "구주를 생각만 해도 내 맘이 좋거든 주 얼굴 뵈올 때에야 얼마나 좋으랴"라는 찬송가 가사처럼, 여러분의 심령이 예수님으로 인하여 기뻐할 때, 여러분은 하늘의 영생을 이미 이 땅에서 맛보는 것입니다. 영생의 복락을 충만히 누리게 되시기를 빕니다.

···생각 나누기

되짚는 질문

1_ 우리 말 사도신경에 번역되어 있는 "거룩한 공회"란 무엇
을 가리키는지 설명하시기 바랍니다.

2_ 유기체로서의 교회와 성도의 교통을 서로 연결하여 설명하
시기 바랍니다.

3_ 성도의 교통이라는 원리에 따를 때에 성도 각 사람의 은사
의 사용은 어떠해야 합니까?

4_ 성도의 교통을 통해 성도가 누리는 행복에 대해 나누어 봅
시다.

새로운 질문

5_ 고린도전서 15장에서 성경이 '육신의 부활'에 대해서 어떻
게 교훈하고 있는지를 말해 보십시오.

6_ 천주교회에서 말하는 연옥이란 무엇이며, 그것이 왜 잘못
된 것인지를 말해 보십시오.

7_ 부활의 의미를 설명하시고, 의인의 부활이 악인의 부활과
어떻게 다른지를 설명해 보십시오.

8_ 의인의 부활과 악인의 부활이 각각 어떠한 근거에서 이루어지는 것인지를 설명해 봅시다.

9_ 의인이 부활을 통해서 새로 입게 될 몸은 지금 우리가 가지고 있는 몸과 비교하여 어떠한 것입니까?

10_ 악인도 영생을 누린다고 말할 수 있습니까?

11_ 의인이 누리는 영생이란 어떠한 것입니까?

12_ 성도는 이미 이 땅에서도 영생을 맛보기 시작한다는 말을 어떻게 이해하여야 합니까?

13_ 오늘 공부를 통하여 여러분이 어떠한 신앙의 유익을 얻었는지를 나누어 보십시오.

25. 믿음으로 의롭게 됨

질문 59 지금까지 고백한 모든 신앙 항목들을 믿음으로 말미암아 당신이 지금 어떠한 유익을 누리고 있습니까?

답 예수 그리스도 안에서 나는 하나님께서 보실 때에 의로운 자이며, 영원한 생명을 상속받을 자라는 유익을 누립니다(히 2:4; 롬 1:17; 요 3:36).

질문 60 어떻게 당신은 하나님께서 보실 때에 의로운 자가 되었습니까?

오직 예수 그리스도를 참되게 믿는 믿음으로만 인하여서 의로운 자가 되었습니다(롬 3:21-28, 5:1-2; 갈 2:16; 엡 2:8-9; 빌 3:8-11).

비록 내가 하나님의 계명에서 크게 벗어났으며 하나라도 지킨 것이 없고(롬 3:9-10; 약 2:10-11)

온갖 악에게로 여전히 마음이 끌리고 있다고 나의 양심은 비록 고소하지만(롬 7:23)

그럼에도 불구하고, 하나님께서는 나의 공로를 전혀 요구하지

않은 채(딛 3:4-5) 순전히 은혜로(롬 3:24; 엡 2:8)
그리스도께서 치르신 완전한 죗값과 그의 의와 거룩함을
나에게 부여하시고 내 것으로 삼아 주십니다(롬 4:3-5; 창 15:6; 고후
5:17-19; 요일 2:1-2).

그리하여 마치 나는 결코 죄가 없으며,
또한 죄를 단 한번이라도 범한 적이 없는 것처럼,
실로 그리스도께서 나를 위하여 행하신 그 모든 순종을
마치 내가 완전히 성취한 것처럼 여겨 주십니다(롬 4:24-25; 고후
5:19, 21).

그러므로 하나님 앞에서 내가 의로운 자가 되기 위하여
내가 할 일이란 오직 참된 믿음의 마음을 가지고
이 은혜의 선물을 받는 것뿐입니다(요 3:18; 행 16:30-31; 롬 3:22).

질문 61   그런데 당신은 왜 당신이 의롭게 된 것이 오직 믿음으로만
그렇게 된 것이라고 말합니까?

답   오직 믿음으로만 의롭게 된다는 것은
내 믿음 안에 하나님께서 나를 기뻐하실 만한 어떤 가치가 있기
   때문에 의롭게 된다는 것이 아닙니다.
오직 그리스도께서 치르신 완전한 죗값과 그의 의와 거룩함만이
하나님 앞에서 나의 의가 됩니다(고전 1:30-31, 2:2).
오직 믿음으로만 나는 이러한 그리스도의 의를 받아들여 나의
   것으로 삼게 되며,
그 결과로 하나님 보시기에 의로운 자가 됩니다(롬 10:10; 요일
5:10-12).

앞에서 우리는 육신의 부활과 관련하여 예수님께서 부활하셨으므로 우리도 부활할 것이 분명하다는 사실을 배웠습니다. 사람은 죽은 후에 그의 영혼은 일시적으로 육신으로부터 분리됩니다. 의인의 경우에는 낙원에 이르며, 악인의 영혼은 음부에서 고통을 받으며 영원한 형벌을 기다리게 됩니다. 천주교에서는 의인의 영혼이라도 낙원에 곧바로 가지 못하고 연옥으로 가서 이 땅에서 범하였던 죄에 따라 정결케 되는 고통을 받아야 한다고 말하지만, 이것은 성경의 교훈에 어긋나는 매우 잘못된 것입니다.

부활은 죽을 때에 육신으로부터 분리되었던 영혼이 새로운 육신과 다시 결합하여 살아나는 것을 의미합니다. 이 때 의인은 영원한 생명을 누리기 위하여 부활하지만, 악인은 영원한 형벌을 받기 위하여 부활합니다. 이러한 차이는 의인의 부활은 예수 그리스도의 속죄의 공로에 근거하고 있는 반면에, 악인의 부활은 죄악을 심판하시는 하나님의 공의에 근거하고 있다는 점에서 비롯됩니다. 성도가 부활할 때에 새로 가지게 될 몸은 지금 이 세상에서 성도가 가지고 있는 몸과는 분명히 다른 새로운 것이면서도 또한 연속성을 가지고 있습니다. 제자들이 부활하신 예수님을 보고 예수님이 주님이신 줄을 바로 알아보았다는 사실은 부활 이전의 육체와 부활 육체 사이에 연속성이 있음을 말하여 줍니다. 차이점은 무엇일까요? 예수님께서 이 땅에 계실 때에 제자들이 보았던 육체는 연약함이 있는 육체였습니다. 하지만 부활의 육체는 제자들 앞에서 홀연히 변하시어 영광의 빛을 나타내 보이셨던 변화산 사건에서 보듯이 영광의 몸이라는 점에서 이 땅에서의 몸과는 전혀 다를 것입니다.

성경에서 예수 안에 있는 자들은 영생을 누린다고 할 때, 그 영생, 곧 영원한 생명이란 막연히 오래 오래 사는 것을 뜻하지 않습니다. 그러한 영생이라면 악인도 누리는 것이겠지요. 의인이 누리는 영생은 예수 그리스도 안에서 하나님의 영광을 보며 하나님의 자녀로 하나님의 선함을 충만히 누리며 사는 지극한 평강의 상태를 누리는 삶을 가리킵니다. 하나님과 평강을 누리는 상태인 만큼 당연히 죽음이 없습니다. 죽음이란 죄로 인하여 하나님과 원수가 된 탓에 하나님께서 내리시는 형벌입니다. 그러한 까닭에 하나님과 평강을 누리는 실로 복이 넘치는 상태는 예수 그리스도 안에서 그의 중보로 인하여 영원히 계속될 것입니다. 이처럼 복된 약속을 받은 성도는 이 땅에서 사는 동안에도 이미 천국의 영생을 맛보며 삽니다. 그것은 우리가 이 세상을 사는 동안에 고난과 환난과 질고를 겪는 일이 있더라도 하나님의 은혜를 찬양하며 그의 위로와 평강과 희락을 성령 안에서 누리는 영적 기쁨이 또한 함께 하고 있기 때문입니다.

지금까지 우리는 사도신경의 열두 신앙 항목들을 얼마간 살펴보았습니다. 이러한 신앙 항목들을 바르게 이해하고 마음으로 믿어 진실한 믿음으로 고백하는 것이 얼마나 중요한 것인지는 두말할 필요가 없겠습니다. 왜냐하면 이 모든 것을 믿음으로써만 우리가 예수 그리스도 안에 거하게 되고, 하나님께서 보실 때에 의로운 자가 되며, 영원한 생명을 상속받을 자라는 유익을 누릴 수 있게 되기 때문입니다. 오늘은 우리가 이 모든 신앙 항목을 바르게 믿음으로 말미암아 우리에게 주어지는 유익, 곧 의롭게 됨에 대해서 살펴보도록 하겠습니다.

하나님께서 의롭다고 인정하시는 의는 하나님이 정하신 법, 곧 율법에 일치하는 것이며, 율법을 성취하는 것이어야 합니다. 그런데 "주의 눈앞에는 의로운 인생이 하나도 없나이다"(시 143:2). 모든 사람이 하나님 앞에서 죄인이라면 여러분 생각에 어떻게 사람이 하나님 앞에서 의롭다고 인정받을 수 있겠습니까? 우리 모두 인정하듯이 죄인인 우리는 결코 하나님의 율법을 자신의 힘으로 성취하여 그로 말미암아 의롭다고 선언을 받을 수 없습니다. 왜냐하면 성경에 이르듯이, "누구든지 온 율법을 지키다가 그 하나를 범하면 모두 범한 자가 되나니"(약 2:10), 온갖 악을 행하고 싶은 경향이 마음에 깊이 자리하고 있기 때문에(롬 7:23), 자신의 의로움을 주장할 만한 의인은 우리 가운데 하나도 없으며, 하나님을 찾는 자도 없기 때문입니다(롬 3:10~11). 죄인인 우리가 우리 자신의 선행이나 믿음으로 율법을 순종하여 의롭다함을 받을 가능성은 전혀 없습니다.

그렇다면 죄인인 우리가 어떻게 의롭다함을 받을 수 있겠습니까? 그것은 오직 그리스도의 대속의 은혜와 의의 공로를 전가 받음으로만 가능합니다. 그리스도께서는 성자 하나님이시면서도 우리와 똑같은 완전한 인성을 가지고 이 땅에 오시어, 율법에 대해 거룩한 순종을 하시고 완전한 의를 이루셨습니다. 성경은 "이러한 대제사장은 우리에게 합당하니 거룩하고 악이 없고 더러움이 없고 죄인에게서 떠나 계시고 하늘보다 높이 되신 이라"(히 7:26) 말씀하며 이 사실을 밝히고 있습니다. 그리스도께서는, 의로우시고 거룩하시기 때문에, 우리를 대신하여 십자가에서 형벌을 받으시어 우리의 죗값을 갚아 주실 수가 있으며, 아울러 율법의 완전한 순종에 따른 그의 공로를 우리에게 전하여 주심으로 죄인인 우리가 의롭다함을 받을 수 있습니다. 성경은 이 사실에 대하여 "이제는 율법 외에 하나님의 한 의가 나타났으니 율법과 선지자들에게 증거를 받은 것이라 곧 예수 그리스도를 믿음으로 말미암아 모든 믿는 자에게 미치는 하나님의 의니 차별이 없느니라"(롬 3:21~22)고 증거합니다.

예수 그리스도의 의를 전가 받는 길 이외에는 죄인인 우리가 의롭게 되는 다른 방도가 없다면, 우리는 어떻게 하여야 그의 의를 전가 받을 수가 있습니까? 우선 놀랍고 감격스러운 사실은 하나님께서 우리에게 그리스도의 의를 전가 받기 위한 선결 조건으로 어떤 선행이나 공로를 요구하지 않으신다는 것입니다. 성경은 "우리를 구원하시되 우리가 행한 바 의로운 행위로 말미암지 아니하고 오직 그의 긍휼하심을 따라 중생의 씻음과 성령의 새롭게 하심으로 하셨다"(딛 3:5)고 말씀합니다. 그러므로 "모든 사람이 죄를 범하였으매 하나님의 영광에 이르지 못하더니 그리스도 예수 안에 있는 속량으로 말미암아 하나님의 은혜로 값없이 의롭다 하심을 얻은 자 되었느니라"(롬 3:23~24)고 말씀합니다. 그러므로 하나님께서 우리를 의롭다고 하시는 것은 전적으로 은혜로 말미암은 것입니다.

그렇다면 그리스도의 의로 말미암아 의롭게 되기 위하여 우리에게 하나님께서 요구하시는 것은 아무 것도 없습니까?

그렇습니다. 의롭다고 인정받을 만한 자격이나 공로가 있음을 확인하기 위하여 하나님께서 우리에게 요구하시는 것은 전혀 없습니다. 죄인인 우리가 하나님께 의롭다함을 받는 것은 오직 예수 그리스도의 공로에 근거한 것이며, 그것 이외에 다른 어떤 것도 우리를 의롭게 할 근거나 공로는 되지 못합니다.

그렇다면 왜 하나님께서 우리에게 의롭게 되기 위하여 예수 그리스도를 믿을 것을 요구하실까요? 믿음이 의롭게 되는 조건이 되는 것은 아닙니까? 이 질문은 매우 중요하며 또한 좋은 질문입니다. 하나님께서는 예수 그리스도의 의를 전가 받아 의롭게 되기 위하여 반드시 예수님을 믿을 것을 요구하십니다. "그를 믿는 자는 심판을 받지 아니하는 것이요 믿지 아니하는 자는 하나님의 독생자의 이름을 믿지 아니하므로 벌써 심판을 받은 것이니라." 요한복음 3:18 말씀입니다. 그 누구라도 그리스도를 구주이시며 주님이심을 믿지 않고는 의롭다함을 받을 수 없습니다. 믿음 이외에 그리스도의 의를 전가 받을 수 있는 다른 방도는 없는 것입니다. 믿음이란 그리스도의 의를 받아들이는 유일한 수단 또는 도구입니다. 그러기 때문에 믿음은 의롭게 함을 받기 위한 필수적인 조건이라고 할 수 있습니다.

그렇다면 믿음 또한 하나의 행위라고 생각할 때, 믿음이란 우리에게 의롭다함을 받을 만한 자격을 부여하는 하나의 행위나 조건으로 생각할 수는 없을까요? 결코 그렇지 않습니다. 오직 예수 그리스도의 의로만 의롭다함을 받는다고 말할 때, 우리가 말하는 것은 우리 자신이나 다른 사람들의 그 어떤 행위나 공로도 결코 우리를 의롭게 할 만한 자격을 주는 근거나 원인이 되지 못한다는 사실입니다. 그러니까 만일 우리의 믿음이 하나의 행위로서 의롭게 하는 공로가 되어 우리에게 의롭다함을 받을 만한 자격을 부여하는 행위나 조건이 된다는 주장은 '오직 믿음으로만 의롭게 된다' 는 말의 의미를 결코 바르게 이해하지 못한 것입니다. '오직 믿음으로만' 이라는 말은 어떠한 의미에서도 의롭게 하는 공로적 조건이나 자격의 근거가 '믿음' 에 있다는 것을 가리켜 말하는 것이 아닙니다. 그것은 단지 그리스도의 의의 공로를 받는 유일한 수단이 '믿음' 뿐임을 말할 따름입니다.

이것은 마치 거지가 구걸하여 먹을 것을 풍성하게 받았을 때에 거지가 구걸한 행위 자체가 풍성하게 받은 먹을 것을 얻을 만한 어떤 자격이나 공로를 세운 것이 아닌 것에 비유할 수 있습니다. 거지가 먹을 것을 받게 된 것은 다름 아니라 거지를 불쌍히 여긴 사람의 호의 때문입니다. 마찬가지로 죄인인 우리가 의롭다함을 받는 것은 우리의 믿음이 의롭다함을 받을 만한 어떤 자격이나 공로를 세웠기 때문이 아니라 우리를 불쌍히 여기시는 하나님의 긍휼 때문입니다. 그 하나님의 긍휼이 곧 예수 그리스도를 통하여 나타난 것입니다. 물론 거지는 구걸을 하여야만 먹을 것을 얻을 수 있습니다. 마찬가지로 우리도 또한 믿어야만 의롭다함을 얻을 수 있습니다. 마치 구걸의 행위가 먹을 것을 얻기 위한 하나의 수단이 되는 것과도 같이, 믿음 또한 의롭다함을 받기 위한 하나의 수단이 됩니다. 즉 믿음은 도구적, 또는 수단적 원인이 될 따름이지, 공로나 자격의 근거가 되는 것은 결코 아닙니다.

성경에 이르기를 "그(그리스도) 안에서 발견되려 함이니 내가 가진 의는 율법에서 난 것이 아니요 오직 그리스도를 믿음으로 말미암은 것이니 곧 믿음으로 하나님께로부터 난 의라"(빌 3:9) 한 것은 바로 믿음이 공로나 자격을 위한 조건이나 근거가 아니라 단지 그리스도를 믿는 수단이나 도구로서의 조건일 뿐임을 밝히 보여줍니다.

"주 예수를 믿으라 그리하면 너와 네 집이 구원을 받으리라"(행 16:31)는 바울 사도의 말을 통해 주시는 하나님의 약속을 굳게 믿고 그리스도를 믿는 사람이 누리는 의로움은 실로 완전합니다. 그리스도를 믿음으로 그리스도 안에 있는 사람은 하나님 앞에서 전혀 죄가 없고, 또한 죄를 지은 적도 없으며, 모든 율법을 직접 스스로 순종한 의인으로 인정을 받습니다. "예수는 우리가 범죄한 것 때문에 내줌이 되고 또한 우리를 의롭다 하시기 위하여 살아나셨느니라"(롬 4:25)는 말씀에서 보듯이, 예수님으로 인하여 우리는 하나님 앞에서 죄를 모르는 자이며, 또한 율법을 성취한 의인인 것입니다.

혹시라도 예수를 믿음으로 인하여 누리는 의로움이 우리의 행위를 통한 공로에 근거한 것이 아닌 만큼 불확실하거나 취소되는 일은 없겠습니까? 결코 그런 일은 없습니다. 예수 그리스도 안에서 그를 믿음으로 누리는 의로움은 세상의 어떤 것도 훼방할 수가 없습니다. "그런즉 이 일에 대하여 우리가 무슨 말 하리요 만일 하나님이 우리를 위하시면 누가 우리를 대적하리요"(롬 8:31). "누가 능히 하나님께서 택하신 자들을 고발하리요 의롭다 하신 이는 하나님이시니……다른 어떤 피조물이라도 우리를 우리 주 그리스도 예수 안에 있는 하나님의 사랑에서 끊을 수 없으리라"(롬 8:33, 39). 예수 그리스도를 믿음으로 의롭다함을 받는 그 의로움은 견고하며 확실합니다. 왜냐하면 하나님께서 위하시는 것이며 하나님의 사랑에서 비롯된 것이기 때문입니다. 아울러 복음은 하나님의 약속이며, 신실하신 하나님께서 그 약속을 반드시 지키실 것이기 때문입니다. "하나님의 아들을 믿는 자는 자기 안에 증거가 있고 하나님을 믿지 아니하는 자는 하나님을 거짓말하는 자로 만드나니 이는 하나님께서 그 아들에 대하여 증언하신 증거를 믿지 아니하였음이라"(요일 5:10). 하나님의 아들 예수 그리스도를 믿음으로 말미암는 의로움에 대하여 의심하거나 믿지 않는 자는 하나님을 거짓말하는 자로 만드는 것이라는 성경의 증언은 이 복음의 약속이 얼마나 견고한 것인지를 확증하여 줍니다.

여러분, 복음을 믿으십니까? 예수 그리스도를 믿음으로 의롭게 된다는 이 놀라운 은혜의 약속을 믿으십니까? 하나님께서는 이 약속을 믿지 않는 것은 하나님을 거짓말하는 자로 만드는 것이라고 말씀하시며 자신의 신실함을 근거로 이 복음의 약속을 담보하셨습니다. 여러분이 그리스도를 믿는 참 믿음 안에 진실하게 거하고 있다면, 마귀나 여러분의 양심조차도 여러분을 정죄하지 못합니다. 여러분 모두 오직 참된 믿음으로 그리스도 안에서 하나님께서 베푸시는 은혜의 선물인 의로움을 확신을 가지고 기뻐하시기를 빕니다.

· · · 생각 나누기

1_ 사람이 죽은 후에 그의 영혼은 어떻게 됩니까? 의인과 악인의 경우를 구별하여 설명해 보십시오.

2_ 사람이 부활을 할 때에 그의 영혼과 육체는 어떻게 됩니까?

3_ 의인과 악인의 경우를 구별하여 부활의 의미와 근거들에 대해 설명해 보십시오.

4_ 부활 이전의 육체와 비교할 때 부활 육체는 어떠하다고 설명할 수 있습니까?

5_ 죽음의 의미를 생각할 때, 그것과 비교하여 영생이란 어떻게 이해될 수 있습니까?

새로운 질문

6_ 하나님께서 의롭다고 인정하시는 의란 어떠한 것이어야 합니까?

7_ 우리가 우리 자신의 선행이나 믿음으로 의롭다함을 받을 수 없는 까닭이 무엇인지 성경을 통해 살펴보며 설명해 보십시오.

8_ 우리가 스스로 의로울 수 없다면 우리는 어디에서 의롭다
함을 받을 수 있는 가능성을 찾아야 합니까?

9_ 그리스도께서 죄인인 우리를 대신하여 우리의 죗값을 대신
갚아 주실 수 있는 까닭은 무엇입니까?

10_ 그리스도의 의를 받아 누리기 위하여 우리가 이루어야만
하는 공로나 행위는 무엇입니까?

11_ 그리스도를 믿음으로 의롭게 된다고 할 때, 믿음이란 우리
를 의롭게 하는 자격을 부여해주는 조건이라고 할 수 있겠
습니까?

12_ 거지의 비유를 생각하면서 의롭게 됨의 은혜와 관련하여
믿음의 의의를 설명해 보십시오.

13_ 예수 그리스도를 믿음으로 우리가 누리는 의로움에 대해서
설명해 보십시오.

14_ 오직 믿음으로 우리가 의롭다함을 받는다면, 과연 그것이
취소됨이 없이 견고하겠습니까?

15_ 오늘 공부를 통하여 여러분이 어떠한 신앙의 유익을 얻었
는지를 나누어 보십시오.

26. 선행과 상급

질문 62   그런데 우리는 우리가 행한 선한 일들로 인하여 하나님께서
           보시기에 완전하거나 아니면 부분적으로라도 의로운 자가
           될 수 없는 까닭이 무엇입니까?

답   그것은 하나님의 심판대 앞에서 의롭다고 인정될만한 의는 절
       대적으로 완전해야 하며,

       모든 점에서 하나님의 율법에 일치해야만 하기 때문입니다
       (갈 3:10; 롬 3:20; 신 27:26).

       그런데 그뿐만 아니라 우리가 이 세상에 살면서 행하는 일들은
       가장 선한 것이라 할지라도

       모두가 불완전하며 죄로 오염이 되어 있기 때문에

       우리의 선행으로는 의롭다함을 받을 수가 없습니다(사 64:6).

질문 63   하지만 하나님께서 약속하시기를 이 세상에서와 그리고 다음
           세상에서 선한 일을 하는 자에게 상을 주시겠다고 하셨는데
           (마 5:12; 히 11:6)

           당신은 왜 우리가 행하는 선한 일들에 대해 아무런 공로도

없다고 말합니까?

답   하나님께서 주시는 상은
공로를 이루었기 때문에 주시는 것이 아니라
은혜로 주시는 선물입니다(눅 17:10; 딤후 4:7~8).

질문 64   **하지만 이렇게 가르치게 되면 사람들이 선한 일을 하는 일에
무관심하게 되고 사악하게 되지 않겠습니까?**

답   답: 그렇지 않습니다.
참된 믿음으로 그리스도께 접붙여진 사람들이
그 은혜에 감사하며 선한 열매를 맺지 않는다는 것은 있을 수
없는 일입니다(마 7:18; 눅 6:43~45; 요 15:5).

—   복음은 무엇입니까? 앞에서 살펴 본 바와 같이, 인
간은 스스로 자신의 공로나 행위로 의로움을 이룰 수 없기
때문에 죄인이라는 절망에 처해 있습니다. 율법의 순종을 통
하여 자신의 의를 이룰 수 없는 인간에게 남은 유일한 희망
은 율법의 의가 아닌 다른 의, 곧 그리스도의 의에 의지하는
것입니다. 복음은 바로 그리스도의 의를 오직 믿음으로 자신
의 의로 삼을 수 있다는 사실에 기초합니다.

예수 그리스도께서는 어떻게 해서 우리의 죗값을 대신 갚
을 수 있으며, 또한 어떻게 우리가 그로 인하여 의롭게 될 수
있습니까? 그것은 그리스도께서 율법에 대해 거룩한 순종을

하시고 완전한 의를 이루셨으며, 또한 우리의 죄를 대속하기 위하여 십자가에 죽기까지 죄의 형벌을 우리를 위하여 대신 받으셨기 때문입니다. 우리가 그리스도의 대속의 은혜와 의의 공로를 전가받기 위하여 행하여야 할 것은 무엇일까요? 정말 믿어지지 않을 만큼 놀랍게도 하나님께서는 우리에게 그 어떤 것도 요구하시지 않습니다. 하나님께서는 우리가 그리스도에게로 나아오기 위하여 어떤 선행이나 희생을 하여야 할 것을 요구하지 않습니다. 다만 그리스도의 대속의 은혜와 의의 공로를 믿음으로 받아들일 것을 요구하실 따름입니다. 오직 믿음만이 그리스도의 의를 받아들이는 유일한 수단이며 도구입니다. 마치 거지가 구걸을 하여 받듯이, 하나님의 긍휼로 말미암아 예수 그리스도의 대속의 은혜와 의의 공로를 받는 것만이 죄인인 우리가 의롭게 되는 유일한 길인데, 그렇게 받는 유일한 방식이 바로 믿음인 것입니다. 죄책으로 인하여 구원을 받을 만한 공로나 자격이 전혀 없는 그 어떤 죄인이라도 오직 그리스도 안에서 주시는 하나님의 긍휼의 약속을 믿기만 하면 구원을 받는다는 것이 복음입니다. 그리고 이 복음은 하나님의 신실하신 약속에 근거하여 주어진 것이므로 견고하며 확실합니다.

그렇지만 우리가 행하는 어떤 선행도 인정하지를 않는다면 우리의 선행에 대한 복음의 평가는 어떤 것입니까? 먼저 알아야 할 것은 복음은 적어도 우리를 의롭게 할 만한 어떠한 자격이나 공로와 관련해서 우리의 선행에 아무런 가치도 부여하지 않는다는 사실입니다. 왜 그럴까요? 그 까닭을 이해하기 위하여 우리는 우리가 보기에 선한 것이 아니라 하나님이 보시기에 선한 선행이 되기 위한 조건들을 알아야 합니다. 우리가 선행으로 인하여 하나님이 보시기에 다만 부분적으로라도 의롭다함을 받을 만한 자격을 얻고자 한다면, 우리가 행하는 선행은 하나님이 보시기에 선한 것이 되기 위한 조건들을 충족하는 선행이어야만 합니다.

그러한 조건들을 충족하는 선행은 절대적으로 완전해야만 하며, 모든 점에서 하나님의 율법에 일치하는 것이어야 합니다. "이 율법의 말씀을 실행하지 아니하는 자는 저주를 받을 것이라 할 것이요 모든 백성은 아멘 할지니라"(신 27:26). 이 말씀에 따를 때, 사람의 생각에 임의대로 유익을 주는 것이라고 정하여 그것을 행할 때에 선하다고 할 수 있는 것이 아니라, 하나님의 율법의 교훈에 일치하는 것을 모두 행할 때에라야 선하다고 할 수 있습니다. 물론 사람들에게 유익을 주는 어떤 행동이 선행이라고 일컫는 것을 부정하는 것은 아닙니다. 그렇지만 이러한 선행이 하나님 앞에서 의롭다함을 받을만한 선행이 아니라는 점입니다. 왜 우리가 보기에는 충분히 칭찬을 받을만한 선행인데, 하나님이 보시기에 의롭다 할 만한 선행이 되지는 못하는 것일까요? 성경은 우리의 의나 선행에 대하여 다음과 같이 말합니다. "무릇 우리는 다 부정한 자 같아서 우리의 의는 다 더러운 옷 같으며 우리는 다 잎사귀 같이 시들므로 우리의 죄악이 바람같이 우리를 몰아가나이다"(사 64:6). "주의 종에게 심판을 행하지 마소서 주의 눈 앞에는 의로운 인생이 하나도 없나이다"(시 143:2). 이 말씀에 비추어 알 수 있듯이, 우리가 이 세상에 살면서 행하는 선행은 그것이 가장 선한 것이라 할지라도 하나님께서 보시기에는 불완전하며 또한 죄로 오염되어 있습니다.

그런데 하나님의 율법이 명하는 모든 것을 행하였다고 하여 하나님께서 보시기에 완전한 선이 되지는 않습니다. 율법의 교훈을 때로는 지키다가 때로는 지키지 않는다면 의롭다 함을 받을만한 선을 행하는 것일 수 없습니다. 바울 사도가 말한 바와 같이 "무릇 율법 행위에 속한 자들은 저주 아래 있나니 기록된바 누구든지 율법책에 기록된 대로 모든 일을 항상 행하지 아니하는 자는 저주 아래 있는 자라 하였음이라" (갈 3:10)고 성경이 가르치고 있기 때문입니다. 하나님께서 인정하실 만한 율법의 의를 이루기 위해서는 율법이 명하는 모든 것들을 지켜야 할 뿐 아니라, 또한 항상 지켜야만 하는 것입니다.

율법이 명한 바를 행하고 율법이 금하는 바를 행치 않아야 하며, 율법의 모든 교훈들을 항상 지켜야 하지만, 이 모든 것에 더하여 그것의 동기나 목적이 또한 하나님과 이웃을 향한 사랑에 따른 것이어야만 합니다. 예수님께서 율법의 원리가 무엇인지를 밝혀 가르치시면서 다음과 같이 말씀하셨습니다. "네 마음을 다하고 목숨을 다하고 뜻을 다하여 주 너의 하나님을 사랑하라 하셨으니 이것이 크고 첫째 되는 계명이요 둘째도 그와 같으니 네 이웃을 네 자신과 같이 사랑하라 하셨으니 이 두 계명이 온 율법과 선지자의 강령이니라" (마 22:37~40). 주님의 교훈에 따르면, 결국 율법을 지켰는지 그렇지 못한지를 판별할 때, 율법의 교훈을 단지 형식적으로 또는 외형적으로 순종하였다고 하여 순종한 것이라고 말해서는 안 되며, 그보다 내면적인 동기와 목적을 살펴서 판단해야 함을 알 수 있습니다. 율법을 참으로 지켜야 하는 내면적 차원은 "마음을 다하고 목숨을 다하고 뜻을 다하여" 하는 것이며, 또한 이것은 결국 "네 자신과 같이" 하여야 하는 것입니다. 이 두 표현은 모두 내면적 차원을 가리키는 말입니다. 그러면 우리 가운데 누가 그럴 수가 있습니까? 스스로 돌아볼 때, 여러분 자신을 어떻게 판단하십니까?

과연 우리는 하나님을 온 마음과 목숨과 힘을 다하여 사랑하지 못하며, 또한 율법의 모든 교훈들을 지키지 못할뿐더러 항상 지키지도 못합니다. 그런데 어찌하여 성경은 상에 대하여 이르기를 "믿음이 없이는 하나님을 기쁘시게 하지 못하나니 하나님께 나아가는 자는 반드시 그가 계신 것과 또한 그가 자기를 찾는 자들에게 상 주시는 이심을 믿어야 할지니라"(히 11:6)고 말씀하며, 또 "기뻐하고 즐거워하라 하늘에서 너희의 상이 큼이라 너희 전에 있던 선지자들을 이같이 박해하였느니라"(마 5:12)고 말씀하였습니까? 이와 같이 이 세상과 다음 세상에서 반드시 상을 주시겠다는 약속의 말씀들은 결국 우리가 상을 받을만한 선을 행할 수 있다는 사실을 전제로 하는 것이라고 주장하는 사람이 있을지 모릅니다.

하지만 이 말씀들은 우리의 선행에 어떠한 공로의 가치가 있다고 교훈하지 않습니다. 왜냐하면 설사 우리가 어떤 선행을 한다고 하더라도 그것은 피조물로서 당연한 일이며 그것을 행한 우리에게 하나님께서 상을 베푸셔야 할 아무런 의무도 지니는 것이 아니기 때문입니다. 예수님께서 "너희도 명령 받은 것을 다 행한 후에 이르기를 우리는 무익한 종이라 우리가 하여야 할 일을 한 것뿐이라 할지니라"(눅 17:10)고 말씀하신 교훈을 상기할 필요가 있습니다. 따라서 우리가 주님의 명령에 순종하여 행하는 어떤 일도 그 자체로 공로를 주장할만한 가치를 가지고 있지 못함에도 불구하고, 주님께서는 우리의 순종에 대하여 상을 주시겠다고 약속하신 것입니다. 즉 주님께서 주시는 상은 우리가 공로를 이루었기 때문에 주시는 것이 아니라 주님께서 은혜로 베푸시는 것뿐입니다.

비록 불완전 선행이지만 우리가 선행이라 일컬을 만한 것을 한다고 하여도, 그것으로 인하여 상을 요구할 만한 공로를 주장할 수 없는 또 다른 까닭은 그만한 선행조차도 본래 우리에게서 비롯된 우리의 것이 아니라, 하나님께서 우리 속에서 그것들을 행하시어 나타난 하나님의 것이기 때문입니다. "그러므로 나의 사랑하는 자들아 너희가 나 있을 때뿐 아니라 더욱 지금 나 없을 때에도 항상 복종하여 두렵고 떨림으로 너희 구원을 이루라 너희 안에서 행하시는 이는 하나님이시니 자기의 기쁘신 뜻을 위하여 너희에게 소원을 두고 행하게 하시나니 모든 일을 원망과 시비가 없이 하라"(빌 2:12~14)는 말씀이 이 사실을 가리킵니다. 우리가 하나님의 교훈에 복종하는 것은 바로 우리 가운데 거하시며 우리로 하여금 하나님의 교훈을 사랑하고 그것에 순종하기를 바라는 소원을 주시며 또한 능력을 주시는 하나님의 도우심 때문입니다.

이처럼 우리가 행하는 불완전한 선행조차도 하나님께서 도우시는 능력에 힘입어 나타나는 것이며, 또한 그것은 피조물로서 마땅한 것이기에 어떠한 공로를 주장할 만한 것이 아님에도 불구하고, 주님께서는 오직 그의 긍휼과 자비를 따라서 상을 주시겠다고 약속하신 것입니다. 우리가 선한 일을 한 것으로 주님께 칭찬을 받는다면 그것은 오직 은혜로 주시는 선물일 따름입니다. 이치가 이러하기 때문에 우리는 자신이 행한 불완전한 선행을 근거로 의롭다함을 받는다고 말할 수는 결코 없습니다.

만일 죄인인 우리가 다만 그리스도의 대속의 은혜와 의의 공로를 의지하고 믿음으로 의롭다함을 받을 수 있다면, 우리는 혹시 선을 행하는 일에 무관심하게 되고 죄를 범하는 일에 대범하게 되어 더욱 사악하게 되지는 않을까요? 종교개혁이 있었던 때로부터 지금까지 천주교인들은 개신교회를 비판하면서 "오직 믿음으로" 의롭다함을 받는다는 개신교회의 교리는 윤리적으로 방종한 생활을 낳게 될 것이라고 하였습니다. 천주교인들은 야고보서에 이르고 있는 "사람이 행함으로 의롭다 하심을 받고 믿음으로만은 아니니라"(약 2:24)의 말씀을 들면서 비판의 근거를 제시합니다. 하지만 이러한 비판은 복음의 원리를 바르게 이해하지 못한 데에서 비롯된 잘못된 비판입니다.

먼저 알아야 할 것은 그리스도의 대속의 은혜와 의의 공로를 의지하는 참된 믿음을 고백하는 사람은 그리스도의 은혜에 대해 깊은 감사를 드리지 않을 수가 없습니다. 이 원리에 대해서 성경은 다음과 같이 교훈합니다. "너희가 그 은혜에 의하여 믿음으로 말미암아 구원을 받았으니 이것은 너희에게서 난 것이 아니요 하나님의 선물이라 행위에서 난 것이 아니니 이는 누구든지 자랑하지 못하게 함이니라 우리는 그가 만드신 바라 그리스도 예수 안에서 선한 일을 위하여 지으심을 받은 자니 이 일은 하나님이 전에 예비하사 우리로 그 가운데서 행하게 하려 하심이니라"(엡 2:8~10). 우리가 그리스도를 믿음으로 받은 구원은 오직 은혜로 말미암은 것이기 때문에 마치 우리가 행한 것처럼 자랑할 수 결코 없다는 사실을 강조한 후에, 성경은 하나님께서 이러한 은혜를 주신 것은 우리로 하여금 선한 일을 행하도록 하기 위함이라고 밝히고 있습니다.

여기서 두 가지 사실이 관찰됩니다. 하나는 하나님께서 구원의 은혜를 베푸실 때에 단지 죄를 용서하시는 일에서 멈추시는 것이 아니라 우리로 하여금 선한 일을 하도록 하는 데에까지 은혜를 베푸신다는 사실입니다. 즉 우리를 의롭게 하는 믿음은 사랑의 열매를 맺는 믿음, 곧 "사랑으로써 역사하는 믿음"(갈 5:6)입니다. 다른 하나는 하나님 보시기에 선한 일은 먼저 구원의 은혜를 받아야 가능하다는 사실입니다. 예수님께서 이르신 말씀, "나는 포도나무요 너희는 가지라 그가 내 안에, 내가 그 안에 거하면 이 사람은 열매를 많이 맺나니 나를 떠나서는 너희가 아무 것도 할 수 없음이라"(요 15:5)는 말씀처럼, 선한 일이란 오직 그리스도 예수 안에서 가능하다는 사실을 말해줍니다.

구원의 은혜를 믿음으로 받은 사람은 그리스도 안에 거하며 그 결과 필연적으로 선한 일을 하여 사랑의 열매를 맺게끔 되어 있습니다. 이것은 하나님의 은혜가 결코 실패하지 않기 때문에 반드시 이루어지는 일입니다. "사람이 행함으로 의롭다 하심을 받고 믿음으로만은 아니니라"(약 2:24)는 야고보의 말씀은 바로 이러한 맥락에 따라 이해되어야 합니다.

즉 의롭다함을 받을 만한 참된 믿음을 가진 사람은 행함이라는 믿음의 증거를 반드시 나타내 보인다는 사실을 말하기 위한 것입니다. 예수님께서 말씀하신 바처럼 좋은 나무가 나쁜 열매를 맺을 수 없고 못된 나무가 아름다운 열매를 맺을 수는 없는 것입니다(마 7:18). 열매로 나무를 아는 것처럼, 행함이라는 열매로 그 믿음의 참됨을 알 수 있다는 것입니다. 그러므로 야고보서의 교훈은 믿음으로 의롭다함을 받는 개신교회의 교리를 반박하는 것이 아닙니다. 오히려 믿음으로 의롭게 된다는 개신교회의 교리는 윤리적 방종과 나태를 낳는다는 천주교회의 비판이 틀렸음을 말해줍니다. 왜냐하면 야고보서는 의롭다함을 받는 참된 믿음은 행함이라는 열매를 반드시 맺는다는 은혜의 원리를 밝혀 주고 있기 때문입니다.

우리 모두 예수 그리스도의 구원의 은혜를 풍성히 누리며 감사의 열매를 풍성히 맺음으로 하나님께 영광 돌리시기를 주님의 이름으로 빕니다.

...생각 나누기

되짚는 질문

1 복음을 간단히 설명하시기 바랍니다. 아울러 복음의 기초에 대해서 설명하십시오.

2 그리스도에게로 나아가는 모든 이들에게 하나님께서 요구하시는 것은 무엇입니까?

3 의롭게 되는 자격이나 공로와 관련하여 복음이 말하는 선행의 가치는 어떠합니까?

새로운 질문

4 우리가 선행으로 인하여 의롭다함을 받을 만한 자격을 얻고자 한다면 우리의 선행은 어떠한 것이 되어야 합니까?

5 사람들이 보기에는 선한 행동이 하나님이 보시기에는 그렇지 않을 수 있는 까닭이 무엇입니까?

6 하나님이 보시기에 선한 것으로 인정을 받기 위해서는 어떠한 조건들을 충족하여야 합니까?

7 하나님께서 상을 주시겠다는 약속의 말씀들은 우리의 선행에 공로의 가치가 있음을 말하는 것이라는 주장에 대해서 여러분의 의견을 말씀해 보시기 바랍니다.

8_ 불완전한 선행일지라도 선행이 우리에게 있을 수 있다면 그것이 우리의 공로일 수는 없겠는지에 대해 이야기해 보십시오.

9_ 결국 우리가 행한 일에 대하여 하나님께 상을 베푸시는 까닭은 무엇이라 설명할 수 있겠습니까?

10_ 우리의 행함이 아니라 오직 그리스도를 믿음으로만 구원을 받는다는 은혜의 복음을 가르친다면 사람들은 선을 행하지 않고 윤리적 방종과 나태에 빠지게 되지는 않겠습니까? 그럴 수 없다면 그 까닭을 설명해 보십시오.

11_ 갈라디아 5:6과 요한복음 15:5을 읽고 하나님께 베푸시는 구원의 은혜와 관련하여 각각의 구절들이 주는 의미를 풀어내시기 바랍니다.

12_ "사람이 행함으로 의롭다 하심을 받고 믿음으로만 아니니라"(약 2:24)는 말씀은 죄인이 의롭게 되는 근거가 행함에 있다는 뜻입니까? 그렇다면 이 말씀은 믿음으로 의롭게 된다는 말씀과 어긋나는 것입니까? 야고보서의 본문을 풀이해 보십시오.

13_ 오늘 공부를 통하여 여러분이 어떠한 신앙의 유익을 얻었는지를 나누어 보십시오.

피에트로 마르티레 베르미글리 1499-1562 | 취리히에서 불링거와 함께 활동한 개혁자. 이탈리아 출신의 로마 가톨릭의 신부였으나 개혁주의 신학자 마틴 부처의 복음서와 시편의 글을 읽고, 또 츠빙글리의 '참 종교와 거짓 종교에 대하여'를 읽은 다음 회심하였다. 60세 때 선제후 프리드리히 3세에게 대학 학장 청빙을 받았지만 새로운 도전을 하기엔 너무 늙었다는 이유로 사양하고 젊은 우르시누스의 재능을 높이 평가하여 그를 프리드리히에게 추천하였다.